外国经济学说与中国研究报告（2022）

RESEARCH REPORT ON FOREIGN ECONOMICS AND CHINA

中华外国经济学说研究会◎编
程恩富　朱安东◎主编

中国经济出版社
CHINA ECONOMIC PUBLISHING HOUSE
·北 京·

图书在版编目（CIP）数据

外国经济学说与中国研究报告．2022／程恩富，朱安东主编．--北京：中国经济出版社，2022.10

ISBN 978－7－5136－7107－1

Ⅰ.①外… Ⅱ.①程… ②朱… Ⅲ.①经济学－文集 Ⅳ.①F0－53

中国版本图书馆 CIP 数据核字（2022）第 180613 号

责任编辑 严 莉
责任印制 马小宾
封面设计 任燕飞设计师

出版发行 中国经济出版社
印 刷 者 北京艾普海德印刷有限公司
经 销 者 各地新华书店
开 本 787mm×1092mm 1/16
印 张 17.75
字 数 340 千字
版 次 2022 年 10 月第 1 版
印 次 2022 年 10 月第 1 次
定 价 128.00 元
广告经营许可证 京西工商广字第 8179 号

中国经济出版社 网址 www.economyph.com 社址 北京市东城区安定门外大街 58 号 邮编 100011
本版图书如存在印装质量问题，请与本社销售中心联系调换（联系电话：010－57512564）

编委会名单

名誉主编 吴易风 丁 冰

主　　编 程恩富 朱安东

副 主 编 杨 静 徐则荣

目　录

/第一部分　马克思主义经济学理论研究/

/第二部分　外国经济理论研究/

/第三部分　新时代中国经济问题研究/

/第四部分 国际经济问题研究/

/第一部分/

马克思主义经济学理论研究

马克思主义与西方学者关于资本主义贫困成因的理论比较

——确立“四元贫困主因论”①

程恩富　张　杨

（中国社会科学院；北京大学）

马克思主义关于资本主义社会贫困成因的研究是本质与现象相结合、全面系统的，而“瑞典中央银行纪念阿尔弗雷德·诺贝尔经济学奖”（以下简称“银行诺奖”②）得主班纳吉和迪弗洛对贫穷成因的认识，只是分析贫困的表象和细节问题而非本质问题，因而在此进行比较研究，并依据中外反贫困的实践及其效果，提出新马克思经济学综合学派“科技、制度、法策、个体”的“四元贫困主因论”。

一、马克思主义关于资本主义贫困成因的理论分析

马克思主义关于资本主义社会贫困成因的研究，最本质的分析维度是资本主义经济制度层面的贫困，而其他维度的研究也不是孤立的，大都是紧紧围绕对资本主义经济关系的批判展开。撇开自然条件、发展水平等因素以外，马克思主义形成了“一主多辅”分析体系，即“产权因素为主体，分配、法策、教育、战争、疾病五因素为辅体”这一贫困成因理论体系。

（一）产权因素

资本主义贫困的根源在于资本主义的产权制度，即因生产资料资产阶级私人占有所引

---

①　本文系国家社科基金重大项目“改革开放以来中国发展道路的政治经济学理论创新与历史经验研究”（20&ZD052）阶段性成果；北京高校中国特色社会主义理论研究协同创新中心（中国政法大学）阶段性成果。作者简介：程恩富，中国社会科学院大学学术委员会副主任、首席教授，中国社会科学院学部委员、学部主席团成员，世界政治经济学学会会长。张杨，北京大学马克思主义学院马克思主义理论学科博雅博士后、副教授，中国政治经济学学会副秘书长，研究方向为马克思主义政治经济学。

②　诺贝尔经济学奖，正式名称为“瑞典中央银行纪念阿尔弗雷德·诺贝尔经济学奖”，设立于1969年的该奖项并不属于1895年诺贝尔遗嘱中所提到的5个奖项，是瑞典的右翼经济学家为了反对凯恩斯主义和左翼经济学而鼓动设立的，之后该奖被授予一大批搞出经济危机、金融危机和贫富分化的新自由主义经济学家，故本文简称其为“银行诺奖”。

发的贫困。资本主义的基本矛盾导致劳动阶级贫困。马克思认为，资本主义的基本矛盾是生产社会化和生产资料资本家私人占有之间的对立。随着劳动过程中集约生产与协作生产的需求不断增加以及科学技术的广泛运用，生产资料的使用和整个国民经济也越来越社会化，但是，生产资料所有权仍被极少数资本家占有，从而造成资产阶级与工人阶级之间的贫富分化和对立。马克思在《资本论》中认为，在资本主义生产条件下，资本家和工人之间的对立就是“一方是价值或货币的占有者，另一方是创造价值的实体的占有者；一方是生产资料和生活资料的占有者，另一方是除了劳动力以外一无所有的占有者”①。工人的劳动由此同其自身相异化并被资本家所无偿占有，因而绝不是资本家所断言的他们维持和养活了工人，而实际上是工人不仅养活了资本家，而且还使自身陷入贫困。

（二）分配因素

一定社会的生产和交换方式决定了社会的分配方式。生产关系中的所有制决定分配关系，资本主义私有制决定分配方式必然是按资分配，雇佣劳动者只能凭借法律上的劳动力所有权获得劳动力的价值或作为其转化形式的广义工资。列宁曾深刻地批判了资本主义私有制及其分配关系所形成的工人绝对贫困化和相对贫困化问题，并对资产阶级改良主义者所持有的“资本主义社会的贫困化在逐渐缓解、群众的物质福利在逐渐增长”等观点反驳道：工人的“生活费用在不断飞涨”，“工人工资的增加还是比劳动力必要费用的增加慢得多”，而“资本家的财富却在飞速地增长着”。② 在列宁看来，一方面，工人的贫困化是绝对的；另一方面，工人在社会收入中所得的份额是相对日益减少的，所以工人的相对贫困化又是现代资本主义特有隐蔽性质的特征。③

（三）法策因素

资本主义国家所制定的法律法规政策，不仅涉及的范围有限、所保障的力度不足，而且还具有很强的虚假性，根本不足以消灭贫富对立。马克思和恩格斯对于资本主义国家所制定的财富和收入分配、财税、就业、住宅以及反贫困等法策进行了彻底的揭露与批判。例如，在马克思看来，资本主义国家的就业政策也会给劳动者尤其是青年劳动者提供新的就业岗位和就业机会，但其根本目的不是使失业者可以再就业，而是在劳动密集型的产业或商业部门填补劳动力的亏空来为资本家增值资本；况且，工人在现代产业部门里不仅被

---

① 马克思．资本论（第1卷）［M］．北京：人民出版社，2004：658.

② 列宁．列宁专题文集（论资本主义）［M］．北京：人民出版社，2009：77.

③ 当下不宜轻易批判西方国家大众“消费主义”，而要重点批判过度消费信贷是资本主义剥削和消费的重要新现象和新特点。

机器的发展与应用排挤到更简单的和更低级的工作中，而且在这种新的工作中工人只能获得更低廉、更微薄的收入。又如，虽然资本主义国家强制性颁布的工厂法对于劳动条件的改善、劳动时间的缩短、劳动报酬的提高具有一定限度和范围内的作用，但是一旦超出这个限度和范围，资本主义的法律与政策就不会再起到任何有效的作用。这里所指的一定限度和范围，就是要确保资产阶级获得基本的利润。马克思强调，资本主义的工厂立法可以清楚地表明，“资本主义生产方式按其本质来说，只要超过一定的限度就拒绝任何合理的改良”①，甚至大资产阶级正是希望通过符合资本巨头利益的较为严苛的工厂立法来达到其侵占较小资本家所有权的目的，并以此来确保自身的垄断权。

（四）教育因素

在资本主义条件下，对于劳动者的教育本身就是严重匮乏的。这是因为，劳动力的价值是由再生产这种独特商品所需要的必要劳动时间决定的，其实际上就是补偿劳动力所必要的生活资料的价值。虽然这部分必要的生活资料中也含有劳动力教育或训练的费用，但是马克思强调，“这种教育费用——对于普通劳动力来说是微乎其微的——包括在生产劳动力所耗费的价值总和中”②。这种教育结果的不公平又是由教育权利和教育机会的不公平决定的。马克思曾以 19 世纪 60 年代在英国兴起的“草辫学校”③ 来说明资本主义教育的严重弊端。“草辫学校”就是工人阶级的子女从 4 岁一直到 12 岁或 14 岁以前，要在这里学编草辫，并以这种形式来辅助家长的劳动，而这些孩子们受不到其他任何教育。在其中，马克思所描述的一个现象是已经饿得半死的母亲不得不指定他们完成一定量的劳动，有时孩子们回家还要再劳动到夜里 12 点。而资本主义的这种“草辫学校”完全成了资本家奴役劳动者子女的工具，即根本无法实现青少年应有的教育和自由发展。④

（五）战争因素

马克思、恩格斯认为，资本主义国家战争所导致的贫困问题，并不仅仅局限于战争本身对于国家的浩劫、资源的浪费、环境的破坏以及给人民所带来的灾难，他们更多地从生产关系的视角出发，来研究战争期间资本的运行与贫困之间的关系。在战争对资本需求增加的过程中马克思认为，“一方面资本加速增长，另一方面需要救济的赤贫也加速增

---

① 马克思．资本论(第 1 卷)[M]．北京：人民出版社，2004：554.

② 马克思．资本论(第 1 卷)[M]．北京：人民出版社，2004：200.

③ 马克思．资本论(第 1 卷)[M]．北京：人民出版社，2004：539.

④ 当今资本主义国家，对大多数劳动阶级的子女实行国家教育投入较少和贷款上学的公立学校教育，以宽松的教育内容培养雇佣劳动者，而对少数富人阶级的子女实行收费很高的私立学校教育，以严格紧张的教育制度和内容培养本阶级的接班人。

长"①。在马克思看来，在战争期间劳动者的劳动强度会提高，劳动时间的强制性也会随之延长，由此剩余价值也会绝对地和相对地增加。马克思对"战争贫困"的原因进行的阶级分析也吸收了乔治·罗伯逊关于战争导致工人阶级贫困的观点。乔治·罗伯逊曾在其《政治经济学论文集》的"论当前国家贫困的主要原因"一文中指出："战争期间资本增加的主要原因，在于每个社会中人数最多的劳动阶级的更加努力，也许还在于这个阶级的更加贫困。更多的妇女和儿童为环境所迫，不得不从事劳动；原来的工人，由于同样的原因不得不拿出更多的时间去增加生产。"②

（六）疾病因素

在《资本论》（第1卷）的第7篇"资本的积累过程"中，马克思曾引用时任英国伯明翰市长约·张伯伦于1875年1月在伯明翰市卫生会议上的开幕词中的一段话："曼彻斯特保健医官利医生证实，该市富裕阶级的平均寿命是38岁，而工人阶级的平均寿命只有17岁。在利物浦，前者是35岁，后者是15岁。可见，特权阶级的寿命比他们的不那么幸运的同胞的寿命要长一倍以上。"③ 这充分说明了恶劣的劳动环境和劳动条件、繁重的劳动任务、超长的劳动时间、最低的劳动报酬、无钱治病等因素，必然造成当时工人阶级短暂的平均寿命。马克思曾列举了英国的《工厂视察员报告（1865年10月31日）》中所记录的英国陶器业200多个工场中的状况。报告显示，在这些工场中截至1864年的20年间从根本上节制了粉刷和清扫的工作，只在1864年工厂法的强制下才被迫进行了些许改善，而劳动者在这20年间过度的日间和夜间劳动中呼吸着极端有害的空气，这种空气也必然成为疾病和死亡的温床。可见，资本主义生产方式中所谓资本的节欲是工人阶级疾病频发的主要诱因，从而对工人阶级的健康构成极大的威胁。马克思对此深刻地指出："为了迫使资本主义生产方式建立最起码的清洁卫生设施，必须由国家颁布强制性的法律。还有什么比这一点能更好地说明资本主义生产方式的特点呢？"④

二、评析班纳吉和迪弗洛对贫穷成因的认识

"银行诺奖"评委会在对2019年得主阿比吉特·班纳吉、埃斯特·迪弗洛和迈克尔·克雷默学术贡献的评论中写道："在不到20年的时间里，班纳吉、迪弗洛与克雷默开创的实证微观经济学研究方法改变了发展经济学家的工作方式。借助他们的实验方法开展的研

---

①② 马克思．资本论（第1卷）[M]．北京：人民出版社，2004：604.

③ 马克思．资本论（第1卷）[M]．北京：人民出版社，2004：739.

④ 马克思．资本论（第1卷）[M]．北京：人民出版社，2004：554.

究得出了大量重要的新发现，并让人类解决全球贫困问题的能力得以持续提升。"① 班纳吉和迪弗洛的确把实验研究方法拓展到该领域的分支并实现了发展经济学的某种转型，并尝试从贫困阶层的视角去观察问题，正如他们所说，"要想真正理解制度究竟会对人民的生活产生多大影响，我们必须要从思想认识上做一个转变，从底层人民的角度来看待制度"②。但是，他们的理论成果却局限于利用随机的实验手段、现有的分配关系以及自由化的市场职能等方面，而没有从资本主义的基本经济制度以及资本主义的基本矛盾中得出贫困的本质问题。因此，他们不可能从根本上认知造成贫困的真因，也不可能提出科学的贫困理论。两位学者在《贫穷的本质》一书中对于贫困成因进行了以下分析。

（一）认为贫困成因仅仅在于具体操作层面的问题

阿比吉特·班纳吉和埃斯特·迪弗洛的《贫穷的本质》一书，从题目看似乎是在讨论贫穷的本质问题，但实际的内容却恰恰相反，他们仅仅停留在一些具体的操作层面。而考究贫穷的本质或真因等"辩证求因"的方式却被两位作者看作是一种空洞的"大问题"。如他们说："很多侃侃而谈的专家并没有讨论怎样抗击痢疾和登革热最有效，而是专注于那些'大问题'：贫穷的最终原因是什么？我们应该在多大程度上信任自由市场？穷人能够受益于民主制吗？外来援助可以发挥什么样的作用？等等。"③ 他们寄希望于"从一系列具体问题出发，重新审视这一挑战"④。这里所说的"挑战"，就是在具体分析每一个贫困群体或贫困个体致贫原因的基础上要给予对应的翔实的可行性方案。《贫穷的本质》一书在反复讨论几个类似性问题，如："通过什么办法可以让穷人改善他们的生活，在这方面他们遇到了哪些障碍？是起步的花费较大，还是起步容易维持难？为什么花费会这么大？穷人意识到福利的重要性了吗？如果没有，原因又是什么呢？"⑤ 按照班纳吉和迪弗洛的理解与逻辑，"贫穷的本质"完全可以被理解为若干可操作性的具体方案，对此他们解释道，"道理很简单，只谈世界上存在什么问题，而不去谈可行的解决方案，这样只能导致社会瘫痪，而非进步。因此，真正有用的方式是从实际问题的角度去思考，这样就可以有针对性地找出解决具体问题的办法，而不是空谈外来援助"⑥。两位学者在书中列举了大量解决具体问题的具体案例，并期望以这些对照实验的案例来指导穷人在遇到具体问题时的对策。

---

① 诺贝尔经济学家评委会．理解发展和减贫[J]．比较，2019(6)．

② ［印度］阿比吉特·班纳吉，[法]埃斯特·迪弗洛．贫穷的本质[M]．景芳，译．北京：中信出版社，2018：268.

③④ ［印度］阿比吉特·班纳吉，[法]埃斯特·迪弗洛．贫穷的本质[M]．景芳，译．北京：中信出版社，2018：3.

⑤ ［印度］阿比吉特·班纳吉，[法]埃斯特·迪弗洛．贫穷的本质[M]．景芳，译．北京：中信出版社，2018.

⑥ ［印度］阿比吉特·班纳吉，[法]埃斯特·迪弗洛．贫穷的本质[M]．景芳，译．北京：中信出版社，2018：8.

首先，蚊帐究竟是向贫困人群免费赠送，还是有价销售的问题。在应对非洲儿童因疟疾而丧生的对策中，班纳吉和迪弗洛提出经过杀虫剂处理的蚊帐可以有效地挽救因疟疾而丧生的生命。实际上，一个蚊帐能否降低一家人感染疟疾的概率并不是两位作者所关心的重点。他们真正想做的工作是从泛泛而谈蚊帐对于治理贫困的效用转向具体分析蚊帐应通过援助方式提供还是应自行购买。于是，他们把问题划分为如下三个："第一，如果人们必须全价（或者至少是全价的一大半）购买蚊帐，他们是否会放弃购买？第二，如果蚊帐是免费赠送的，或者以优惠价卖给人们的，他们是会使用这些蚊帐，还是将其浪费掉？第三，如果人们以优惠价购买了蚊帐，那么一旦以后价格不再优惠，他们是否还愿意去购买呢?"①。针对究竟蚊帐的免费赠送还是有价销售更能有效治理疟疾的问题，两位学者所给予的答案是可以引入模仿医学中为评估新药效力而采用的随机对照实验（RCTs）。加利福尼亚大学的帕斯卡利娜·迪帕曾经在乌干达和马达加斯加进行过类似的实验。这种实验无非就是通过随机选定上述三个问题的不同代表小组，然后对接受不同蚊帐价格的行为进行比较，以此再得出发放蚊帐的具体方式。

其次，化肥的获取究竟是靠援助，还是靠购买的问题。《贫穷的本质》一书中列举了肯尼亚索里村的年轻农民肯尼迪依靠免费领取的化肥攒下了一辈子的积蓄。也就是说，如果肯尼迪不通过免费领取化肥的方式就将无法逃离贫困的陷阱。但是另一种质疑的观点认为，如果化肥的使用对于解决肯尼迪的贫穷问题如此有效，那么他何不想办法在此前就购买一点点化肥来提高土地的产量，并利用挣来的钱再去购买更多的生产资料呢？对于这两种不同的解决方案，两位学者的建议是要对两种策略特别是后一种策略进行具体的可行性分析。他们认为，通过渐进式积累的方式可能过于理想化，比如说"化肥或许只能批量购买，或许在使用过几次之后才有成效，抑或将收益再次投入并不如想象的那般顺利"②。

再次，补贴是否对反贫困具有效用的问题。班纳吉和迪弗洛认为，即使是自由市场经济学家也会在健康领域支持扶贫补贴，因为，大多数廉价的成果都会低于市场价。从中可以看出两位发展经济学家也承认治理贫困离不开政府必要的补贴。他们通过杰茜卡·科恩和帕斯卡利娜·迪帕所进行的TAMTAM实验得出，并非购买蚊帐的补贴越高就一定意味着对于蚊帐的浪费程度越大。科恩和迪帕的实验发现"60% ~70%曾买过蚊帐的妇女确实都在使用。在另一次实验中，随着时间的推移，蚊帐的使用率上升至90%左右"③。通过这组数据，班纳吉和迪弗洛又得出补贴不会直接降低蚊帐使用率的结论。

最后，小额贷款是使穷人跃升为企业家的重要手段。班纳吉和迪弗洛说："小额信贷

---

① ［印度］阿比吉特·班纳吉，［法］埃斯特·迪弗洛．贫穷的本质［M］．景芳，译．北京：中信出版社，2018：9.

② ［印度］阿比吉特·班纳吉，［法］埃斯特·迪弗洛．贫穷的本质［M］．景芳，译．北京：中信出版社，2018：13.

③ ［印度］阿比吉特·班纳吉，［法］埃斯特·迪弗洛．贫穷的本质［M］．景芳，译．北京：中信出版社，2018：68.

运动中的很多人都同意尤努斯的世界观，认为每个人都有成为成功企业家的潜质。”[①] 他们紧接着就对无产者如何成为企业家进行了观察。他们根据穷人通过借贷成为企业家的案例来说明在穷困的国度中有很多低收入人群同样具有企业家精神。在他们看来，这些贫困出身的企业家虽然具有很高的创业风险和返贫可能，但是小额贷款这样的“最初的馈赠及支持”开启了一个良性的循环，即“只要能够得到机会，即使遭受过重创的人，也能够对自己的生活负起责任，并摆脱极度贫困”[②]。当然，两位学者也承认小额贷款帮助穷人在创业中扮演重要角色的同时，实际上也不可能为穷人找到一条逃脱贫穷的道路，并把其中的原因仅仅归结为“他们借不到足够的钱跨越驼峰”[③]。

（二）认为贫困成因在于过度依靠援助或过度依靠自由市场的问题

在班纳吉和迪弗洛看来，当今世界真正贫穷的国家都具有一些共性特征，比如“气候炎热、土地贫瘠、疟疾肆虐、四周被陆地所包围”[④] 等自然原因，而这些极度贫困的国家如果没有长期、持久且有效的投资，就很难提高当地的生产力并进而改善当地贫困的面貌。对因为极度贫穷而无法支付任何投资回报的国家进行投资被西方经济学家们称为“贫穷陷阱”。班纳吉和迪弗洛列举了对于“贫穷陷阱”的两种不同声音，并认为依靠过度援助或自由市场都可能成为贫困越发严重的原因。

一种观点以纽约大学的萨克斯为代表，认为应积极开展对穷国的援助并辅助其在关键的产业领域投资来提升自身的生产力水平。杰弗里·萨克斯在《贫穷的终结》一书中指出，如果富国在2005—2025年每年拿出1950亿美元的资金来援助穷国，那么贫穷问题到2025年便可以完全得到解决，但是如果不对穷国进行援助那么他们就将因恶劣的自然原因以及缺乏资本的原始积累而陷入越来越穷的陷阱。所谓的“贫困陷阱”也是两位学者展开论述的起点。在事关解决穷国贫困问题是应该依靠外部援助还是内生动力的抉择中，两位学者认为问题的关键不在于两种抉择的泛泛比较，而在于继续延伸两种抉择即在具体的事例中给予解决贫困问题具体的措施。他们认为，这些措施“要告诉你的不是援助的好与坏，而是援助在一些特定的事例中是否带来了好处”[⑤]。他们还认为，对于“贫困陷阱”存在与否的判断是制定正确扶贫政策的关键，而且错误政策的制定“并非来自动机不良或腐败，而仅仅是因为某些政策制定者头脑中的世界模式是错误的”[⑥]。针对萨克斯所提出

① ［印度］阿比吉特·班纳吉，［法］埃斯特·迪弗洛．贫穷的本质［M］．景芳，译．北京：中信出版社，2018：230.
② ［印度］阿比吉特·班纳吉，［法］埃斯特·迪弗洛．贫穷的本质［M］．景芳，译．北京：中信出版社，2018：235.
③ ［印度］阿比吉特·班纳吉，［法］埃斯特·迪弗洛．贫穷的本质［M］．景芳，译．北京：中信出版社，2018：247.
④ ［印度］阿比吉特·班纳吉，［法］埃斯特·迪弗洛．贫穷的本质［M］．景芳，译．北京：中信出版社，2018：3.
⑤ ［印度］阿比吉特·班纳吉，［法］埃斯特·迪弗洛．贫穷的本质［M］．景芳，译．北京：中信出版社，2018：5.
⑥ ［印度］阿比吉特·班纳吉，［法］埃斯特·迪弗洛．贫穷的本质［M］．景芳，译．北京：中信出版社，2018：19.

的“贫困陷阱”以及各种必要的援助措施，班纳吉和迪弗洛通过列举一些随机性的实验对其进行了质疑与反证。比如，他们通过杰西卡·科恩和帕斯卡利娜·迪帕在肯尼亚所进行的实验得出，贫困人口对于蚊帐的价格非常敏感而且也习惯于免费领取蚊帐或是以接近于零的超低价格来购买。这就造成了贫困人口容易陷入即便自己的收入价格有所增长也几乎不会为下一代购买蚊帐的恶性循环。这一恶性循环与班纳吉和迪弗洛所期望的“S形曲线的右半部分”① 即通过收入增长来改善健康状态的良性循环形成了鲜明的反差。

另一种观点以曼哈顿的威廉·伊斯特利为代表，认为对穷国的援助因为无法解决内生的发展动力因而是弊大于利的。除了伊斯特利在《在增长的迷雾中求索》《白人的负担》中阐明了上述观点之外，曾在高盛投资公司及世界银行任职的丹比萨·莫约也在《援助的死亡》一书中支持了这种观点。后一种观点认为，对穷国的援助无法从根本上解决其内生发展问题，反而会削弱穷国按照自身特点来解决贫穷问题的能力，最好的准则就是“只要有自由市场和恰当的奖励机制，人们就能自己找到解决问题的方法，避免接受外国人或自己政府的施舍”②。也就是说，在他们看来，“贫困陷阱”根本就不存在，而且这是“一个残酷地诱骗穷国的伪概念”③，其原因在于贫穷并不是永恒的，而是可以改变的。伊斯特利还强调，“自由意味着政治自由和经济自由，而在人类的种种发明之中，自由市场的能量被大大低估”④。而在班纳吉和迪弗洛看来，一些服务于穷人的市场正在消失，或是在这些市场中穷人总是处于不利的地位。

综上所述，经济学家萨克斯和伊斯特利认为，无论是依靠援助，还是自由市场都没有深刻地理解贫困的本质，而本质就在于迄今为止没有通过具体的实验方法来具体解决每一个地区或民族具体贫困问题的案例。此外，对于治理贫困问题之所以产生两种截然不同的方法，他们认为这是因为两位经济学家所持有的世界观不同。其中，萨克斯在积极参与联合国、世界卫生组织的过程中重视为贫困人口提供生活、学习等用品并激励孩子们上学接受教育；而伊斯特利和莫约等代表美国垄断资产阶级利益的学者反对援助，并认为援助会使对方政府变得腐败，特别是如果对方不想接受援助或孩子们不想上学而强迫对方接受，就是不尊重人们的自由。

（三）认为贫困成因在于信息的不对称性以及过度模型化的问题

与西方经济学过度模型化、数学化不同，班纳吉和迪弗洛更为注重通过一些经济学

① ［印度］阿比吉特·班纳吉，［法］埃斯特·迪弗洛．贫穷的本质［M］．景芳，译．北京：中信出版社，2018：59.
② ［印度］阿比吉特·班纳吉，［法］埃斯特·迪弗洛．贫穷的本质［M］．景芳，译．北京：中信出版社，2018.4.
③ ［印度］阿比吉特·班纳吉，［法］埃斯特·迪弗洛．贫穷的本质［M］．景芳，译．北京：中信出版社，2018：12.
④ ［印度］阿比吉特·班纳吉，［法］埃斯特·迪弗洛．贫穷的本质［M］．景芳，译．北京：中信出版社，2018：266.

家、社会学家的对照实验结果来分析哪种具体的经济行为有利于摆脱贫困。在这个过程中可以发现，两位学者对于信息不对称问题所造成的贫困格外注重。他们认为，穷人通常会缺少信息来源，并且容易受一些虚假的信息所误导。他们指出："穷人所陷入的困境与我们其他人的困扰似乎是一样的——缺乏信息、信念不坚定、拖延。"① 在他们看来，这种信息的不对称性对于富人的影响要比穷人小很多，因为在富裕国家生活的人们周围充满了许多无形的助推力，比如不用想着在早晨水里加消毒剂、不用担心孩子何时接种疫苗的问题、不用担心是否有下一顿饭吃等。也就是说，"富人几乎用不着自己有限的自控及决断能力，而穷人则需要不断运用这种能力"②。

可见，班纳吉和迪弗洛能够获得"银行诺奖"的重要原因之一，在于提供了一个发展经济学的新视角，其中的关键在于他们对主流经济学的过度数学化、模型化提出了质疑。班纳吉和迪弗洛认为，"经济学家都喜欢简单（有人称之为单纯化）的理论，他们习惯用图表来表现这种理论"。③ 从中可见，在他们看来仅仅通过单纯的数理化来阐释经济问题这样的经济学是一种简单且浅显的理论。在《贫穷的本质》一书中，两位学者仅仅绘制了两幅重要的曲线图（S 形曲线和反向 L 形曲线）分别来表示"贫穷陷阱"存在与不存在的模型。通过这两个简单的图表，他们明确写道："这两个简单的图表所包含的理论传达了一个最重要的信息，即仅靠理论是不够的，要想真正回答'贫穷陷阱'是否存在这一问题，我们需要了解的是，现实世界能否由图表来表现。"④ 班纳吉和迪弗洛所绘制的这两幅图表一方面旨在用直观的方式来展现是否存在"贫困陷阱"，另一方面旨在说明仅仅使用模型无法再现现实的世界。对此，他们进一步认为，"我们需要通过一个个事例做出判断：如果我们的故事与化肥有关，那么我们就需要了解关于化肥市场的一些现实情况；如果是关于存钱的分析，那么我们就需要了解穷人是怎样存钱的；如果是关于营养和健康的问题，那么我们就需要研究与此相关的领域"⑤。总之，他们得出可行性方案的前提是进行一系列不同的实验，并在时间和空间上考虑不同的调研对象和干扰因素，力争得到可靠的证据与理论。

（四）认为贫困成因在于供应教育失败的问题

在班纳吉和迪弗洛看来，治理贫困除了援助政策具有争议性之外，教育政策也是长期

① ［印度］阿比吉特·班纳吉,［法］埃斯特·迪弗洛. 贫穷的本质［M］. 景芳,译. 北京:中信出版社,2018:16.
② ［印度］阿比吉特·班纳吉,［法］埃斯特·迪弗洛. 贫穷的本质［M］. 景芳,译. 北京:中信出版社,2018:80.
③ ［印度］阿比吉特·班纳吉,［法］埃斯特·迪弗洛. 贫穷的本质［M］. 景芳,译. 北京:中信出版社,2018:13.
④ ［印度］阿比吉特·班纳吉,［法］埃斯特·迪弗洛. 贫穷的本质［M］. 景芳,译. 北京:中信出版社,2018:16.
⑤ ［印度］阿比吉特·班纳吉,［法］埃斯特·迪弗洛. 贫穷的本质［M］. 景芳,译. 北京:中信出版社,2018:16.

争论的主题。他们指出："争论的焦点并不在于教育本身是好是坏，而在于政府是否应该干预以及如何进行干预。"① 他们把政府对教育的政策制定、内容要求、过程管理等看作"供应学校教育"，将其讽刺为"供应达人"或"供应商"，并强调这要与反对任何形式政府干预的西方供给学派相区别。从中可以看出，两位学者认为教育领域不存在"贫困陷阱"，从总体上更倾向于自由市场化变革。班纳吉和迪弗洛用数据证明了"供应达人"为撒哈拉沙漠以南的非洲、东亚及南亚所带来的小学入学率提升、辍学率下降等变化，却把重点放在说明在这种变化的背后是公立学校教育质量的低下、教师的懒惰、孩子的厌学情绪高涨。面对他们所质疑的公立学校，两位学者又搬出了他们常用来印证的包括伊斯特利在内的批判家，并把其赞美为"需求达人"。这些"需求达人"所给出的建议就是"除非有明确需求，否则根本没有必要提供教育"②。在他们看来，"需求达人的核心观点是，教育不过是另一种形式的投资：人民投资于教育就像投资于任何其他领域一样，目的是挣到更多的钱，增加未来的收入"③。他们虽然认为如义务教育等自上而下的教育政策对降低儿童死亡率有很大的益处，但却认为公立学校的教育质量并不乐观，并引用了伊斯特利在《在增长的迷雾中求索》一书中所提出的"非洲国家的教育投资对这些国家的发展毫无助益"④。他们认为，私立学校总体上较公立学校教学质量更高，而私立学校的不足之处在于市场还没有充分发挥其应有的作用。当然，他们认为"需求达人"不仅存在于教育领域，保险业在治理贫困过程中也存在市场无法发挥作用的情况。而当他们注意到市场所能提供的险种只覆盖有限的灾难性情况时，又提出"一个真正的市场出现，政府必须挺身而出"⑤，政府应为穷人购买天气险等提供必要的补贴，而当人们看到保险的好处以及市场再次繁荣时就可以取消补贴了。他们把这种方式看作"一个利用公共资源促进共同富裕的好方式"⑥。

当然，班纳吉和迪弗洛在论述公立学校和私立学校在教育贫困中的差异性的同时，还关注了在更深层次的社会层面的教育体系问题，并强调了这一体系中所出现的有失公平和浪费资源等问题。他们意识到这种教育结果不公平是由教育机会和教育过程不公平所决定的，并造成了巨大的人才浪费。他们指出："有钱人家的孩子不仅可以去教学质量更高的学校，还可以在学校里享受很好的待遇，从而使他们的潜力得到真正的挖掘。穷人家的孩子只能去教学质量较差的学校，这样的学校一开始就会表明……孩子们只能默默忍受，直

---

① ［印度］阿比吉特·班纳吉，［法］埃斯特·迪弗洛．贫穷的本质［M］．景芳，译．北京：中信出版社，2018：80.
② ［印度］阿比吉特·班纳吉，［法］埃斯特·迪弗洛．贫穷的本质［M］．景芳，译．北京：中信出版社，2018：89.
③ ［印度］阿比吉特·班纳吉，［法］埃斯特·迪弗洛．贫穷的本质［M］．景芳，译．北京：中信出版社，2018：90.
④ ［印度］阿比吉特·班纳吉，［法］埃斯特·迪弗洛．贫穷的本质［M］．景芳，译．北京：中信出版社，2018：95.
⑤ ［印度］阿比吉特·班纳吉，［法］埃斯特·迪弗洛．贫穷的本质［M］．景芳，译．北京：中信出版社，2018：175.
⑥ ［印度］阿比吉特·班纳吉，［法］埃斯特·迪弗洛．贫穷的本质［M］．景芳，译．北京：中信出版社，2018：176.

至退学。"① 在此基础上，他们又把发展中国家教育体系不完善的原因仅仅归结为"不现实的目标、不必要的悲观预期，以及不恰当的教师鼓励机制"②。而他们所给予的解决教育两极化问题的建议是建立"一种双重教育体系"③，并在建立过程中注重核心能力的开发、技术辅助的研发、家长预期的降低。这种教育体系无非就是设置适应阶层特点的教育环境，无法从根本上决定教育贫困的问题。而且仅仅寄希望于从"科技手段"的层面来改善人们的生活条件以及教育环境，而不从生产关系的视角着手，最终只能陷入机械的唯生产力决定论之中。

三、结语：确立"四元贫困主因论"

在上述比较研究的基础上，依据中外反贫困的实践及其效果，我们撇开自然灾害和战争等一般具有暂时性的各种灾难，便可以确立新马克思经济学综合学派"科技、制度、法策、个体"的"四元贫困主因论"。各主因之间既是独立的，也是相互联系或密切相关的。

一是科技缺少的贫困主因。这是指科技总体不发达或缺少某种科技而导致的贫困。从生产力层面分析，由科技水平形成的某国家或某地区的经济状况和自然生态环境，必定会对贫富格局产生重要的经济影响。科技和生产力相对不发达，制约保护和改善自然生态环境的能力提升，往往造成反贫困进展缓慢，而科技和经济发达的资本主义国家或社会主义国家发达地区的贫困则相对较少。据国家统计局测算，1978 年以年人均纯收入 100 元为贫困线，当年农村绝对贫困人口为 2.5 亿，贫困发生率为 30.7%④。既然新中国成立后我国采取了积极反贫困措施并取得重要成效，那为何至改革开放前农村绝对贫困人口依然不少？主要原因就是这一时期在总人口激增情况下科技和经济发达的程度还不够。

二是制度缺陷的贫困主因。这是指社会基本制度的缺陷而导致的贫困。从制度层面分析，资本主义私有制、按资分配和唯市场化的基本经济制度，资产阶级多党轮流执政的基本政治制度，资产阶级意识形态主导的基本文化教育制度，必定会对贫富格局产生重要的制度影响。这就是为何发达资本主义国家也很难消灭绝对贫困，更谈不上缩小相对贫困的主要缘由。而共产党领导的社会主义中国就始终不存在消灭绝对贫困的基本制度障碍，而能不能缩小相对贫困则取决于非公经济所占的比重。2021 年 2 月，在中国共产党成立 100

---

① [印度]阿比吉特・班纳吉,[法]埃斯特・迪弗洛. 贫穷的本质[M]. 景芳,译. 北京:中信出版社,2018:111.

② [印度]阿比吉特・班纳吉,[法]埃斯特・迪弗洛. 贫穷的本质[M]. 景芳,译. 北京:中信出版社,2018:113.

③ [印度]阿比吉特・班纳吉,[法]埃斯特・迪弗洛. 贫穷的本质[M]. 景芳,译. 北京:中信出版社,2018:117.

④ 1978—2000 年农村居民贫困状况[EB/OL]. (2002-10-22)[2021-4-24]. http://www.stats.gov.cn/ztjc/ztsj/ncjjzb/200210/t20021022_36893.html.

周年的历史时刻，习近平总书记宣布我国完成了消除绝对贫困的艰巨任务。2012 年至 2020 年，在现行标准下，9899 万农村贫困人口全部脱贫，832 个贫困县全部摘帽，12.8 万个贫困村全部出列，创造了人类减贫历史上的"中国奇迹"，并为全球反贫困做出了重大贡献。这充分表明在马列主义及其中国化理论指导下，我国社会主义基本经济政治制度不仅不是反贫困的障碍，而且是反贫困的巨大优势和保障。

三是法策缺位的贫困主因。这是指法律法规政策的缺位而导致的贫困。从法策层面分析，由于资本主义基本经济政治文化制度的痼疾，其国家所实行的有关反贫困的法律法规政策往往不及时、不到位，且资产阶级各政党意见分歧、互相扯皮、言行不一，从而对贫富格局产生重要的法策影响。而共产党领导的社会主义中国，只要经济发展实力具备和执政党有决心，便可以及时制定和高效实行到位的法策体系，用举国体制机制在较短的时期内攻坚解决贫困难题。改革开放以来的反贫困实践印证了这一点。1986 年国务院成立了贫困地区经济开发领导小组（1993 年改称为"国务院扶贫开发领导小组"），专门负责扶贫工作，逐步明确贫困标准，确定国家重点扶持贫困县，安排专项扶贫资金，标志着反贫困工作的制度化；1994 年国务院印发《国家八七扶贫攻坚计划（1994—2000 年）》；2001 年中共中央、国务院讨论通过《农村扶贫开发纲要（2001—2010 年）》，提出解决极少数贫困人口温饱问题、巩固温饱成果的目标；2011 年中共中央、国务院印发《中国农村扶贫开发纲要（2011—2020 年）》，明确了"两不愁三保障"的扶贫任务，推进 2020 年实现全面建成小康社会的奋斗目标；2012—2017 年，党中央实行开发式扶贫与救济式扶贫双轨并行的机制，保持对贫困人口的兜底性制度安排，并加大开发力度；2019 年底面对新冠肺炎疫情的挑战，党中央对脱贫攻坚战作出新的部署，从而在防疫背景下打赢了脱贫攻坚战。

四是个体缺点的贫困主因。这是指个人及其家庭的素质缺点而导致的贫困。从个体层面分析，由于资本主义基本经济政治文化教育制度的痼疾，再加上个体世界观、人生观和价值观的扭曲，反映在个人及其家庭的问题和缺点很多，从而必定会对贫富格局产生重要的个体影响。有舆论一味片面指责贫困的个体，殊不知倘若一个社会长期普遍存在诸如贫困（或腐败或犯罪或信仰）等问题，那么肯定主要是涉及这类社会问题的解决框架体系有问题；只有解决问题的基本框架体系没有大问题，才能主要归结为个体问题。这属于马克思主义观察和分析问题症结的重要方法之一。中国反贫困的基本框架体系及其成功经验、美国和印度等资本主义国家反贫困的基本框架体系及其失败的教训，均有力地印证了这一点。诚然，任何国家均应高度重视对个体反贫困的教育引导（包括"少生快富"、消除"躺平等靠"的宣传教育）、技术培训、互助合作、劳动竞赛、资金支持等多方面工作，以便积极促进个体自立自强地走出贫困境地。

对生产力和生产关系及其关系的本体论再认识[①]

王今朝　余红阳
（武汉大学）

一、生产关系决定生产力命题的合理性论证[②]

生产力决定生产关系的机制是以承认生产力的变化为前提的，因而它必然导致生产力决定生产关系的结论。马克思主义认为，生产工具的变革是划分生产力不同发展阶段的标志。然而，也不是所有生产工具的变革都构成划分生产力不同阶段的标志。对于一个现代社会（比如中国）而言，如果我们问这样一个问题，即生产力是如何变化的，那么，我们就只能从生产关系决定生产力的原理来寻找答案了。[③]

（一）生产关系决定生产力：逻辑合理性

首先，生产关系与生产力如影随形，必然随时在影响着一个既定社会形态的生产力的发展。在资本主义国家经济正常时期，生产关系允许生产力实现一定程度的发展，但每隔十年左右的时间，不经过危机，生产力就无法继续发展。从基本原理看，生产力和生产关系是辩证统一的，生产关系对于生产力的反作用是时时刻刻地发生着的，因而必然是与生产力决定生产关系同时在起作用的。

其次，西方国家也是在运用生产关系决定生产力的规律来破坏其他国家发展生产力的

---

① 本文写作得到国家社会科学基金重大项目“习近平总书记关于学习和实践马克思主义重要论述研究”（批准号：2019MZD024）和2019年湖北省社会科学基金重点项目“当代中国生产方式内在矛盾及其社会作用研究”（立项号：HBSK2019ZD0035）支持。作者简介：王今朝，武汉大学经济系教授、博导；余红阳，武汉大学经济系博士生。

② 吴易风（1997）认为，马克思在《政治经济学批判》序言中表述的生产力决定生产关系原理，已经在《资本论》中做出重大修改，改为生产力决定生产方式，再由生产方式决定生产关系的原理。吴易风（1997）这样理解不无道理，但如果生产力决定生产方式，再由生产方式决定生产关系，那么，我们依然可以说，生产力决定生产关系。而且，如果不清楚生产关系的本体，实际上也就很难弄清生产方式。

③ 马克思恩格斯文集（第1卷）[M]. 北京：人民出版社，2009：724.

努力。苏联解体从实践的角度表明，维护一个国家经济制度首先在于生产关系而不在于生产力。无论是俄国、苏联还是中国在建设社会主义的过程中，都曾面临且今天仍正面临着一个重大理论问题，即在捍卫社会主义生产关系与用资本主义生产关系来发展生产力两个策略之间究竟选择哪个，也就是哪个更具有优先性。而且，连已经失去影响力的华盛顿共识都是生产关系优先。西方正是通过破坏苏联和中国的生产关系来破坏它们的生产力的。[①] 诸多社会主义国家领导人所担心的当权派和官僚主义其实也是通过破坏生产关系，从而使广大人民的生产力转变为资本和少数官僚的生产力。[②] 如果我们认为生产力具有无条件的优先性，就难以抵挡来自国内外的危险。

（二）生产关系决定生产力的机制

无论是从储蓄—投资关系还是从总供给—总需求关系看，只要认为经济落后国家为了实现经济增长应该用公有制的办法而不是用私有制的办法，实际上就是承认生产关系决定生产力。值得指出的是，无法显示的公有制社会所积累的资本可以在整个社会范围内最优化地配置从而使它能够比私有制社会实现更快的经济增长的机制也是生产关系决定生产力的机制。在生产力越来越具有社会性的今天，私有制实际上已构成经济发展的重大障碍。比如，诸多国家和地区就是由于土地私有导致的高昂的交易成本而无法修建高速铁路。因此，我们可以得出结论：对于经济落后国家而言，无论是革命还是建设，无论是维护本国安全还是维护生产力的发展，都应该遵循生产关系决定生产力的规律，也就是遵循斯大林所说的“生产关系一定要适合生产力性质的规律”。更一般地看，人是先于产出而存在的。因此，为了得到将来的产出需要事先确立人与人怎样的关系以及人与物之间怎样的关系。也就是说，生产关系在时间上是优先于生产力的。既然生产关系在时间上是优先的，就不可能是适用生产力决定生产关系，只可能是适用生产关系决定生产力。将此命题应用于和平时期就是，社会主义的生产资料公有制企业能够比资本主义的生产资料私有制企业产生更大的生产力（在其他情况一样的条件下），平等的劳动者和管理者关系也可能带来更大产出。

（三）对一些可能的否定意见的否定

生产关系决定生产力的命题是完全成立的。其实，在马克思看来，生产关系的生产比所有形式的物质资料的生产更重要、更具有实质性意义。因为一定社会生产关系除了为一

---

① 西方的破坏手段从理论诱导到政策欺骗到武装威胁，可以说是无所不用其极。

② 当权派一词在近年来被西方广泛使用。

切物质资料的生产提供强有力的指导与保护外，还是整个社会上层建筑得以确立、发展与完善的坚实基础。因而，它是任何社会的统治阶级维护自身利益与巩固政权的根本所在。所以，历来的统治阶级没有一个不重视生产关系的生产与再生产的，尤其是近代社会的资产阶级。在《资本论》中，马克思在论述资本主义文明观时指出："一般剩余劳动，作为超过一定的需要量的劳动，必须始终存在。……资本的文明面之一是，它榨取剩余劳动的方式和条件，同以前的奴隶制、农奴制等形式相比，更有利于生产力的发展，有利于社会关系的发展，有利于更高级的新形态的各种要素的创造。"①

二、两个决定作用的一致性问题

既然生产力决定生产关系，生产关系也决定生产力，那么，这两种决定作用是否具有一致性呢？

马克思的生产力决定生产关系的理论在历史的极长时期无疑是正确的。它对于认清历史的发展的必然性极其重要。因为马克思旨在揭示人类社会形态变迁的规律。而社会形态是以生产资料的所有制这种生产关系的最主要方面为划分依据的（靳辉明、洪光东，2011）。今天，我们可以这样理解：既然马克思设立了生产力和生产关系这两个二元对立的框架，为了解释生产关系的变化，就只能使用生产力的概念。值得注意的是，马克思上述历史唯物主义的表述是受代表蒙昧却又颇有影响的费尔巴哈的"历史唯心主义"和黑格尔的"绝对精神"理论的刺激而产生的，是与后者对立，旨在取代后者的历史观的。也因此，这些表述中就缺少马克思本人所强调的人的主观能动性的影子。但这并不意味着人的主观能动性不能发挥巨大的主观能动的作用。

马克思绝不是主张人类被动地等待生产力的充分发展，其的存在决定意识、生产力决定生产关系的命题也绝不是否定意识和生产关系的反作用，反而是为其开辟道路。按照马克思的话语，由于大规模交换的需要，资本主义生产关系本身是高度社会化了的。进而，资本主义生产社会化与资本主义生产资料私人占有之间的矛盾导致资本主义生产方式必然周期性地发生经济危机，只有社会主义公有制才能加以解决。而这就要求我们遵循生产关系一定要适应生产力的规律，来建立和发展社会主义公有制生产关系，也就是在发展生产力的政策和策略上，要遵循生产关系的优先性。也就是说，我们应该如毛泽东那样承认生产关系的优先性，应该更加重视的是马克思的生产关系决定（反作用于）生产力的原理。对于20世纪上半叶的中国而言，尤其需要在未来一个时期获得一定的生产力，即实现一定的经济发展（在生产力和生活水平上对美国实现一定程度的赶超）。新中国也是通过新

① 马克思恩格斯全集(第25卷)[M]. 北京:人民出版社,1975:925－926.

民主主义革命和社会主义革命先（基本）设定好新的生产关系，[①] 再在此基础上发展生产力的。在西方工业化以后，很显然，如中国这样的经济落后社会只有在先进的社会生产关系之下，才能获得自己所需要的工业化。一个经济落后的社会为了发展生产力（获得国外已经获得的产品），应该首先设定好生产关系，而不能听凭既有生产关系的支配，更不是依据生产力落后就断言只能采用旧的或他国所采取的生产关系。实际上，当马克思写作《资本论》时，他的问题也转化为资本主义生产关系如何影响生产力的问题，也认为生产关系决定生产力。生产关系决定生产力的命题是显然的。一个社会想要一定的产品，就必须设立一定的生产关系；可以说，有什么样的生产关系，就有什么样的产品，因此也必然有什么样的生产力。

三、结论

生产力和生产关系的二元对立是马克思运用一分为二的方法抽象出来的政治经济学基本框架。本文分析表明，与运用形式逻辑经常进行的分类不同，[②] 这两个概念既有不同，也相互联系、相互渗透、相互影响，从而构成一个对立统一体。这是因为二者都离不开人和物，都离不开它们的相互作用，所以不得不相互联系、相互渗透、相互影响。然而这样一来，也就产生了一个问题，即在具体的学术研究中，在具体的历史实践中，究竟是生产力具有优先性，还是生产关系具有优先性。特别是，究竟是让一个国家的生产力先发展再校正生产关系，还是先校正生产关系再发展生产力呢？我们认为，在这个问题上，应该是强调生产关系的优先性。

马克思主义认为，生产力决定生产关系是第一位的。我们强调生产关系的优先性则是在当代世界的生产力已经决定了社会主义生产关系的现实性的基础上才成立的。这样，我们实际上也就承认了生产关系决定生产力是第二位的了。但是，就当前中国实际而言，起作用的已经不是生产力对社会主义生产关系的决定性，而是建立社会主义生产关系的现实性了。我们说生产关系的优先性，就为发挥人的主观能动性来改善生产关系提供了坚实的理论基础，这对于社会主义国家具有根本的重要性。毛泽东晚年担心政权变色就是担心生

① 除了《史记》中记载的陶朱公、卜式外，古代的大地主很少有靠勤劳致富的，而主要是靠低价购买土地，以高利贷、强占等各种办法兼并土地来获得生产资料，再进而用高地租、苛捐杂税等使得佃农依附自己。对于敢于反抗的，则用投入监狱、杀戮等方法加以镇压。大多数地主没有发展的眼光，只知道积累财富和消费，不知道投资。佃农很穷，也无法产生对现代企业生产产品的需求，因此，百业凋敝，工业资本家、小作坊主、小商人不断破产，大多数人依靠非正规的收入来维持极其贫困的生活。总之，阶级对立极其严重，已经到了革命的临界点。与此类比，可以思考官僚资本和帝国主义资本所代表的旧生产关系。

② 在形式逻辑中，对事物的分类一般都是把事物划分为不相交的子集。辩证逻辑则可能更为看重对同一事物根据不同属性划分类别。

产关系变化（宋方敏，2016）。[①]

生产关系优先性的实现机制可以是模仿，也可以是理论的指导。资本主义从完全竞争走向垄断的过程，首先是一些垄断者成功了，引起了另一些领域的厂商模仿。福特制是美国汽车制造家和管理学家福特首创的一种生产管理制度，[②] 就是在生产力基本没有变化的基础上通过首先改善生产关系再来发展生产力的，也引起了众多工业企业的模仿。中国建立社会主义生产关系则既有模仿苏联的因素，也有马列主义指导的因素。模仿和理论的指导共同构成了生产关系优先性的具体实施机制。

我们的生产关系的优先性命题是与马克思的生产力决定生产关系命题完全一致的。马克思用生产力决定生产关系命题证明了社会主义的必然性，而我们的生产关系的优先性命题则是强调社会主义国家必须坚持社会主义生产关系。澄清了这个问题，中国到底是用科学社会主义的方法去发展生产力，还是用资本主义的生产关系去发展生产力，就是不言而喻的了。这关系到中国乃至世界的前途和命运。这就是本文的意义。

---

① 今天来看，从西方照搬的那套服从私人资本利益及其代理人意志的公司法人治理结构，不可能自动适应公有财产维护、经营和管理的要求，相反，一旦与官僚利益集团、私有资本利益集团相结合，极易变成一种“公权私用”的制度工具，为财产的“化公为私”提供便捷之径（宋方敏，2016）。

② 福特制的基本内容和主要特点在于，把科学管理原理应用于生产，在生产标准化即产品标准化、作业标准化的基础上，利用高速传送装置，使生产过程流水线化，使流水线上各道工序的工人的各种作业在时间上协调起来，并由传送装置的速度决定工人每天所完成的作业和产品数量，最大限度地提高工人的劳动强度。这种生产管理制度把流水线上的各种操作简单化、程序化，因而能够大量使用工资低廉的非熟练工人，从而有利于组织生产作业的机械化和自动化，进一步提高劳动生产率，降低生产成本。但是，这种生产管理制度却成为剥削雇佣工人的一种手段。如果流水线上各道工序的工人跟不上机器的运转速度，就会被克扣工资甚至被解雇。

恩格斯对政治经济学的贡献

任　力　王亮杰[①]

（厦门大学）

恩格斯作为马克思的重要合作者，对于马克思主义政治经济学的建立和发展做出了重要的贡献。恩格斯的早期著作促使马克思转入政治经济学的研究，迈克尔·罗伯茨（2020）将恩格斯描述为“第一位马克思主义者”，在马克思之前，恩格斯克服了古典经济学家的局限性，提出了将成为马克思主义经济学关键组成部分的概念。加雷斯·琼斯认为，“许多基本而持久的马克思主义命题首先出现在恩格斯的著作中，而不是马克思的早期著作”。在马克思逝世以后，恩格斯以极大的精力和毅力整理了马克思未出版的手稿，并捍卫了马克思主义政治经济学的地位。在1845年左右，恩格斯与马克思进行了非正式的学术分工，马克思的研究重点主要转向了政治经济学，而恩格斯则转向了政治、军事以及自然科学的研究，恩格斯关于政治经济学的研究工作主要集中在青年时期和晚年时期。因此，对于恩格斯经济思想的研究，我们需要将恩格斯早期与晚期的经济思想结合在一起考察，才能得出比较全面的认识。

一、对垄断问题与金融资本的研究

青年恩格斯在《政治经济学批判大纲》中对资本主义发展过程中资本集中现象进行了一定的论述，并关注了资本集中带来的后果。恩格斯认为资本集中是导致社会贫富差距拉大的主要原因。他指出，“它（资本集中）与所有其他的规律一样，是私有制所固有的；中间阶级必然越来越多地消失，直到世界分裂为百万富翁和穷光蛋、大土地占有者和贫穷的短工为止”。恩格斯进一步指出，资本集中以及所引起的贫富分化的根本原因在私有制，“由私有制造成的资本和劳动的分裂，不外是与这种分裂状态相应的并从这种状态产生的劳动本身的分裂”。恩格斯的这一观点初步揭示了资本不仅仅是一种“物”，还是一种社

---

① 作者简介：任力，厦门大学经济学院教授、博士生导师；王亮杰，厦门大学经济学院博士生。

会关系，以私有制为基础的资本主义发展必然会导致资本的集中以及财富差距的拉大。

恩格斯晚年正处在自由资本主义向垄断资本主义过渡的重要时期，他敏锐地观察到，“一些新的产业经营的形式发展起来了。这些形式代表着股份公司的二次方和三次方”。方兴未艾的股份公司反映资本主义经营方式从业主私有制向股份资本所有制、从分散自由向集中垄断的变革。恩格斯认为，股份公司是一种垄断竞争体制，诸如卡特尔、托拉斯等体量巨大的新式企业非但没有消除竞争，相反，“在托拉斯中，自由竞争转变为垄断，而资本主义社会的无计划生产向行将到来的社会主义社会的计划生产投降。当然，这首先还是对资本家有利的。但是，在这里剥削变得这样明显，以致它必然会被废除。任何一个民族都不会容忍由托拉斯领导的生产，不会容忍由一小撮专靠剪息票为生的人对全社会进行如此露骨的剥削”。恩格斯进一步强调：“‘根源于资本主义私人生产的本质的无计划性’这一句需要大加改进……由股份公司经营的资本主义生产，已经不再是私人生产，而是由许多人联合负责的生产。”它们囊括了生产和流通领域，操纵着价格和利润，以生产和资本的社会化将资本关系推到了顶点。在马克思看来，股份公司与共产主义存在历史的逻辑，是“转化为联合起来的生产者的单纯职能，转化为社会职能的过渡点”。对此，恩格斯补充道，由独立经营的企业向股份公司甚至国家企业的转变，“竞争已经为垄断所代替，并且已经最令人鼓舞地为将来由整个社会即全民族来实行剥夺做好了准备”。垄断带来的重要结果就是金融资本相对于产业资本的兴起，而这一过程伴随着股票交易的迅速发展。他在《交易所》一文中写道：“情况已经发生了变化，这种变化使今天交易所的作用大大增加了，并且还在不断增加。这种变化在其进一步的发展中有一种趋势，要把全部生产，工业生产和农业生产，以及全部交往，交通工具和交换职能，都集中在交易所经纪人手里，这样，交易所就成为资本主义生产本身的最突出的代表。”

进一步地，恩格斯分析了保护性关税壁垒的弊端。垄断企业为了免于国外企业的竞争，积极倡导保护性关税政策，恩格斯认为，“这是人为地增加国内的产量”，从而使得情况更加糟糕。他认为，一旦国家的产业发展起来，就应该消除保护性关税政策，“与其说保护性关税保护国内制造商对抗国外进口，不如说保护国内制造商对抗国内消费者”。但是，恩格斯对于保护性关税的看法具有不一致性，他在 1888 年赞扬了自由贸易制度，认为自由贸易可以使资本主义的矛盾更快地爆发，但后来恩格斯认为，保护性贸易壁垒会更好地暴露资本主义的内在矛盾。

二、对于马克思政治经济学的维护

在马克思去世以后，很多经济学家对马克思政治经济学提出种种诽谤与责难，恩格斯就这些责难进行了论战，捍卫了马克思经济学的地位，并且进一步完善了马克思的政治经济学理论，其比较重要的论战有四次。

第一次论战是对杜林的批判。恩格斯在《反杜林论》中系统性地反驳了杜林的种种观点。恩格斯在这部著作中通过批判杜林的相关错误理论，完整地阐述了马克思主义政治经济学的基本范畴和基本理论。在这场论战中，恩格斯的重要理论贡献是明确界定了政治经济学的研究对象和研究范畴。恩格斯指出："政治经济学，从最广的意义上说，是研究人类社会中支配物质生活资料的生产和交换的规律的科学。但是在不同的国家，人们的生产条件和交换条件各不相同，因此，政治经济学不可能对一切国家和一切时代不加区别地进行笼统的研究，谁要想把火地岛的政治经济学和现代英国的政治经济学置于同一规律之下，那么，除了最陈腐的老生常谈以外，他显然不能揭示出任何东西。所以，政治经济学从本质上说是一门历史科学，它所涉及的材料和研究的对象是历史的和不断变化的，它首先应该研究的是各个不同国家和不同阶段生产方式和交换方式发展和变化的特殊规律，只有在对这种特定的生产方式进行具体的研究以后，才能进一步发现和归纳适合于一切人类历史发展阶段的一般规律和普遍规律。因此，政治经济学可以划分成为广义政治经济学和狭义政治经济学两大体系。"根据恩格斯这段话的表述，广义的政治经济学是研究人类各个发展阶段的生产和交换规律的学说，而狭义的政治经济学是研究资本主义生产方式在特定的国家和特定历史发展阶段的生产方式演变规律的学说。恩格斯进一步指出："到目前为止，总的来说，只有马克思进行过这种研究和比较，所以，到现在为止在资产阶级以前的理论经济学方面所确立的一切，我们也差不多完全应当归功于他的研究。"

第二次论战是对洛贝尔图斯的反驳。在马克思《资本论》德文版第一卷第一版出版后不久，洛贝尔图斯及其学生们就认为马克思的剩余价值理论"剽窃"了洛贝尔图斯的学说。1885 年 5 月，恩格斯在《资本论》第二卷序言中，重点对洛贝尔图斯的"剽窃论"进行了批判与驳斥。恩格斯指出，马克思在 1859 年之前并没有接触过洛贝尔图斯的学说，且马克思的剩余价值理论比洛贝尔图斯的理论更加严谨和完善。进一步地，通过对洛贝尔图斯的价值论和货币论的研究，恩格斯认为，洛贝尔图斯在李嘉图的价值理论的基础上，"产生了李嘉图望尘莫及的对于剩余价值的起源和本质的认识"，但这并不是洛贝尔图斯的原创性理论，洛贝尔图斯的理论是"对李嘉图价值理论的继续发展，在一个方面上是颇有希望的开端"，但是不足之处在于，洛贝尔图斯"把劳动、资本、价值等经济学范畴，按经济学家们传授给他的那种粗制滥造的、只看表面现象的样子盲目地接受下来，而不研究它的内容"。而对于马克思，"在前人认为已有答案的地方，他却认为只是问题所在"，马克思证明了剩余价值规律在资本主义生产过程中的作用，并以此为基础指出了资本主义生产过程的局限性，这是洛贝尔图斯的学说所没有达到的。所以，马克思是从李嘉图的价值理论引申出剩余价值理论的，而绝不是剽窃洛贝尔图斯的学说。

第三次论战是对布伦坦诺对马克思著作中所引用文献的质疑的辩驳。1872 年，布伦坦诺指责马克思在国际工人协会宣言中引用的文献，歪曲地引证了英国财政大臣格莱斯顿的讲话——“财富和实力这样令人陶醉的增长完全限于有产阶级”。财政大臣这段话暗指了英国财富差距过大的事实，马克思巧妙地加以引用，以此来揭露资本主义分配制度的缺陷。但是，布伦坦诺却认为，“马克思在形式上和实质上增添了这句话”。1890 年，恩格斯在《资本论》第一卷序言中反驳道：“据我所知，马克思的引文的正确性只有一次被人怀疑过。由于马克思逝世后这段引文的事又被重新提起，所以我不能不讲一讲。”之后，恩格斯在 1891 年不仅确凿地指出布伦坦诺所提供的所有证据的虚假性，而且还深刻地揭露了布伦坦诺及其他一些“批判”马克思的人所用手段的卑劣性。

第四次论战是对洛里亚诋毁马克思《资本论》主要理论的错误观点的批判。洛里亚认为马克思《资本论》的第一卷和第三卷有大量矛盾之处，《资本论》第三卷的“生产价格”的分析更是马克思劳动价值理论的破产。为了回应这些理论攻击，恩格斯在《资本论》第三卷中增补了《价值规律和利润率》这一部分。在这一增补部分中，恩格斯认为，价值转型问题所涉及的“不仅是纯粹的逻辑过程，而且是历史过程和对这一过程加以说明的思想反映，是对这一过程的内部联系的逻辑研究”。因此，他在为《资本论》所写的增补中指出马克思所说的“全部困难是由这样一个事实产生的：商品不只是当作商品来交换，而是当作资本的产品来交换”这段话，是“具有决定意义的”。紧接着，为了说明这种区别，他又提出马克思所说的“商品按照它们的价值或接近于它们的价值进行的交换，比那种按照它们的生产价格进行的交换，所要求的发展阶段要低得多。而按照生产价格进行的交换，则需要资本主义的发展达到一定的高度”这段话，他认为，“如果马克思来得及把这个第三卷再整理一遍，他毫无疑问会把这段话大大加以发挥。现在这段话，不过是关于这个问题所要说的内容的一个大概轮廓。因此，我们要较为详细地谈谈这一点”。恩格斯的增补进一步丰富了“价值规律和利润率”理论，并从三个方面进行论证。

首先，恩格斯论证了价值和价值规律的客观性，从价值角度寻求解决价值转型问题的基础。恩格斯认为，价值规律在整个商品生产的历史时期都是直接普遍适应的，交换双方产品的内含价值量为“唯一适合的尺度”，即“只可能有这样一种交换，相互交换的商品量趋向于越来越用它们所体现的劳动量来计量，而且达到了平均价格和价值趋于一致……直到量的差额可以小到忽略不计的程度”。历史事实表明，当产品逐渐变为商品的时候，在数量上比较两个不同产品的价值的唯一标准，是花费在这些产品上的劳动；交换是大致按它们的价值进行的。

其次，恩格斯考察了历史上商业利润平均化的过程。恩格斯指出，中世纪的商人本质上是商业公会的成员，其商品的质量、出售和收购的价格，都是商定的，从而利润率对所有成员都是相等的。但这种由公会主导的利润率均等化只能在商业公会这一有限范围内实现，而不同商业公会或不同民族间的利润率均等化是通过竞争实现的。正如恩格斯所说，“在国内单个生产者之间进行的零售贸易中，商品平均说来是按价值出售的，但在国际贸易中，由于上面所说的理由，通常都不是如此。……生产价格适用于国际贸易和批发商业，但在城市零售贸易中，价格的形成则是由完全不同的利润率来调节的”。恩格斯通过研究历史上商业利润平均化的过程，指出不同利润率对于价格形成的调节作用，这为解决价值规律和利润率问题提供了有益的启发。

最后，恩格斯从价值决定和价格形成的分析中找到了内部联系的关键，即平均利润率。他指出，“在价格的形成上逐渐引起这种变革的工具是产业资本”，“因为它把一向阻碍资本从一个部门转移到另一个部门的绝大部分障碍清除掉”，从而使工业取得应有的支配地位，使得不同商业部门和工业部门的利润率平均化为一个一般利润率。这样，“对整个交换来说，价值转化为生产价格的过程就大致完成了”。这就是说，当资本主义生产发展到一定高度，不仅是商业部门，而且特别是扩大到占支配地位的工业部门，对整个交换来说，平均利润率才促成了价值转化为生产价格。通过以上分析，恩格斯解决了价值理论与利润率之间的表面矛盾，并对这一历史过程的内部关系进行了严密的逻辑分析，这既回应了洛里亚等庸俗经济学家对马克思价值理论的攻讦，又发展了马克思的价值理论，从而维护了马克思经济理论的科学性与严谨性。

马克思恩格斯批判折衷主义[①]

张作云　陆燕春

（淮北师范大学；合肥工业大学）

马克思主义产生、发展的历史，不仅是一个不断地并且总是同来自各方面的资产阶级、小资产阶级思潮进行斗争的历史，也是同来自马克思主义和国际工人运动内部各种机会主义进行斗争的历史。正确认识和理解这部历史，对于正确理解马克思主义的精神实质、认识马克思主义的真理性和阶级性，实现马克思主义与革命具体实践的有机结合，在继承、捍卫和发展马克思主义的征程中，把国际工人运动不断推向前进，实现伟大而崇高的共产主义理想和目标，都具有十分重要和极其深远的意义。本文回顾了马克思和恩格斯在创立、完善和发展马克思主义进程中，迎接各种论争和挑战，同来自营垒内部的各种机会主义尤其是打着马克思主义招牌的折衷主义进行斗争的历史，以求从中获得启发和教益。

一、马克思和恩格斯为什么要批判折衷主义

19 世纪六七十年代，马克思主义逐步在国际工人运动中取得了统治地位，于是，各种资产阶级和小资产阶级的思潮便转入工人运动内部，以机会主义或折衷主义的形式进行活动。到了 19 世纪 90 年代，在国际工人运动尤其在无产阶级政党内部，机会主义和折衷主义滋长和泛滥。他们炮制种种谬论，对国际工人运动和无产阶级政党的建设产生了极大危害。马克思和恩格斯为了进一步巩固马克思主义在国际工人运动中的地位，促进工人运动的健康发展，在从事艰苦科学研究、完善和发展马克思主义的同时，与日益扩张的机会主义尤其是折衷主义进行了坚决的斗争。

---

① 基金项目：国家社会科学基金项目（15BKS015）。作者简介：张作云，淮北师范大学当代经济研究所教授，研究方向为《资本论》与社会主义经济理论。陆燕春，合肥工业大学经济学院副教授。

二、马克思和恩格斯对折衷主义的批判

马克思和恩格斯对折衷主义的批判，是从批判资产阶级庸俗经济学家约翰·斯图亚特·穆勒的“自然生产论”和“分配历史论”开始的。

…………

马克思和恩格斯对马克思主义发展和国际工人运动中折衷主义的批判，是在同国际工人运动中的机会主义思潮作斗争的过程中进行的。首先，马克思批判了以折衷主义方法论为基础的蒲鲁东主义。

…………

马克思和恩格斯通过对蒲鲁东的批判，肃清了蒲鲁东主义在国际工人运动中的影响，从而使国际工人运动沿着正确轨道发展和前进。然而，在国际工人运动中，却又出现了一种新的机会主义思潮，即对德国工人运动产生较大影响、后来成为影响第一国际主要派别的拉萨尔主义。为了消除这一派别对德国工人运动的影响，摆正新成立的第一国际的航向，马克思和恩格斯又投入了揭露和批判拉萨尔主义的斗争。

…………

马克思和恩格斯对以折衷主义为特点的杜林主义的批判，不仅彻底回击和粉碎了“狂妄”的杜林向马克思主义发起的进攻，而且也全面而系统地对马克思主义的整个理论体系和基本原理进行了科学的总结和论证。这不仅对于肃清杜林主义在国际工人运动中的影响，而且对促进马克思主义的广泛传播和国际工人运动的健康发展，都发挥了巨大的推动作用。

为了彻底清算和批判各种机会主义思潮，肃清其对国际工人运动的影响，恩格斯釜底抽薪，撰写了《路德维希·费尔巴哈和德国古典哲学的终结》《自然辩证法》等著作，在客观而科学评价黑格尔和费尔巴哈哲学，系统阐明辩证唯物主义和历史唯物主义世界观、方法论的同时，深刻批判了企图“复活”德国古典哲学、宣扬唯心主义和形而上学的不可知论，特别是批判了从外部攻击马克思唯物史观和科学社会主义理论、对国际工人运动起消解和破坏作用、拾取折衷主义残羹剩汁的“新康德主义”。

然而，树欲静而风不止。在19世纪80年代末和90年代初，随着自由资本主义向垄断资本主义的发展，在国际工人运动中，一种新的机会主义又滋长蔓延开来。这种机会主义利用资本主义发展的新特点，肆意歪曲唯物史观，否认上层建筑对经济基础的反作用，宣扬庸俗进化论，鼓吹资本主义可以“和平长入”社会主义。一些资产阶级的反动学者借故把马克思的唯物史观歪曲为“经济唯物主义”，说这种唯物主义只承认经济因素的决定作用，把马克思关于社会经济运动、社会经济基础的论述归结为是对工艺过程、技术发展

过程的论述，进而把马克思的唯物主义历史观归结为“技术经济历史观”。在这股潮流中，最为典型的就是德国资产阶级社会学家巴尔特等人的观点。

总之，通过对资产阶级学者和德国社会民主党内机会主义歪曲和篡改马克思唯物主义历史观、把唯物主义历史观归结为“经济唯物主义”行径的批判，不仅制止了一场把唯物主义历史观庸俗化的运动，捍卫和发展了马克思的历史唯物主义，而且也摆正了国际工人运动的航向，进一步推动了国际工人运动的发展。

二、马克思和恩格斯对折衷主义的批判告诉了我们什么

马克思主义发展和国际工人运动的历史告诉我们，马克思主义要发展，要通过国际工人运动的革命实践把理论变为现实，就必须经过连续不断的战斗。要取得战斗的胜利，就必须坚持不懈地反对和批判各种机会主义的斗争。

由于机会主义特别是右倾机会主义或修正主义在阉割和篡改马克思主义时，大都是打着马克思主义旗号，以折衷主义的面目出现的，因此，我们在反对各种机会主义尤其是反对右倾机会主义或修正主义的同时，就必须花大气力，十分重视反对和批判那些挂着马克思主义招牌的折衷主义的斗争，揭露其反动实质，粉碎它们歪曲、篡改和修正马克思主义的罪恶行径。

由于折衷主义不仅在哲学方面，而且在政治经济学和科学社会主义等方面，一句话，在整个马克思主义理论体系的各个方面，歪曲、篡改和修正马克思主义，因此，我们必须认真看书学习，弄通马克思主义，从整体上理解、掌握和运用马克思主义基本原理，坚实马克思主义的理论基础，练好运用马克思主义的基本功。要学会理论联系实际，在反对和批判各种机会主义的斗争中，辨别真假马克思主义，尤其是要学会识别那些挂着马克思主义招牌、以折衷主义面目出现的假马克思主义。

要识别真假马克思主义，就要运用马克思主义的立场、观点和方法，观察、分析、研究和认识问题。马克思主义的立场、观点和方法，是我们观察、分析、研究和认识问题的望远镜和显微镜。借助望远镜，可以高瞻远瞩；借助显微镜，可以明察秋毫。马克思主义发展和国际工人运动中的折衷主义，总是企图找出一种合力，在两种相互排斥的观点之间，像游蛇一样，力图“同意”这一观点，又同意另一种观点，把自己的不同意见归结为小小的修正……在口头上却百般狡辩，企图避开问题的实质，掩盖自己背弃马克思主义原理、背叛工人阶级利益的丑恶嘴脸，以狡猾而阴险的手法欺骗善良的人们。对于这些打着马克思主义旗号、玩弄折衷主义手段的假马克思主义，我们必须借助马克思主义这部望远镜和显微镜，观察、分析一切，登高望远、见微知著，及时识破他们的阴谋，把他们的机会主义尤其是修正主义嘴脸暴露在光天化日之下，使他们没有藏身之地。

马克思主义的立场、观点和方法，贯穿于马克思主义辩证唯物主义和历史唯物主义即马克思主义的整个哲学体系之中，是贯穿马克思主义哲学体系中的一根红线。马克思主义哲学作为科学的世界观和方法论，不仅能使我们透彻而清晰地认识过去、看透现在，也能使我们预见未来。当今的世界是复杂而多变的世界，各种思潮迭起，尤其是那些打着马克思主义旗号、以折衷主义面目出现的假马克思主义，很能骗过善良的人们。因此，我们要彻底批判这些歪理邪说，揭示其反动本质，使国际工人运动乃至社会主义国家的改革开放和社会主义现代化建设，沿着马克思主义的正确航向不断前进。

要坚持马克思主义的批判精神和革命精神。马克思在《资本论》第一卷第二版“跋”中指出，“我的辩证方法，从根本上来说，不仅和黑格尔的辩证方法不同，而且和它截然相反。在黑格尔看来，思维过程，即他称为观念而甚至把它变成独立主体的思维过程，是现实事物的创造主，而现实事物只是思维过程的外部表现。我的看法则相反，观念的东西不外是移入人的头脑并在人的头脑中改造过的物质的东西而已”。[①] 在这里，马克思不仅指出自己的辩证方法与黑格尔辩证方法的根本区别，更重要的是指出科学的辩证方法必须建立在唯物主义的基础之上。而在马克思主义发展和国际工人运动史中，一切机会主义或折衷主义，虽然挂着马克思主义招牌，奢谈什么坚持辩证法、全面看问题，但实际上却都藐视现存[②]事物的客观存在，或者把现象过分夸大，歪曲或掩盖事物的本质，或者杜撰一些似是而非、不可捉摸、模棱两可、混淆是非的歪理邪说来阉割、篡改马克思主义。马克思还指出：“辩证法，在其合理形态上，引起资产阶级及其夸夸其谈的代言人的恼怒和恐怖，因为辩证法在对现存事物的肯定的理解中同时包含对现存事物的否定的理解，即对现存事物的必然灭亡的理解；辩证法对每一种既成的形式都是从不断的运动中，因而也是从它的暂时性方面去理解；辩证法不崇拜任何东西，按其本质来说，它是批判的和革命的。”在这里，马克思不仅揭示了现存社会、现存事物的历史性、暂时性及其发展趋势，而且也揭示了科学的辩证法不崇拜任何权威，只承认现存社会、现存事物由于自身矛盾的作用必然被新社会、新事物所代替的革命的品格。同时他还指出，这种新旧社会、新旧事物的替代，是通过辩证的否定，即通过新陈代谢过程，剔除其糟粕、汲取其精华的辩证的批判过程进行并实现自己的革命性的。然而，机会主义尤其是折衷主义，却挂着马克思主义招牌，打着全面看问题的幌子，否认事物内部的矛盾性、矛盾运动中吐故纳新、新陈代谢的否定之否定过程；颠倒事物内部的新旧因素，利用反向思维理解“吐故纳新”和“新陈代谢”，或者调和新旧因素之间的矛盾，取消新旧因素之间的斗争，把充满矛盾和斗争的事物发展过程歪曲为和平运动、和平过渡的过程，以达到其保留旧事物，扼杀新事物，阻

①② 马克思恩格斯全集(第 23 卷)[M]. 北京:人民出版社,1972:24.

碍事物运动、变化和发展的目的。这种恶劣的行径不仅是反科学和反历史的，而且也是反动的。机会主义尤其是折衷主义，“在形式上属于工人政党这一情况，丝毫也不能抹杀这样一种事实”，即他们“在客观上是资产阶级的政治队伍，是资产阶级影响的传播者，是资产阶级在工人运动中的代理人”。① 我们作为马克思主义的继承者、捍卫者和发展者，作为无产阶级和广大劳动人民利益的追求者、捍卫者，必须向伟大的革命导师马克思和恩格斯学习，拿起批判的和革命的武器，同他们作坚决彻底和不调和的斗争，对此，来不得丝毫的动摇和犹豫。

要把历史当作一面镜子。俄罗斯经济学家克洛茨沃格在 20 世纪 90 年代曾经说过：“中国过去在十月革命后‘以俄为师’，那时俄罗斯是胜利者，取得了革命的胜利。现在，我建议中国同志这一次仍要‘以俄为师’，只是我们这次不是胜利者，而是失败者。俄罗斯的改革彻底失败了。莫斯科是中国的一面镜子，中国应该从俄罗斯改革的失败中吸取教训。俄罗斯改革的失败，使俄罗斯人民付出了极其惨重的代价。中国同志可以不付任何代价，就能从俄罗斯改革的失败中免费学到许多东西，我们失败的惨痛教训，可以变成你们的宝贵财富。”② 可以看到，克洛茨沃格向我们传达的意见和忠告是何等中肯、何等实际、何等深刻！其实，我们的改革开放和社会主义现代化建设，何止要把俄罗斯改革的实践当作一面镜子，革命导师反对和批判各种机会主义尤其是反对和批判折衷主义斗争的历史和实践，又何尝不是我们的一面镜子？历史的经验告诉我们，在我国改革开放和社会主义现代化建设的关键时刻，在我们迈向新时代、全面建设社会主义现代化国家的新征程中，以铜为镜，以史为鉴，以马克思主义的立场、观点和方法为武器，从俄罗斯改革的失败、马克思和恩格斯与机会主义和折衷主义斗争的实践中总结经验、吸取教训，不仅是必要的，而且是非常及时的。

要在全党进行一次深刻的辩证唯物主义、历史唯物主义和马克思主义基本理论的教育，提高全党识别真假马克思主义尤其是识别那些挂着马克思主义招牌的折衷主义的能力，充分认识这些假马克思主义对我国改革开放和社会主义现代化建设的危险性，以利于我们吸取历史的经验教训，克服困难，少犯错误。让我们在以习近平同志为核心的党中央的坚强领导下，以习近平新时代中国特色社会主义思想为指导，奋力开创我国改革开放和社会主义现代化建设的新局面，把伟大革命导师为我们开创的无产阶级革命和社会主义、共产主义的宏伟大业不断推向前方。

---

① 列宁全集(第 26 卷)[M]. 北京:人民出版社,1988:264.

② 吴易风. 当前经济理论界的意见分歧[M]. 北京:中国经济出版社,2000:208.

宇野三阶段理论中现状分析论的现代发展及局限性研究

张　杨①

（北京大学）

一、宇野三阶段理论

（一）原理论

宇野弘藏的原理论虽基于《资本论》，但也有别于《资本论》的构成，其根本区别在于原理论中流通形态论的确立。原理论在其结构中把流通论放在最开端，并成为原理论最明显的特征。把社会假定为有资本家、劳动者、地主三大阶级，劳动力全部商品化，各个资本在竞争中可以顺利进行资本周转与循环，实现社会扩大再生产。原理论的关键在于对资本主义进行纯粹假设。他认为，纯粹资本主义理论与资本主义必然灭亡的历史进程的研究有所对立，原理论就是要去除资本主义产生、发展、消灭的过程，通过资本主义运动的原动力即价值和使用价值的矛盾去寻找解决问题的关键。宇野弘藏的原理论致力于把资本主义社会在理论上进行统一的把握，使《资本论》中所展现的一般原理与历史的、具体的过程相分离，挖掘纯粹资本主义的基本形态。原理论的研究以商品经济独自的展开过程作为研究对象，在此基础上抽象出纯粹资本主义的理论，这也被宇野弘藏看作是可以解释资本主义循环往复的法则。

（二）阶段论

宇野弘藏的阶段论把资本主义的发展按照世界史的阶段划分为重商主义、自由主义、帝国主义，在发展阶段的基础上运用原理论对于现状进行分析。宇野的阶段论认为从中世

① 作者简介：张杨，1985 年生，北京大学马克思主义学院马克思主义理论学科博雅博士后，中国社会科学院大学马克思主义学院政治经济学博士、理论经济学副教授，中国政治经济学学会副秘书长。

纪的封建社会向资本主义社会过渡，除了要以商品经济关系的演变为基础外，还要格外关注政治、法律、宗教、文化等不同领域的交互作用。宇野弘藏指出："资本主义的发展阶段的划分应把以资本为中心的经济发展过程相对应地反映在上层建筑的变化之上，把经济政策的变迁在上层建筑的变迁中得以体现。"他进一步指出："必须把可以代表每个资本主义发展阶段的典型国家以及国家间的相互关系的问题彻底弄清。"商人资本、产业资本、金融资本是在资本主义发展的各个阶段中起特殊支配性作用的资本形态。阶段论认为，从商人资本到产业资本再到金融资本不完全是自身演化的结果，在演化过程中，代表性的典型国家也起到了决定性作用。

（三）现状分析

面对向社会主义过渡的历史趋向以及日本等新兴资本主义国家的发展状况等具体动向，阶段论更加需要通过现状分析进行具体研究。"三阶段论"这样一种经济学的研究方法对于具有独自发展历史的宇野理论来说是最主要的理论特征。宇野的基本判断是现代资本主义正处于向社会主义转变的进程中。宇野理论构筑起在这个转变过程中对现代资本主义研究的理论，其中涵盖了国家垄断资本主义论、福利国家论、世界经济论等理论构成。但是，宇野三阶段论对于资本主义向社会主义转变的基本认识受到了20世纪末苏联解体、东欧剧变的社会主义阵营解体的强烈冲击。正如宇野弘藏所指出的，"现状分析是要解决无限的、复杂的、个别的具体情况"，现状分析论是在资本主义发展阶段论的框架下解决各个国家、地区与经济主体等所存在的特殊性问题。

二、现状分析论的拓展与创新

（一）现状分析对现代资本主义发展阶段的再划分

柴垣和夫等日本马克思主义经济学者认为，宇野理论在现代资本主义批判的层面需要部分修正之处在于对阶段论和现状分析的界限与职能进行再界定。宇野弘藏把阶段论的界定范围局限在第一次世界大战结束后，其主要界定标志是俄国十月革命的爆发。具体来说，"前期资本主义"是指"一战"以前的资本主义发展阶段，在该阶段资本主义展现出以自由竞争为主要特征的纯粹资本主义发展倾向。"中期资本主义"是指从"一战"后到20世纪70年代为止的带有组织化资本主义倾向的福祉资本主义阶段。这里所谓的福祉国家在本质上仍是宇野理论中关于与社会主义相对抗的资本主义，是一种公私混杂的社会经济形态。"后期资本主义"是指从80年代开始新自由主义盛行，资本主义又出现复归古典资本主义的趋势，也就是所谓的"阶段逆流"。加藤荣一把复归"前期资本主义"的"后期资本主义”阶段作为现状分析理论的首要对象，并且高度重视两者的比较性分析。

（二）现状分析论与资本主义经济批判的两个维度

批判资本主义经济的第一个维度是剩余价值理论。资本主义实现了生产力的高度发展，创造了人类历史上以往任何时代都无法比拟的财富。但是这种财富的绝大部分仍被大资本家所独占，占世界人口绝大部分的劳动者的生活状况却与生产力的发达、社会财富的积聚等景象形成了鲜明的对比。按照历史唯物主义的观点，资本主义体制显然不是人类理想的制度。

批判资本主义经济的第二个维度是生产过剩的周期率。马克思说：“资本主义生产所生产出的商品量的多少，取决于这种生产的规模和不断扩大生产规模的需要，而不取决于需求和供给、待满足的需要的预定范围。”不破哲三也曾经引用过马克思的这段话来说明现代资本主义的生产方式依然不会进行与事先确定的需求量相匹配的生产，而是仅仅为生产而生产，并不断追求生产规模的扩大，最终必然导致生产的过剩。

（三）现状分析论与逆流假说

伊藤诚把宇野三阶段论中的现状分析论运用于现代世界经济论研究，并把现代资本主义概括为“逆流资本主义”。这里所谓的“逆流”是指在形式上又回到了按照古典经济学的观点来进行唯市场化、唯私有化、唯自由化的变革。伊藤诚从劳动力商品化日益严重的视角阐释逆流资本主义的产生。对“逆流假说”进行阐释的同时，伊藤诚又利用现状分析论对“历史终结论”进行了批判。第一，唯市场化必然造成产业空洞化。伊藤诚认为，伴随着投机泡沫的破裂、内需的不足、劳动条件的恶化、资产者和无产者的贫富差距进一步加大等问题，产业空洞化问题也进一步恶化。第二，劳动力商品化的问题不断加深。新自由主义加深了劳动力商品化的问题，而劳动力商品化的问题又造成社会的病态发展。第三，自然资源与环境危机的不断展现。伊藤诚提出新自由主义下的核能开发、全球气候变暖等资源与环境危机等问题，并进一步批判发达资本主义国家对于资源与环境问题的转嫁以及在环境治理和环境污染程度上不相匹配等问题。

三、现代宇野派对现代资本主义批判的理论探索

（一）现代资本主义发展的三局面

柴垣和夫所指明的现代资本主义的第一个局面是指“美国等西方资本主义国家为了与以苏联为首的社会主义阵营进行对抗，旨在通过凯恩斯主义来实现福利国家，由此在资本

主义的内部吸收了许多社会主义的元素”。柴垣和夫认为：“随着20世纪70年代初两次石油危机爆发以及通货膨胀的产生，现代资本主义由于凯恩斯主义所建设的福利国家的发展界限不断显露。”从此，替代凯恩斯主义和福利资本主义的新自由主义即第二局面不断展现。

相对第一局面和第二局面，在柴垣和夫看来第三局面还没有确切的定义，但可以确定的是超国籍化的全球性企业将代替多国籍企业成为时代的核心。柴垣和夫从劳动力商品是资本价值增殖的源泉出发，把劳动力商品在全球范围内的移动看作是资本主义难以实现的转移形式，并认为第三局面的核心在于由资本与商品的移动替代劳动力市场的全球化转移，从此可以避免劳动力在全球配置中受到语言、文化、生活习惯、签证等多方面制约。

（二）三阶段理论的现代适用性与意识形态性思考

宇野弘藏在阶段论中把资本主义发展划分为重商主义阶段、自由主义阶段、帝国主义阶段三个阶段，重商主义、自由主义、帝国主义也是每个阶段最根本的纯化特征。在每一阶段的纯化特征基础上，又会出现若干非纯化的特征。在批判宇野三阶段理论的基础上，小幡道昭指出原理论在资本主义世界的阶段更替中依然起着重要的作用，纯化与不纯化论已经不适用于解释当今世界的大转换期，而应用变容论来替代它。基于此，小幡道昭提出了宇野阶段论的现代变容及适用性。除了变容理论，小幡道昭还指明宇野理论在“二战”后的两大现代适用性。第一个适用性是在现代资本主义的发展过程中，宇野理论的不纯化部分即非市场决定的因素逐渐增加与强化。第二个适用性是在现代资本主义的“衰落阶段”，资本主义发展的空间、区域逐渐缩小。宇野三阶段论的终极目标可以理解为向社会主义过渡。伊藤诚主张依据社会主义理论以及向社会主义过渡的战略来为社会主义革命的实践提供理论基础，在理论和实践层面需要左翼党派发挥主体性作用并发起以劳动运动为主的社会运动。

（三）运用原理论进行现状分析的当代视角与风格

1. 货币危机理论的再现

伊藤诚认为：“资本主义在高涨阶段，商品售卖状况良好，也即只要商品能够生产出来就能够换回货币。但随着高涨阶段的发展，市场经济内部的矛盾累积，逐渐转变为危机阶段。在该阶段，货币无法如期偿还，大量商品不得不以降低价格的办法甩卖，由此商品销售困难与不能如期支付之间形成恶性循环。”伊藤诚指出：“在国际金本位制的体制下，英镑硬币和英镑汇率曾起着支配国民流通的世界货币的作用，现代世界与金银价值脱钩的美元和美元汇率增加了世界汇率、物价等不安定因素。”

2. 劳动力商品化的再批判

在伊藤诚看来，马克思在这部分论述中有两个关键点：一是劳动力商品与货币占有者或商品占有者既不是自然史的关系也不是永恒存在的关系，而是资本主义生产方式基础上的特殊阶段的产物。二是资本不是仅仅通过商品流通和货币流通就能产生的，还必须在劳动力作为商品出卖之时才具备存在的历史条件。在劳动力价值的规定方面，劳动力的价值仅仅表述为由生产其特殊商品的社会必要劳动时间来决定还较为抽象。伊藤诚对资本主义市场经济进行批判，认为在市场上劳动力买卖是形式上的自由与平等，看似是维持了劳动者的私人利益，实际上其掩盖了在市场以外即在生产领域所发生的剥削。

3. 劳动二重性的再思考

伊藤诚把劳动二重性的原理扩展到计划经济的建构中。伊藤诚根据置盐信雄（1955）提出的商品价值决定理论得出在一定的技术条件下生产一单位商品或产品所需的劳动时间，也就是各个生产物在一单位中所含有的劳动量，其投入与产出的公式如下：

煤 1/4 千克 + 铁 1/6 千克 + 1/3 小时的劳动→煤 1 千克

煤 1/2 千克 + 铁 1/3 千克 + 1/3 小时的劳动→铁 1 千克

煤 1/4 千克 + 铁 1/6 千克 + 1/5 小时的劳动→棉花 1 千克

在这个投入与产出的体系中，需要进一步加上煤炭 t_1、铁 t_2、棉花 t_3 三个变量来得出煤、铁、棉花各 1 千克所需要的劳动时间，即 $t_1 = 2/3$，$t_2 = 1$，$t_3 = 2/5$。

$$1/4 t_1 + 1/6\ t_2 + 1/3 = t_1$$

$$1/2\ t_1 + 1/3\ t_2 + 1/3 = t_2$$

4. 伊藤诚对《资本论》解读的两大认识

伊藤诚对《资本论》解读的两大认识：第一，对《资本论》的经济理论既应独立研究，又应与科学社会主义思想相联系。第二，把《资本论》作为客观的、科学的经济理论来阐明现代资本主义的经济体系和命运。马克思 1859 年发表的《〈政治经济学批判〉序言》中的三部分内容可以完整地概括唯物史观的全貌。第一部分是“人们在自己生活的社会生产中发生一定的、必然的、不以他们的意志为转移的关系”。第二部分是“社会的物质生产力发展到一定阶段，便同它们一直在其中运动的现存生产关系或财产关系发生矛盾”。第三部分是“资产阶级的生产关系是社会生产过程的最后一个对抗形式”。伊藤诚认为这三部分内容共同构成了宏伟的唯物史观，并科学阐释了各个社会所包含的基本构造。

四、现状分析论的局限性分析

（一）对资本主义发展现阶段及所带来的问题的局限性认识

随着市场经济的发展，货币作为支付手段的职能采用更多的赊购赊销的方式，其所引起的经济危机已经形成错综复杂的债务连锁关系，而在资本主义错综复杂的现代信用制度下，买卖脱节与信用关系遭到破坏的风险性有所提高，并且生产过剩的危机非但没有减慢反而迅速提速。显然，新井大辅等日本学者错误地把资本主义从凯恩斯主义向新自由主义的过渡看作是资本主义生产发展自身所提出的要求。

（二）对马克思经济学的核心问题及解决资本主义基本矛盾的局限性认识

针对宇野理论的这一理论缺陷，柴垣和夫认为，在资本主义制度下对劳动力商品的特性进行扬弃需要克服三方面："其一是作为劳动力商品价格的工资无法由劳动者自身所决定，而是在市场上由其他规律所决定；其二是工人如果不出卖劳动力商品就会失业；其三是在劳动力商品的消费过程即劳动过程中要听从于资本家的命令指挥，也就是出现劳动的异化。"要想解开这三方面的矛盾需要"实现工人的工资由工人自己决定；充分保障劳动者的权利并且避免出现失业的现象；在劳动过程中保障劳动者的主体地位"。柴垣和夫对于劳动力商品化的认识具有明显的问题，而这种问题是由第一点所决定的。

（三）对社会主义的实现路径及发展阶段的认识

宇野派学者寄希望于把《资本论》的原理论作为变革资本主义的理论根据，然后运用资本主义的发展阶段论以及由此产生的现状分析论去阐明不同类型的资本主义特质，在此基础上在更宽广的视阈下对社会主义的方法论进行研究。在他们看来，在世界社会主义运动的低潮期，更应重视广义社会主义即社会民主主义道路。可以说，宇野三阶段论作为现代日本宇野派学者洞察现代资本主义社会的独具特色的理论逻辑，在资本主义批判层面具有一定的方法论启示，但是在这个理论框架下对"广义社会主义"的认识具有违背科学社会主义基本原则的局限性。

对《资本论》《新资本论》《21世纪资本论》的比较研究

张　国[①]

（北京建筑大学）

一、基本框架的比较

（一）《资本论》的基本框架

《资本论》共由以下四卷组成：第一卷《资本的生产过程》，主要研究的是在资本的直接生产过程中所包含的各方面的关系；第二卷《资本的流通过程》，主要研究的是资本的流通过程和剩余价值的实现；第三卷《资本主义生产的总过程》，主要揭示和阐明的是资本主义生产总过程的各种具体形式；第四卷《剩余价值理论》，比较系统地研究的是17世纪中叶至19世纪50年代资产阶级政治经济学产生和发展的历史。

（二）《新资本论》的基本框架

《新资本论》共由以下三卷组成：卷一《全球金融资本主义的兴起》，主要研究的是全球金融资本主义的起源、现状、动力、契机、特征、主导力量等方面的问题；卷二《全球金融资本主义的危机》，主要研究的是全球金融资本主义时代的内在矛盾和多重危机、全球经济和金融体系的两极分化、物质资本和虚拟资本的积累等问题；卷三《全球金融资本主义的救赎》，主要研究的是量化宽松政策、经济学的哲学与道德基础的反思、人与自然关系的重新认识、东西方文明的重新融合、中国模式的世界意义等问题。从关系来看，这三卷的排列顺序体现了提出问题、分析问题和解决问题的紧密逻辑关系。

---

① 作者简介：张国，男，北京建筑大学马克思主义学院讲师、教研室主任，北京大学"中国特色社会主义理论大众化与国际传播协同中心"研究员，法学博士、应用经济学博士后，主要从事马克思主义政治经济学的研究。

（三）《21 世纪资本论》的基本框架

《21 世纪资本论》（中文版）的正文由以下四部分组成：第一部分《收入和资本》，主要研究的是全球收入和产出分配的变化、工业革命以来人口和产出增长率的演变问题；第二部分《资本/收入比的动态变化》，主要研究的是 18 世纪以来在英国、法国、德国、美国和世界其他发达国家资本/收入比动态变化的具体情况；第三部分《不平等的结构》，主要研究的是 19 世纪以来在英国、法国、德国、美国和世界其他发达国家中劳动收入不平等和资本收入不平等的历史动态变化情况，同时也研究了继承财富重要性的变化和 21 世纪前几十年财富的全球分配问题；第四部分《21 世纪的资本监管》，主要研究的是累进税制的过去、现状和将来的发展趋势。从关系来看，这四部分的安排顺序也体现了提出问题、分析问题和解决问题这种比较紧密的逻辑关系。

二、研究资料的国家来源比较

（一）《资本论》研究资料的国家来源

对《资本论》研究资料的来源问题，马克思在《资本论》第一卷德文第一版序言中指出："到现在为止，这种生产方式的典型地点是英国。因此，我在理论阐述上主要用英国作为例证。"同时，在《资本论》第一卷第三版序言中，恩格斯也从《资本论》原文中度量衡制度的使用这一侧面再次强调了这一点，恩格斯指出："在自然科学上通用的是公制度量衡，在世界市场上通用的是英制度量衡。在这种情况下，对于一部几乎完全要从英国的工业状况中取得实际例证的著作来说，采用英制计量单位是很自然的。"

（二）《新资本论》研究资料的国家来源

在研读《新资本论》后，可以发现，该著作的研究资料来源主要是欧美发达国家，其原因就在于，同世界其他国家和地区相比，欧美发达国家，尤其是美国的金融资本主义发展水平最高，这方面的问题暴露得最早和更为全面，而且这些国家金融资本主义危机的发生已经对当今整个世界经济的发展造成了巨大的危害。

（三）《21 世纪资本论》研究资料的国家来源

在《21 世纪资本论》研究资料的国家来源问题上，皮凯蒂在导言中指出："然而，发达国家对长期趋势的数据有更加完备的记录。坦白地说，这本书的研究主要依赖于几个领先发达国家的历史数据：美国、日本、德国、法国和英国。"皮凯蒂还指出："英国和法国的案例在研究过程中显得尤为重要，因为这两个国家有最完整的长期历史数据。我们拥有多个关于英国和法国早至18世纪初期国家财富规模和结构的估算值。这两个国家同样是19世纪和20世纪初主要的殖民和金融势力。因此，要想弄明白自工业革命以来全球财富分配的动态变化，研究它们就十分重要。”从皮凯蒂的分析中可以看出，他所撰写的这部著作的确是建立在对西方发达国家资本和收入状况深入分析基础上的。

三、研究方法的比较

（一）《资本论》的研究方法

在研究方法上，首先，贯穿于《资本论》四卷的是唯物辩证法。其次，马克思在《资本论》中对资本主义生产方式、生产关系和交换关系开展定性研究的同时，也十分注重运用定量的方法对资本主义进行研究。最后，在《资本论》中，马克思也充分利用了文献研究法，而《资本论》第四卷就是使用这种方法的最好证明。当然，在《资本论》第四卷中，这种文献研究法与比较研究法是同时使用的。对此，将在本文的第五部分进行深入的分析。可以说，在《资本论》中，最具特色和运用最为娴熟的研究方法就是唯物辩证法这一哲学层面的根本研究方法和文献研究法这一具体的研究方法。

（二）《新资本论》的研究方法

首先，历史的研究方法得到了广泛的应用。由于这种研究方法的运用，全球金融资本主义的货币起源、历史起源、文化起源被揭示出来了，国际货币体系演变的来龙去脉也被清晰地展现出来了，有关资本主义经济体系运行研究的重要文献也被梳理出来了。其次，比较研究方法在《新资本论》中也得到了很好的使用。在第一卷第三章，向松祚比较了2008年金融危机同1929—1933年经济大萧条的异同。再次，案例研究法的运用。在第一卷第五章，通过对LIBOR案例的研究，向松祚认为，如今的国际金融市场的权力结构已经失衡。最后，文献研究法的运用。在《新资本论》中，向松祚运用这种方法主要回顾和梳理了斯密、马克思、熊彼特、麦肯锡等研究人员在资本主义经济体系研究方面的主要理论成果，对此，在本文的第五部分将做更为深入的分析和阐发。

（三）《21世纪资本论》的研究方法

首先，在《21世纪资本论》中，历史研究法得到了广泛的运用。在《21世纪资本论》中，历史研究的方法的确得到了广泛的运用。在这部著作中，皮凯蒂深入地研究了欧美发达国家300年来收入分配和贫富分化的问题。

其次，在《21 世纪资本论》中，定量研究方法也得到了比较广泛的应用。皮凯蒂指出："这本书主要基于两大类数据，对财富分配的历史动态进行了研究：一类是关于收入不平等和收入分配的数据库，另一类是关于财富分配和财富—收入关系的数据。"

再次，在《21 世纪资本论》中，比较研究法也得到了广泛的应用。在《21 世纪资本论》中，99 个图和 11 个表就是比较研究法应用的主要体现，其中，99 个图是不同时期动态的比较，16 个表是同一时期相对静态的比较。

最后，在《21 世纪资本论》中，文献研究法也得到了应用。在这部著作的导言部分，皮凯蒂主要梳理了马尔萨斯、李嘉图、马克思、库兹涅茨在资本主义社会的贫富分化和收入不平等方面的主要理论贡献。

四、文献综述的比较

（一）《资本论》的文献综述

第四卷《剩余价值理论》可以说是《资本论》的文献综述部分。在这一卷中，一方面，马克思围绕剩余价值理论，比较系统地研究了 17 世纪中叶至 19 世纪 50 年代资产阶级政治经济学产生和发展的历史；另一方面，在对资产阶级经济学家的剩余价值理论进行分析和批判的过程中，马克思也提出了自己的经济理论观点。

（二）《新资本论》的文献综述

《新资本论》的第一卷序章和第十三章是全书的文献综述部分，在这两章中，向松祚主要介绍了亚当·斯密、卡尔·马克思和弗里德里希·恩格斯、熊彼特、麦肯锡等研究人员在资本主义经济体系研究方面的成果。

（三）《21 世纪资本论》的文献综述

在《21 世纪资本论》中，导言是其文献综述部分，就相关的历史文献进行了如下的梳理：其一，评析英国经济学家托马斯·马尔萨斯提出的人口过剩理论和英国农学家阿瑟·杨的游历日记。其二，评析英国经济学家大卫·李嘉图提出的稀缺性原则。其三，评析马克思提出的无限积累原则。其四，评析库兹涅茨的研究成果。

五、对中国发展问题关注的比较

（一）《资本论》对中国发展问题的关注

在《资本论》中，虽然马克思在论述货币的职能、信用、货币资本时至少四次提到了中国，但却没有直接针对中国当时的发展情况进行相关的论述。马克思对中国发展问题的研究主要体现在下面的文章和信件中：一方面，马克思在 19 世纪 50 年代撰写《中国革命和欧洲革命》《俄国的对华贸易》《英国人在华的残暴行动》《波斯和中国》《鸦片贸易史》《英中条约》《中国和英国的条约》《俄国在远东的成功》《新的对华战争》《对华贸易》等文章对当时中国的发展问题进行了研究和阐述，这些文章均发表在当时的《纽约每日论坛报》上。另一方面，在 19 世纪 50 年代和 60 年代，马克思在致恩格斯的部分信件中谈及了中国的发展情况。

（二）《新资本论》对中国发展问题的关注

在《新资本论》中，向松祚对中国发展问题给予了高度关注。在自序中，向松祚提到了中国的房地产业的快速发展所造成的国民个人收入差距日益拉大的问题。他明确指出："深化改革是社会主义制度的调整和改革，是中国模式自身的发展和完善。面向未来，在一个全球金融资本主义的时代，在一个全球化不可逆转的时代，在一个第三次工业革命风起云涌的时代，要发展和完善中国模式，最大限度地激发中国模式的生命力，我们既要充分利用全球金融资本主义、全球化和第三次工业革命所创造的历史机遇和市场机会，又要尽可能防止和规避全球金融资本主义的破坏力；既要全力弘扬中华民族固有的博大精深的文明，又要积极主动地学习和借鉴其他一切文明优秀的制度、科技、文化和思想。"

（三）《21 世纪资本论》对中国发展问题的关注

一方面，皮凯蒂对中国在财富分配方面存在的问题进行了分析，并提出了相应的对策。其一，他希望该书在中国的出版既有助于中国模式和中国道路的探索和完善，也对整个世界未来的发展能够有所启示。其二，他指出随着经济增长的放缓，中国的财富不平等问题将会日益严重，对此应给予足够的重视，并开展相关的研究工作。其三，他认为，中国应当大力推进混合所有制经济的发展，充分发挥公共资本和私人资本两者的长处，同时尽量避免两者的短处。其四，他指出，虽然在中国治理腐败和市场操纵对防止财富不平等程度的提高是必要的，但是更应当通过公共机制的建立来使资本能够为整个社会服务。其五，他认为，累进税制在公平社会里发挥着重要作用，中国应继续实行累进税制，并增强制度的透明性，将遗产继承、捐献、房地产、金融资产等也纳入征税的范围内。另一方面，皮凯蒂在正文的第二章提到了中国的独生子女政策，认为这项政策虽然是激进的，但是它促使中国实现了人口转型。

六、主要研究结论的比较

（一）《资本论》的主要研究结论

在《资本论》第一卷第二十四章，马克思给出了自己在资本主义经济体系问题上的主要研究结论，在这一章中，他明确指出："随着那些掠夺和垄断这一转化过程的全部利益的资本巨头不断减少，贫困、压迫、奴役、退化和剥削的程度不断加深，而日益壮大的，由资本主义生产过程本身的机制所训练、联合和组织起来的工人阶级的反抗也不断增长。资本的垄断成了与这种垄断一起并在这种垄断之下繁盛起来的生产方式的桎梏。生产资料的集中和劳动的社会化，达到了同它们的资本主义外壳不能相容的地步。这个外壳就要炸毁了。资本主义私有制的丧钟就要响了。剥夺者就要被剥夺了。"

（二）《新资本论》的主要研究结论

在《新资本论》第三卷序言中，向松祚给出了自己在全球金融资本主义问题上的主要研究结论，在这一章中，他明确指出："本书的重心是全球金融资本主义的兴起、危机和救赎，然而，救赎不能单纯依靠货币、金融和财政政策。以新的货币、金融和财政扩张来挽救金融危机和经济危机，从长期和本质上看，无异于饮鸩止渴，我们必须回到基本的问题，回归基本的政策，必须重新开始人和自然的对话，重新开始东西方文明的对话。"

（三）《21 世纪资本论》的主要研究结论

在《21 世纪资本论》的结论部分，皮凯蒂给出了自己在全球收入不平等和贫富分化问题上的主要研究结论，在该部分的第三段，他指出："如果放任自流，基于私人产权的市场经济包含强有力的趋同力量（尤其是知识和技术扩散的影响），但是它也包含强大的分化力量，这将潜在地威胁各民主社会以及作为其基础的社会正义价值。"皮凯蒂所说的上述两种力量的存在也就意味着，解决资本主义国家的收入差距和贫富分化问题应当从这两个方面入手，即强化趋同的力量和削弱分化的力量。通过仔细研读可以看出，该结论所反映的是皮凯蒂对资本主义社会制度的认同和对其中存在问题的忧虑和担心。

走进新时代　开启新长征

吴庆军　黄禄梅[①]

（曲阜师范大学；山东省日照市商业学校）

习近平总书记在2020年6月27日给复旦大学《共产党宣言》展示馆党员志愿服务队全体队员的回信中说："心有所信，方能行远。面向未来，走好新时代的长征路，我们更需要坚定理想信念、矢志拼搏奋斗。"我们现在要做的就是走好社会主义新时代的长征路。

我们要"深刻认识红色政权来之不易、新中国来之不易、中国特色社会主义来之不易，深刻认识中国共产党为什么能、马克思主义为什么行、中国特色社会主义为什么好，不断坚定'四个自信'，不断增强历史定力，增强做中国人的志气、骨气、底气"。[②]

一、回顾长征历程，吸取胜利的经验

（一）长征的时代背景

长征是那个血雨腥风时代的产物。帝国主义肆意侵略，救国运动接连失败，中国土地弥漫着消散不去的硝烟，中国人民生活在战火纷飞、水深火热之中，找寻不到前行的方向。土地革命战争时期，中国工农红军为了粉碎国民政府的围剿，为了保存红军的实力，也为了继续北上抗日，更为了挽救民族危亡，从江西瑞金出发，开始了举世闻名的长征。此次长征意义重大，并非一时意气，而是经过慎重考虑后的战略性大转移。就是在这次长征中，中国的政权及路线逐渐明晰，中国的局势日益趋于稳定，更重要的是，此次长征中国工农红军虽是主导，但实际上，还有很多广大的普通民众也积极参与到了救国存亡的战斗之中。长征之所以取得胜利是因为党根据实践形势的具体变化做出了及时调整，是因为

① 作者简介：吴庆军，陕西华县人，曲阜师范大学副教授，中国社会科学院马克思主义学院博士、硕士导师，中国政治经济学会理事，中国《资本论》研究会理事，中国社会科学院大学政治经济学会副会长，研究方向：经济理论创新、世界经济学；黄禄梅，山东省日照市商业学校教师，研究方向：红色文化、长征精神。

② 习近平．习近平总书记在党史学习教育动员大会上的讲话[J]．求是，2021(7)．

有不畏艰难险阻的中国工农红军浴血奋战，也是因为广大劳苦大众的衷心拥护和支持。这是一场卓越的、充满智慧的、体现决心和意志的、付出了巨大牺牲的时代壮举。

现如今，革命已经胜利，长征仿佛已经远去，但实际上我们的长征并未真正远去。我们现在的局势并不乐观，世界并未真正稳定，帝国主义列强的炮火虽让热爱和平的中国人打了回去，但欺压与凌辱并未完全消失，想要建成社会主义现代化强国，我们还有充满巨大阻力的道路要走，这就是新的长征。我们应该吸取已有长征胜利经验，弘扬已有长征胜利的精神，继续取得新的长征的胜利。

（二）长征的成功经验

1. 中国共产党的正确领导

长征取得胜利的最重要原因是我们有了一个坚定的有力量的领导，找到了前进的方向，有了切实可行的道路。历史证明凡是有党的正确领导革命事业就会取得成功。1935 年长征途中召开的遵义会议上，确立了毛泽东同志在党和军队中的领导地位，从此中国共产党找到正确领导。正是基于遵义会议这个正确的会议决定，中国革命的道路才有了明确的方向，从此中国的革命事业面貌焕然一新，从胜利走向胜利。

2. 红军将士的革命精神

毛泽东同志在《七律·长征》中写道："红军不怕远征难，万水千山只等闲。五岭逶迤腾细浪，乌蒙磅礴走泥丸。金沙水拍云崖暖，大渡桥横铁索寒。更喜岷山千里雪，三军过后尽开颜。"绵延不绝的五岭山在红军眼中是细小的波浪，高大磅礴的乌蒙山在红军脚下是滚动的泥丸，流水湍急的金沙江、铁索横亘的大渡河、千里白雪的岷山带来的是温暖喜悦。无论多么的艰难，在红军的眼中掀不起波澜，无论多么的困苦，在红军的脚下留不下尘烟。正是红军将士这种不畏艰险、同甘共苦、直面困难、乐观向上的大无畏革命精神才最终带来了长征的胜利。

3. 人民群众的衷心支持

长征的胜利还有一个很关键的因素，就是因为红军有着广大劳动人民群众衷心的支持。无论是长征前还是长征时，总有大量的群众力量加入进来。仅遵义会议停留的短短十多天里，就有四千余人加入了红军。红军长征经过根据地时，本不富裕的群众更是倾其所有为军队补充能量。正是群众的积极主动参与，为红军提供了不尽的血液、不屈的力量。

二、新时代新长征成功的关键因素

习近平总书记指出："中国特色社会主义进入新时代。"新时代开启了新长征。新时代新长征目标就是全面建成社会主义现代化强国，逐步实现全体人民共同富裕，最终实现中华民族伟大复兴。实现新时代新长征目标的关键要素就是中国共产党的全面领导、中国人民继承长征精神和人民群众的广泛参与。

（一）中国共产党的全面领导

道路的选择非常重要，领导正确，前进的道路才能正确，这是长征胜利的保证。2021年2月20日，习近平总书记在党史学习教育动员大会上指出，“勇于自我革命，是我们党最鲜明的品格，也是我们党最大的优势。百年风霜雪雨、百年大浪淘沙，我们党能够从最初的50多名党员发展到今天的9100多万名党员，战胜一个又一个困难，取得一个又一个胜利，关键在于我们始终坚持党要管党、全面从严治党不放松，在推动社会革命的同时进行彻底的自我革命”。我们的共产党是一个优秀的政党，不忘初心、从严治党是我们党始终如一的坚持。中国共产党的全面领导是新时代新长征取得伟大胜利的根本保证。

（二）中国人民继承长征精神

新冠疫情的抗击是艰难的，但这场艰难的战争却也让我们再次看见了长征中红军的大无畏的乐观主义精神，看见了中国人民骨子里的群体意识与团结意识，这场战役的参与者是14亿中国人民，这是一场全民总动员的战役，每一个中国人都是一名战士。据央视网消息，中国用1个多月的时间初步遏制了疫情蔓延的势头，用2个月左右的时间将本土每日新增病例控制在个位数以内，用3个月左右的时间取得了武汉保卫战、湖北保卫战的决定性成果。仅用10天建成有1000张病床的火神山医院，仅用12天建成有1600张病床的雷神山医院。短短10多天，建成16座方舱医院，共有1.4万余张床位。这一串串数字让我们看到的是希望、是决心、是力量。习近平总书记说：“抗击新冠肺炎疫情斗争取得重大战略成果，充分展现了中国共产党领导和我国社会主义制度的显著优势，充分展现了中国人民和中华民族的伟大力量，充分展现了中华文明的深厚底蕴，充分展现了中国负责任大国的自觉担当，极大增强了全党全国各族人民的自信心和自豪感、凝聚力和向心力，必将激励我们在新时代新征程上披荆斩棘、奋勇前进。”① 中国伟大的抗疫就是新时代新长征精神的具体体现。中国人民继承长征精神，是新时代新长征取得伟大胜利的精神支撑。

（三）人民群众的广泛参与

人民是力量的源泉，想要取得新长征的胜利，我们一定要调集人民的力量。2018年6

---

① 习近平．习近平在全国抗击新冠肺炎疫情表彰会上的讲话[N]．人民日报，2020-09-09.

月，习近平总书记在主持中央政治局集体学习时强调，加强党的政治建设，要紧扣民心这个最大的政治。在2021年2月20日的党史学习教育动员大会上，习近平总书记又饱含深情地说："江山就是人民，人民就是江山。"国以民为本，社稷亦为民而立。长征的胜利必须调动人民的力量，人民的参与是新长征胜利的保障。如何才能真正调动人民的力量呢？什么是调动人民力量的法宝呢？其实，早有答案。

《必由之路·兴国之魂》中说，文化是民族的血脉，是人民的精神家园。文化是国家、民族之灵魂。文化兴则国运兴，文化强则民族强。中华民族伟大复兴需要文化的繁荣兴盛。国家之魂，文以化之，文以铸之。习近平总书记说："文化自信是一个国家、一个民族发展中最基本、最深沉、最持久的力量。向上向善的文化是一个国家、一个民族休戚与共、血脉相连的重要纽带。"[①] 中国人历来抱有家国情怀，崇尚天下为公、克己奉公，信奉天下兴亡、匹夫有责，强调和衷共济、风雨同舟，倡导守望相助、尊老爱幼，讲求自由和自律统一、权利和责任统一。在这次抗疫斗争中，14亿中国人民显示出高度的责任意识、自律观念、奉献精神、友爱情怀，铸就起团结一心、众志成城的强大精神防线。历史和现实都告诉我们，只要不断培育和践行社会主义核心价值观，始终继承和弘扬中华优秀传统文化，我们就一定能够建设好全国各族人民的精神家园，筑牢中华儿女团结奋进、一往无前的思想基础。所以，文化就是调动人民力量的法宝。人民群众广泛而深入的参与是新时代新长征取得伟大胜利的基础。

三．强化文化自信，走好新长征的道路

（一）从文化的起源看文化的功能

《易·系辞下》云："物相杂，故曰文。"意思是说，阴阳刚柔物象相杂而成纹理。《礼记·乐记》中亦有："五色成文而不乱。"意思是说，来自上古时期的有虞氏观察上古的形象天地山川绘制了十二章，又用五种颜色分别装饰这十二种纹饰，引申意思就是说事物错落有致、相得益彰。《说文解字》也称："文，错画也，象交文。"意思是，"文"是交错画出的痕迹，像交叉错乱的纹路。所以，"文"的本义是各色交错的纹理。后来，"文"有了更广泛的应用，有了一些引申义。《尚书·序》中说：伏羲画八卦，造书契，由是文籍生焉。意思是，"伏羲氏治理天下的时候，画八卦，造文字，用来代替结绳记事的方法，从此以后文章典籍就应运而生了"。《论语·子罕》说："文王既没，文不在兹乎？"意思是说，周文王死了以后，周代的礼乐文化不都体现在我（孔子）的身上吗？

① 习近平．习近平在全国抗击新冠肺炎疫情表彰会上的讲话[N]．人民日报，2020－09－09.

“文”就有了语言文字的各种象征符号的意思，进而又具体化为文物典籍、礼乐制度。《尚书·舜典》曰“经纬天地曰文”。意思是说，人的才能极大，能经营天下，治国理政。《论语·雍也》称“质胜文则野，文胜质则史，文质彬彬，然后君子”。意思是说，内心的情感如果超过了文采和形式就显得粗野了，如果文采超过了情感的话……就显得死板了。只有“文”和“质”结合匀称，才是好的。“文”又有才能、文采的意思，除此之外，“文”还有美、善、德行之义。《礼记·乐记》中说：“礼减而进，以进为文。”意思是说，懂礼的人不断地进步，这种进步将转化为美好的德行。所以，“文”不仅有各色交错的纹理的意思，还有文字，文物典籍、礼乐制度，才能，文采以及美、善、德行之义。

“化”，本义为改易、生成、造化。《庄子·逍遥游》说“化而为鸟，其名为鹏”。意思是，变化成为鸟，它的名字就叫作鹏。《易·系辞下》中说“男女构精，万物化生”。意思是，男女阴阳交合，则万物化育孕生。《黄帝内经·素问》中说“化不可代，时不可违”。意思是，生命过程中发生的一些问题是不能用药品来替代的，这些过程都是必需的过程。《礼记·中庸》中说“可以赞天地之化育”。意思是，有帮助天地化生的能力。在这里，“化”指的就是事物形态或性质的改变，同时“化”也有为教行迁善之义。

“文化”合用较早出自战国末年的《易·贲卦》：“观乎天文，以察时变，观乎人文，以化成天下。”意思是，“治国者须观察天文，以明了时序之变化，又须观察人文，使天下之人均能遵从文明礼仪，行为止其所当止”。在这里，“文化”已有“以文教化”的意思。西汉时，刘向又将“文”与“化”合成一个整词，《说苑·指武》之中说：“圣人之治天下也，先文德而后武力。凡武之兴，为不服也。”意思是，有智慧的人治理天下，会先用文德教化天下，再用武力征服天下，但凡动用武力征服天下的，国民会不信服于你。因此，“文化”不仅有记录文字，修整文物典籍、礼乐制度，展示才能，呈现文采以及美、善、德之义行功能，更隶属于精神领域范畴，具有“以文教化”的功能，能够陶冶性情、教养人的品德。

（二）做好传统文化的继承

文化强民首要的是做好对优秀传统文化的继承。习近平总书记在纪念孔子诞辰 2565 周年国际学术研讨会上说：“优秀传统文化是一个国家、一个民族传承和发展的根本。如果丢掉了，就割断了精神命脉。我们要善于把弘扬优秀传统文化和发展现实文化有机统一起来，紧密结合起来，在继承中发展，在发展中继承。”中国的传统是几千年的积淀，是中华民族的根脉。要想屹立于东方，要想走好新长征之路，我们就要做好中华民族优秀传统文化的传承和创新。

（三）活用现有红色资源

中国有很多宝贵的红色资源，这些红色资源都是曾活生生存在过的，应该用好这些红色文化资源。充分挖掘丰富多彩的红色文化资源加强新时代的文化建设，挖掘中华优秀传统文化，积极引导人民大众提升道德品质和爱国主义情操、树立良好社会风尚、增强文化自信。

首先，因为历史文化遗产是不可再生、不可替代的宝贵资源，所以，我们要用好她，更要保护好她，我们可以开展红色旅游，但要注意始终把保护放在第一位。发展旅游要以保护为前提，不能过度商业化，让旅游成为人们感悟中华文化、增强文化自信的过程。①

其次，我们可以把红色文化学习放到课堂课改中去，把实践教学和课堂教学有机结合起来，充分运用宝贵的红色文化资源，联系中国共产党的革命史和中国人民的奋斗历程，理解马克思主义中国化的道理，领悟为什么人民选择了社会主义道路和中国共产党领导，坚定"四个自信"。

最后，学习红色文化、历史文化的目的是走好新长征之路，始终牢记学习的目的，我们才可以真正从实践中认识到红色文化、历史文化，做好活文化的传承和创新。

---

① 习近平．习近平总书记在山西考察重要讲话[N]．山西日报,2020－05－15.

/第二部分/

外国经济理论研究

斯拉法价格体系的学术渊源与学术定位

白暴力　白瑞雪[①]

（北京师范大学）

一、斯拉法价格体系：所谓“实物价格理论”

斯拉法用生产各种商品的投入、产出和一般利润率建立起联立方程组，由此解出各种商品的交换比例即价格，并将其与分配联系起来。他认为，商品的价值就是交换价值，也就是交换比例，这种交换比例是由再生产过程的技术条件及物质补偿条件直接决定的；不需要也不存在任何“独立于并且先于产品价格的决定而加以衡量的”数量。这也被称作“实物价值价格理论”。

斯拉法价格体系由两个体系构成：第一，**为了维持生产的生产**，我们称为**斯拉法第一价格体系**；第二，**具有剩余的生产**，我们称为**斯拉法第二价格体系**。下面，先说明斯拉法的原始表达，然后用当前人们更习惯的数学表达方式更准确地表达斯拉法价格体系。

（一）斯拉法价格体系的原始表达

1. 斯拉法第一价格体系：为了维持生产的生产

“为了维持生产的生产”，即全部产品用于补偿生产中耗费的生产资料和生产者的生活资料的体系（下面称其为“斯拉法第一价格体系”）。

“……我们有商品‘a’，‘b’，…，‘k’，每种商品由不同生产部门进行生产。

“我们称 A 为每年生产的‘a’的数量，B 为‘b’的年生产量，等等。

“我们也称 A_a，B_a，…，K_a 为生产 A 的生产部门每年使用商品‘a’，‘b’，…，‘k’的数量；A_b，B_b，…，K_b 为生产 B 的生产部门每年使用相应商品的数量；等等。”

---

① 作者简介：白暴力，北京师范大学教授，当代经济理论研究中心主任；白瑞雪，北京师范大学副教授，主要从事理论经济学和演化经济学研究。

现在出现如下的生产情形：

$$A_aP_a + B_aP_b + \cdots + K_aP_k = AP_a$$
$$A_bP_a + B_bP_b + \cdots + K_bP_k = BP_b$$
$$\vdots$$
$$A_kP_a + B_kP_b + \cdots + K_kP_k = KP_k$$

由于假定这个体系处于一种自行更新的状态，所以上式中：

$$A = A_a + A_b + \cdots + A_k$$
$$B = B_a + B_b + \cdots + B_k$$
$$\vdots$$
$$K = K_a + K_b + \cdots + K_k$$

以其中一种商品作为标准商品，使它的价格等于1，这样就剩下 $K-1$ 个未知数。由于在这些方程的总量中，相同的数量出现在左右两方，因此任何一个方程都可以通过其他方程的总和推知，这样就剩下 $K-1$ 个独立的线性方程，这些方程唯一地决定 $K-1$ 个价格。

2. 斯拉法第二价格体系：具有剩余的生产

“具有剩余的生产”，即社会产品除补偿社会生产中的消耗外还有剩余的体系（下面称其为“斯拉法第二价格体系”）。斯拉法假定存在统一的利润率，即一般利润率，用 r 表示。

$$(A_aP_a + B_aP_b + \cdots + K_aP_k)(1 + r) = AP_a$$
$$(A_bP_a + B_bP_b + \cdots + K_bP_k)(1 + r) = BP_b$$
$$\vdots$$
$$(A_kP_a + B_kP_b + \cdots + K_kP_k)(1 + r) = KP_k$$

由于假定这个体系处于一种自行更新的状态，这里：

$$A_a + A_b + \cdots + A_k \leqslant A$$
$$B_a + B_b + \cdots + B_k \leqslant B$$
$$\vdots$$
$$K_a + K_b + \cdots + K_k \leqslant K$$

这个体系包括 K 个独立方程，这些方程决定 $K-1$ 个价格和利润率。

斯拉法将令其价格等于1的商品称为标准商品。但是他又认为本身价格不变（在工资变动时）的标准商品是不存在的。他用一组混合商品代替标准商品，称其为标准商品体系。

（二）斯拉法价格体系的进一步数学表达

为了准确讨论，将斯拉法价格体系在数学表达上进一步精确化。令：

$$
\begin{matrix}
a_{11} = \dfrac{A_a}{A} & a_{12} = \dfrac{B_a}{A} & \cdots & a_{1k} = \dfrac{K_a}{A} \\
a_{21} = \dfrac{A_b}{B} & a_{22} = \dfrac{B_b}{B} & \cdots & a_{2k} = \dfrac{K_b}{B} \\
\vdots & \vdots & \vdots & \vdots \\
a_{k1} = \dfrac{A_k}{K} & a_{k2} = \dfrac{B_k}{K} & \cdots & a_{kk} = \dfrac{K_k}{K}
\end{matrix}
$$

实际上，a_{ij}就是生产单位 i 产品所需的 j 产品的量。这是一个纯粹由生产过程的技术条件决定的量。我们将由 a_{ij}组成的矩阵 $A = (a_{ij}) = \begin{pmatrix} a_{11} & a_{12} & \cdots & a_{1k} \\ a_{21} & a_{22} & \cdots & a_{2k} \\ \vdots & \vdots & \vdots & \vdots \\ a_{k1} & a_{k2} & \cdots & a_{kk} \end{pmatrix}$称为技术系数矩阵。用 P_i 表示单位产品的价格，用 $\bar{P} = \begin{pmatrix} P_1 \\ P_2 \\ \vdots \\ P_k \end{pmatrix}$表示价格向量。

斯拉法第一价格体系可写为：

$$\sum_{j=1}^{k} a_{ij}P_j = P_i \quad i = 1,2,\cdots,k$$

即：

$$A\bar{P} = \bar{P}$$

由此可得：

$$A\bar{P} - \bar{P} = 0$$

即：

$$[A - 1]\bar{P} = 0 \qquad (1)$$

斯拉法第二价格体系可写为：

$$(1 + r)\sum_{j=1}^{k} a_{ij}P_j = P_i \quad i = 1,2,\cdots,k$$

即：

$$A\bar{P}(1+r)=\bar{P}$$

由此可得：

$$A\bar{P}(1+r)-\bar{P}=0$$

即：

$$[A(1+r)-1]\bar{P}=0 \tag{2}$$

按照斯拉法的假定，A 是非负不可约矩阵，所以，根据 Frobenius 定律，方程组（2）有唯一利润率和相对生产价格的正实数解，以其中一种商品作为标准商品，令其价格等于1，解出价格 P_i 的绝对值。

二、斯拉法价格体系的学术渊源：马克思生产价格理论

（一）马克思对生产价格的论述

1. 马克思生产价格构成模型

马克思指出，生产价格由两部分构成，第一部分是成本，第二部分是平均利润，一个部门总产品的生产价格可用公式表示：

$$生产价格=C+rK \tag{3}$$

其中，C 表示成本，r 表示平均利润率，K 表示资本量，rK 就是平均利润。

为了有利于进一步准确表达，用 i 表示第 i 部门的量，马克思的生产价格是在劳动时间（即在价值）层面上说明的，所以，用 W_i^T 表示第 i 部门总产品的生产价格，则有：

$$W_i^T=C_i+\pi_i=C_i+rK_i \quad i=1,2,\cdots,n \tag{4}$$

假定没有固定资本，即有：

$$K_i=C_i$$

则有：

$$W_i^T=(1+r)C_i \quad i=1,2,\cdots,n \tag{5}$$

式（3）、式（4）和式（5）就是生产价格构成的不同表达式，表示了生产价格的构成部分和构成因素。这就是马克思生产价格构成模型。

2. 生产价格的数例说明

为了简明地说明上述理论，马克思使用了一个简单的数例，在《资本论》使用的数例中，成本价格 C 是以构成成本的各种商品的价值计量的。在这里，马克思生产价格构成模

型如下：

$$W_i^T = C_i + rC_i = (1+r)C_i \tag{6}$$

其中，C_i 是以生产过程中耗费商品的价值计量的。为了与下面所说的精确值计算中的成本相区别，用下标 w 表示以生产过程耗费商品的价值计量成本时相关的各种量。由此，在近似值计算中模型（6）表示为：

$$W_{wi}^T = (1+r)C_{wi} \quad i = 1,2,\cdots,n \tag{7}$$

$$C_{wi} = X_{i1}w_1 + X_{i2}w_2 + \cdots + X_{in}w_n = \sum_{j=1}^{n} X_{ij}w_j \tag{8}$$

其中，w_j 是第 j 种商品的价值。

3. 马克思对数例计算中“误差”的说明：生产价格精确值

在使用上述数例说明了生产价格的计算之后，马克思立即做了以下重要阐述：“我们原先假定，一个商品的成本价格，等于该商品生产时所消费的各种商品的价值。但一个商品的生产价格，对它的买者来说，就是成本价格，并且可以作为成本价格加入另一个商品的价格形成。因为生产价格可以偏离商品的价值，所以，一个商品的包含另一个商品的这个生产价格在内的成本价格，可以高于或低于它的总价值中由加到它里面的生产资料的价值构成的部分。必须记住成本价格这个修改了的意义，因此，必须记住，如果在一个特殊生产部门把商品的成本价格看作和生产该商品时所消费的生产资料的价值相等，那就总可能有误差。对我们现在的研究来说，这一点没有进一步考察的必要。”

（二）马克思生产价格方程组

下面，我们将马克思的文字论述用数学公式表达出来。在精确值计算中，马克思生产价格构成模型如下：

$$W_i^T = (1+r)C_i \quad i = 1,2,\cdots,n \tag{9}$$

其中，C_i 以生产过程中耗费的商品的生产价格计量，即：

$$C_i = X_{i1}w_1^T + X_{i2}w_2^T + \cdots + X_{in}w_n^T = \sum_{j=1}^{n} X_{ij}w_j^T \tag{10}$$

其中，X_{ij} 是第 i 生产过程中耗费的第 j 种商品的数量，w_j^T 是第 j 种商品的生产价格。这里需要注意的是：由于成本 C 中包含了可变资本，所以在投入 X_{ij} 中也包含了实物工资。

将式（10）代入式（9），得：

$$W_i^T = (1+r)\sum_{j=1}^{n} X_{ij}w_j^T \quad i = 1,2,\cdots,n \tag{11}$$

式（11）就是马克思生产价格方程组。

（三）从马克思到斯拉法

从马克思生产价格方程组出发，就可得出斯拉法第二价格体系。

用商品数量 q_i 去除马克思生产价格方程组（11）等号两边：

$$\frac{W_i^T}{q_i} = (1+r)\sum_{j=1}^{n}\frac{X_{ij}}{q_i}w_j^T \quad i = 1,2,\cdots,n$$

因为：

$$\frac{W_i^T}{q_i} = w_i^T$$

$$\frac{X_{ij}}{q_i} = a_{ij}$$

所以有：

$$w_i^T = (1+r)\sum_{j=1}^{n}a_{ij}w_j^T \quad i = 1,2,\cdots,n$$

对上式等号两边同时除以单位货币的生产价格 w_g^T，则有：

$$\frac{w_i^T}{w_g^T} = (1+r)\sum_{j=1}^{n}a_{ij}\frac{w_j^T}{w_g^T} \quad i = 1,2,\cdots,n$$

因为 $\frac{w_j^T}{w_g^T} = p_i$ 就是用货币表达的生产价格，也就是斯拉法价格体系中的价格，所以上式可以写为：

$$p_i = (1+r)\sum_{j=1}^{n}a_{ij}p_j \quad i = 1,2,\cdots,n$$

这正是斯拉法第二价格体系：

$$[A(1+r)-1]\bar{P} = 0 \tag{12}$$

由于 $\frac{w_g^T}{w_g^T} = p_g = 1$ 且 A 是非负不可约矩阵，所以根据 Frobenius 定律，方程组（12）有唯一利润率和绝对生产价格的正实数解。

由此可见，斯拉法第二价格体系可以从马克思的生产价格方程组推导而出，因此，从学术渊源上讲，斯拉法第二价格体系来自马克思的生产价格理论。

然而，在马克思的模型中，由于 $\frac{w_g^T}{w_g^T} = p_g = 1$，解决了斯拉法价格体系中的标准商品问题，所以是有解的。这是劳动价值理论和马克思货币理论的必然结果。因此，在以马克思劳动价值理论和货币理论为基础的马克思生产价格方程组中，不存在构建“标准商品体系”的问题和困难。

三、斯拉法价格体系的定位：“生产价格”精确值计算

（一）价值价格理论体系的三个内容和六个层次

价值范畴的三个内容是：第一，商品或财富的内在所值及其度量。第二，决定商品价格运动中心的因素。第三，财富或商品真实价值与商品价格运动中心的关系。价值理论的六个层次是：第一个层次，价值与价格的本质。第二个层次，价值实体与价格最终基础。第三个层次，交换价值（价格直接基础）与自然价格。第四个层次，市场价值与市场价格。第五个层次，绝对价格与价格总水平。第六个层次，价格调控与政策。

（二）不同价值价格理论学派的定位

不同的价值价格理论学派涉及不同价值范畴的内容和价值价格理论的层次。图 1 表示价值价格理论的六个层次和不同价值价格理论学派涉及的内容和层次。

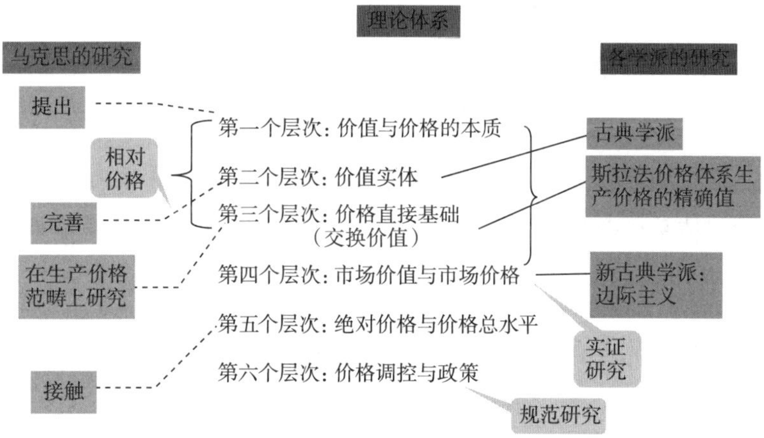

图 1 六个层次统一的价值价格理论

（三）斯拉法价格体系的研究层面

斯拉法第二价格体系只是对价值价格理论六个层次中第三个层次的一个特例——生产价格的精确值的研究，仅涉及价值范畴上价格论中的一个层次。

交换价值的一般公式为：

$$w^T = \frac{1}{Q}[C + \eta \sum S_1 + \Delta\eta(\sum K + \sum S_1) + \varepsilon \sum S_2] \tag{13}$$

在不同社会经济时期，交换价值有不同的表现形式。在自由竞争资本主义时期，交换价值表现为：

$$W_i^T = C_i + \bar{\pi}_i \tag{14}$$

其中：

$$\begin{aligned} C_i &= w_1^T X_{i1} + w_2^T X_{i2} + \cdots + w_n^T X_{in} \\ &= \sum_{j=1}^{n} w_j^T X_{ij} \end{aligned}$$

假定没有固定资本，平均利润为：

$$\bar{\pi}_i = r_i C_i$$

所以：

$$W_i^T = C_i + rC_i = (1 + r)C_i$$

即：

$$W_i^T = (1 + r)\sum_{j=1}^{n} w_j^T X_{ij}$$

这正是马克思生产价格方程组（11）。本文第二部分已经说明由马克思生产价格方程组（11）可以推出斯拉法第二价格体系式（15）：

$$[A(1 + r) - 1]\bar{P} = 0 \tag{15}$$

由此可见，斯拉法第二价格体系是价值价格理论六个层次中第三个层次的一个特例。因此，斯拉法价格体系仅能解释价格直接基础的一些问题，而不能全面解释价值价格的各方面问题，特别是不能解释与价值范畴上财富论相关的问题。

四、斯拉法价格体系的学术贡献与局限性

（一）斯拉法价格体系的学术贡献

1. 对马克思生产价格理论研究的推进

斯拉法价格体系的学术贡献，首先在于推进了马克思生产价格精确值的计算，从而推进了生产价格理论研究。斯拉法价格体系使用联立方程组的方法，探讨了生产价格量的确定中各种商品生产价格相互作用的量的关系。

2. 对新古典经济理论的批判

新古典经济理论使用边际的方法认为价格是由各种市场供求均衡决定的，并将其视为

唯一的真理。斯拉法价格体系以无可辩驳的论证向人们展示了在价格决定中边际方法无法解释的方面，展示了生产中技术过程在价格决定中的重要作用，即非市场供求因素的作用。

3. 对经济学研究方法的发展

斯拉法价格体系用联立方程的方法，从社会生产的技术关系和过程出发讨论商品价格的确定，就此推进了经济学研究方法的发展。之前，古典学派的传统在于用文字叙述探讨经济学问题，表达经济理论；新古典学派则主要用微分学的方法，虽然新古典学派在一般均衡分析中使用联立微分方程组的方法，但其讨论的是生产的社会技术关系和过程之外的关系。就此而言，斯拉法价格体系推进了经济学研究方法的发展。

（二）斯拉法价格体系的局限性

1. 没有考察价值范畴上的财富论

斯拉法价格体系的局限性首先表现为不能解释与价值范畴上的财富论相关的问题。

第一，财富的实体与度量。价值理论的职能不仅在于解释商品的交换比例，即解释商品价格，更重要的在于解释财富的度量，解释财富的实体。斯拉法价格体系仅探讨了商品的交换比例，没有探讨商品作为财富的度量和实体，所以无法解释与此相关的问题。

第二，标准商品和标准商品体系构建的困难。在前面第二部分，我们看到在马克思的模型中，由于 $\frac{w_g^T}{w_g^T} = p_g = 1$ 解决了斯拉法价格体系中的标准商品问题，所以模型是有解的。因此，马克思生产价格方程组不存在构建“标准商品体系”的问题和困难。然而，斯拉法价格体系没有价值范畴上的财富论，没有以劳动价值理论为基础，所以陷入烦琐的“标准商品体系”的构建困难。

第三，对方程组中各项量纲说明的缺失。众所周知，一个等式要能成立，等式中每一项的量纲必须相同。这也正是马克思指出的“不同的量只有化为同一单位后，才能在量上互相比较，不同物的量只有作为同一单位的表现，才是同名称的，因而是可通约的”。从斯拉法方程组式（1）和式（2）中我们可以看出，这个方程组要能成立，前提是等式中每一项的量纲必须相同，也就是方程组中各项要通过各种商品的价格 $\bar{P}=$（P_1，…，P_n）化成相同的计量单位，或者说化为同质的东西。斯拉法“以其中一种商品作为标准商品，使它的价格等于1”。实际上，这是将所有商品的价格都化为标准商品，即“$P_i = a$ 标准商品/单位 i 商品”。

斯拉法又认为任何一种商品都可以作为价格的计量单位。这恰恰告诉我们：商品价格的质不是任何一种商品，而是独立于任何一种商品之外的独立的东西，正是由于所有商品的价格都是这个独立的东西，所以所有商品才能够相互比较、互相度量。

可见，即使在斯拉法的价格体系中，也确实存在“独立于并且先于产品价格的决定而加以衡量的”量，而不是像这个理论告诉我们的：价格（价值）仅是“满足生产条件”的“交换比率”，或者说商品价格不过是物与物之间的交换比例或关系而已。这就是斯拉法价格体系“在量纲说明的缺失”。

2. 没有考察“要素可替代”的情况和市场供求的作用

斯拉法价格体系讨论的是生产过程中“要素和商品不可替代”的情况。如果考虑“要素和商品可替代”的情况，首先需要讨论商品和要素的替代关系，也就是微分的方法；其次需要讨论在社会总资源约束下社会资源在各种商品和要素之间的配置，就是各种商品的市场供求关系。

当然，就斯拉法本人而论，他本来就没有计划讨论这些问题，没有计划建立一个完善的价值价格理论，他只是要提出边际主义所无法解释的问题，从而为批判边际主义奠定理论基础，所以也就无从谈起存在以上局限性。但是，如果有人将斯拉法价格体系作为一个完善的价值价格理论，那么上述局限性就是明显的。

财政货币制度的革命与国内大循环的历史起源①

贾根良

（中国人民大学）

一、金本位制和布雷顿森林体系之下国家致富的逻辑

在世界经济史中，英国最早在 1717 年实施金本位制，此后一些国家陆续加入金本位制的国际货币体系。金本位制在第一次世界大战中受到了冲击，最终在大萧条中轰然倒塌。在第二次世界大战行将结束之前，美国构建了战后国际货币体系的新秩序，史称“布雷顿森林体系”。在体系之下，金融当局通过随时准备买卖黄金或美元调节国际贸易中出现的供需失衡，并有效地将本国货币的价值与黄金和美元挂钩。因此，拥有足够的黄金或美元对于这些国家来说至关重要。但正如“特里芬悖论”所表明的，在这种“双挂钩”的国际货币体系中，为了推动国际贸易的发展，国际货币基金组织成员就必须使用美元作为结算和储备货币，这就要求美国必须通过国际收支逆差不断地为成员提供美元供给，但这又与美元的币值稳定产生了冲突，因此，随着国际贸易的不断增长，美国的黄金储备量就越来越赶不上美元发行的数量，这使得美元与黄金按固定兑换比率相“挂钩”的制度日益难以维持。大约在 1973 年，布雷顿森林体系终于退出了历史舞台。

二、国家货币制度的重大变革与财政货币制度的革命

笔者首先要向读者提出这样一个问题：在国际收支平衡或封闭经济条件下，一国私人部门作为总体，其净货币收入的增长或净金融资产的增加将来自何方？显而易见，必定来自货币发行者。在现代国家中，这个货币发行者只能是作为货币发行垄断者的主权政府。通过上述讨论，我们可以得出国际收支平衡或封闭经济条件下的一个恒等式：中央政府的

① 基金项目：中国人民大学“统筹推进世界一流大学和一流学科建设”（16XNLG08）。作者简介：贾根良，教育部“长江学者”特聘教授（2016 年），中国人民大学经济学院特聘教授，主要从事发展经济学、经济思想史、替代性范式经济学（第三种经济学）和演化经济学的研究。

财政赤字 = 私人部门的净金融资产 = 私人部门的净货币收入。这说明，只有在中央政府的财政开支大于税收的时候，作为整体的私人部门才会有净货币收入的增加。因此在国际收支平衡或封闭经济条件下，中央政府的财政赤字是常态，财政收支平衡或财政盈余是罕见的例外。

由于布雷顿森林体系的崩溃，财政赤字不再具有通常意义上的“债务”或“亏蚀”的含义，而是以“债务”形式伪装的货币供给。国家货币制度的重大变革导致财政货币制度的革命，表现在以下四个方面：

首先，在法定货币体系下“国家货币”没有任何内在价值，这是一个根本性的变化。要让“国家货币”这种本来毫无价值的货币在交换中被接受，就必须引入一种动机，这就是“税收驱动货币”理论。

其次，考虑到对币值的商品支持（黄金）和政府开支能力之间的关系被抛弃，而政府是其法定货币发行的垄断者，因此，主权政府的开支与税收已经没有关系。

再次，主权政府的开支没有财政能力的限制，但要受到实际经济资源的限制，只要经济没有达到充分就业，赤字开支就不会导致通货膨胀。

最后，在税收和国债并非国家财源或收入的现代货币制度下，货币主权本质上就是国家财政主权，或者反过来说也是成立的，国家财政主权就是其货币主权，特别是对其主权货币发行的垄断权，任何损害一国货币主权的行为都是对其国家财政主权的侵犯。

三、国际大循环经济发展战略从合理走向“背理”

我们现在讨论开放经济或贸易不平衡的情况，假设只有甲乙两国，如果甲国财政开支等于税收或者小于税收，那么，在开放经济条件下，甲国私人部门收入的增加就必须来自对乙国的贸易顺差，否则，该国私人部门作为整体就会处于收入停止增长或负债的状态，而乙国对甲国的贸易逆差则是乙国中央政府财政赤字开支的结果。

国际大循环经济发展战略是我国宏观经济研究会的王建研究员在 1987 年提出的，并在 1988 年被我国政府采纳，2020 年 5 月，习近平总书记提出“国内大循环为主体、国内国际双循环”的新战略。笔者在 2010 年指出的“令国际大循环经济发展战略的提出者始料未及的是，这一战略无意间竟然与美元霸权的战略意图相吻合”并非空穴来风。国际大循环经济发展战略的始作俑者是美元霸权的坚定支持者，这一事实值得我国学术界深思。因为按照美国进步经济学家赫德森的看法，美国对外贸易逆差战略是美国经济战略家运用美元霸权蓄意剥削他国的一种制度安排。储备美元资产的贬值损失只是国际大循环经济发展战略严重缺陷的冰山一角。实际上，美国对华贸易逆差是美国政府通过财政赤字从中国转移实际经济资源为其所用的一种机制，它减少了中国国内可用于生产和消费的实际经济资源，迫使中国工人为美国进行生产，同时损害了中国的财政主权，在这种情况下，中国政府的财政赤字与美国政府的财政赤字是一种此消彼长的关系，因此，中国对美国贸易顺差越大，它对中国政府通过提高财政赤字率直接发行本币以解决国内问题的财政能力的损害就越大。

早在2010年，笔者就对国际大循环经济发展战略的致命弊端进行了较全面的研究，讨论了这种战略“不仅使我国在国际分工中被锁定于产业低端的依附地位，而且也使我国遭受到美元霸权的残酷掠夺，它还导致资金、资源和劳动力被虹吸到沿海的出口导向型部门，造就了畸形的外向与内需相分割的‘二元经济’，成为内需长期无法启动、民族企业的投资机会被外资挤占并引发严重经济泡沫的主要原因。这种战略不仅没有沟通农业与重工业之间的循环关系，反而造成了重工业的低端产品产能过剩和高端技术仍被跨国公司所垄断的局面”。

四、贸易平衡或略有逆差的对外贸易新战略：走向国内大循环

布雷顿森林体系瓦解后，当一国在无法使用本国货币进行国际贸易结算和计价时，就应该采取对外贸易平衡战略，只有这样国家财政能力才能得到完整保障，并将实际经济资源保留在国内，用于满足扩大内需的需要，这就是笔者在2011年提出中国实施贸易平衡战略是破解美元霸权的根本性措施的主要原因。

笔者现在就在我国仍以美元作为中美贸易结算和计价货币的条件下，讨论贸易平衡战略对国内大循环的重大意义。根据前面的讨论，在使用美元进行中美贸易结算和计价时，中国贸易顺差的规模＝美国政府通过财政赤字为中国提供美元资产的规模＝美国政府从中国转移的本来可用于国内生产和消费的实际经济资源的规模＝中国政府因此而减少的财政赤字开支的规模＝中国政府本可以用于核心技术研发和提供社会保障的财政能力丧失的规模，而且，连年的贸易顺差使得中国政府和私人部门不得不持有不断贬值的美国国债或者持有在美国银行系统中没有利息收入且不断贬值的美元存款。更严重的是，中国中央政府财政赤字过小导致中国国债市场发展严重滞后，金融深化至今无法深入展开。

在中美贸易结算和计价货币为美元的情况下，贸易平衡战略就是用增加本国政府财政赤字开支替代净出口，这是最基本的国内大循环，笔者称之为国内大循环Ⅰ。中美贸易平衡与中国对美贸易顺差对中国经济产生了相当不同的影响，表1对此进行了比较说明，中国对美国贸易顺差对中国是不利的，中美贸易平衡（国内大循环Ⅰ）对中国经济则显然是非常有利的。

表1　中国对美国贸易顺差与中美贸易平衡对中国经济的不同影响

	对美国贸易顺差（国际大循环）	中美贸易平衡（国内大循环Ⅰ）
驱动引擎	美国政府财政赤字	中国政府财政赤字
实际经济资源效应	对美贸易顺差的规模代表着美国政府通过财政赤字转移中国实际经济资源为美国所用程度	中国对美贸易平衡代表着实际经济资源都留在中国国内用于扩大生产和增加居民消费
金融效应	持有不断贬值的美国国债或在美国银行系统中的美元存款，中国国债市场无法发展，金融深化无法展开	中国国债市场深入发展，为居民提供了更多的投资机会，金融深化程度不断提高
带动经济增长的乘数效应	出口乘数	财政乘数、平衡增长乘数（联系效应）
财政能力和货币发行权	在用于核心技术研发和提供社会保障等方面的财政能力上，美国政府财政能力提高的程度等于中国政府财政能力的损失程度	中国政府运用财政赤字解决许多重大社会经济挑战的财政能力得到完整保护；货币发行垄断权得到完全保证
中国私人部门净货币收入或净金融资产的来源	美国联邦政府的财政赤字 + 中国中央政府的财政赤字；在中国中央政府的财政赤字等于0时，完全等于美国联邦政府的财政赤字开支	完全来自中国中央政府的财政赤字开支

一旦我国实施贸易平衡的对外贸易新战略，经济增长的动力只能来自国内市场，具体来自三个方面：首先来自国内工人、农民和中等收入群体的收入增长。其次来自东南沿海地区与广大的内地之间相互提供的市场及其区域内部的分工。最后来自工农业（城乡）之间互为市场，这就需要实施新型城镇化和乡村振兴战略，实施就业保障计划。

因此，我国不仅应该逐步减少贸易顺差以减少实际经济资源的损失，而且还应该大力推进人民币结算，实施贸易平衡乃至略有贸易逆差的对外贸易新战略，笔者将之称为“国内大循环Ⅱ”，这是更高级形态的国内大循环。当然，这是一个逐步转变的过程，不可能一步到位，应采取“略有逆差的对外贸易新战略”，主要有三个原因。

首先，笔者曾指出，现代货币理论学派的“出口是一种成本而进口则能带来收益”这一命题不能绝对化。其次，过大的贸易逆差将重蹈美国的覆辙，这不适合我国国情。最后，通过大规模贸易逆差向别国输出本国货币是一种剥削行为，中国决不能走上这种道路。

习近平总书记指出，“我们必须充分发挥国内超大规模市场优势，通过繁荣国内经济、畅通国内大循环为我国经济发展增添动力，带动世界经济复苏”。[①] 这就必然要求我国实施贸易平衡乃至略有逆差的对外贸易新战略。要求我国在国际贸易中大力推进人民币的结

① 习近平．在企业家座谈会上的讲话[EB/OL]．http://www.xinhuanet.com/politics/leaders/2020-07/21/c_1126267575.htm,2020-07-21.

算和计价，否则当中国出现贸易逆差时，如果表现为以外币如美元和欧元计价，这将对中国很不利；如果为了弥补这种以外币计价的贸易逆差，对外发行以外币计价的债务，无异于饮鸩止渴，最后将引发货币和金融危机。

目前，世界经济处于低迷状态，特别是新冠疫情导致许多国家物资供应短缺，这为我国在推进人民币国际化上与其他国家谈判创造了有利条件。为了抓住这种历史机遇，我国不仅应该逐步取消出口退税政策，而且还必须通过较大规模提高财政赤字率提高我国劳动者收入特别是月收入千元的 6 亿人的收入水平。本文提出，用我国政府的财政赤字替代我国对外贸易顺差和引进的外资，实施贸易平衡或略有逆差的对外贸易新战略，这是构建以国内大循环为主体的新发展格局的根本性措施。

2020 年在新冠疫情大流行之下，我国贸易顺差却创出五年来新高，利用外资规模创历史新高，媒体和人们对此沾沾自喜。正如笔者指出的，从“国际大循环”转向“国内大循环”，“转型之难的关键在于思想和理论认识的问题：人们特别是一些政策制定者已经习惯于以小店主的思维模式维护出口商和某些省份的短期利益和既得利益，而无法理解‘进口是收益，而出口是损失’在国民净福利上的宏观经济效应。正是在这个角度上，我们可以说，决策者和广大经济工作者深刻认识贸易顺差战略为什么不利于国家整体利益是转型成功的基本条件”。但愿本文能促使更多的人猛醒，从锁定在“国际大循环”的思维模式中摆脱出来，这是迈向“双循环”新发展格局的关键性一步。

阿马蒂亚·森的发展观及其对我国实现科学发展的启示

李炳炎[①]

（中央财经大学）

一、阿马蒂亚·森人本发展观的分析框架

森的以人为本的发展观以能力分析作为其重要分析框架，在此基础上扩展到人的实质性自由的思想，以及发展中的社会安排这个长期被忽视概念的重要作用，使发展的视角转向人类发展，并以实现人的实质性自由为最终目标。

（一）能力分析与发展

能力分析与发展可行能力是人们能够按照自己愿意过的那种生活的可行能力，它包括免受困苦——诸如饥饿、营养不良、可避免的疾病、过早死亡之类——基本的可行能力，以及能够识字算数、享受政治参与等的自由。它还包括法治意义上的自由，但不限于权利，以及各种政治权益，比如说，收入在最低标准线之下者和失业者有资格得到救济。

森对可行能力的认识已不断深化，这种深化可以理解为从经济人到社会人再到人的全面发展的转化。森对可行能力概念的理解，是通过对以往发展理念的反思得到的。森认为发展应该重新被定义，而发展过程中社会的变化应该得到注意。发展的最终目的并不是人均国民生产总值标准的提高，工业化水平、城市化水平的提高，等等。森肯定了物质手段对发展的作用，但仅仅只能作为促进发展的手段，只能起到工具性作用。发展的最终目的是关系到人的生活质量以及是否幸福。因此，发展应该关注人们实际上重视的东西，以及他们能够获取这些东西的能力。这种能力决定人们能够过怎样的生活。它包括营养良好、身体健康、避免疾病等最基本的功能，还包括像快乐、自尊、受人尊重、可以参加正常的

---

① 作者简介：李炳炎，经济学博士，中共江苏省委党校特岗教授，中央财经大学博士生导师，享受国务院特殊津贴的专家，江苏省有突出贡献的专家，中国政治经济学学会顾问。主要研究方向：中国特色社会主义分享经济理论与实践、中国特色社会主义政治经济学、中外经济学说。

社交活动等复杂功能。这便是发展所要追求的目的。

（二）可行能力与自由

为了超越传统的以物为本的狭隘发展观，森认为应以实质性自由来看待发展。传统发展理论的失败就在于忽视了人在发展中的主体性位置。森试图通过关注人的主体性来重建发展理论，实现发展向“人的自由全面发展”回归。森指出，认识一个人可以就其主观能动性来关注其实现目标以及承担义务的能力。因此，能力概念就应该被设定为各种功能组合中所能选择的组合，它体现着人们过其想要过的生活或者实现其合理目标的自由，即人们以实质自由去选择某种生活，一个人的能力越大，其自由也越大。

森在其著作《以自由看待发展》中，对传统发展观中的三种主流的伦理基础，即功利主义、自由至上主义和罗尔斯正义理论进行了评判。森认为，功利主义的价值标准的优点在于其着眼于社会机制的后果，而且后果是指人的福利，其不足之处在于忽视分配，忽略权利、自由以及其他的因素。自由至上主义的价值标准的优点在于强调自由是由法制保障，而不能受到限制，该评价标准的缺点在于强调程序性，只注重程序而忽略后果。而罗尔斯正义理论则突出表现为立足于一套优先于任何其他考虑的自由权，但森认为，“某些价值要素不应该绝对地优先于另外的一些价值要素，不应该事先排除影响全面价值评价的要素”。

森认识到传统价值标准的内在缺陷，并使其发展吸收了功利主义、自由至上主义以及正义理论的优点，既关注人类福利，又考虑选择过程的重要性，还强调个人自由权。森的发展观不仅包括个人的物质能力，更重要的是强调个人对所珍视生活的自由的获取，从而实现了发展向人的主体性的回归。

（三）社会安排与发展

可行能力的实现离不开社会安排。在森的理论体系中，发展不是物质条件的改善，不是某些指标提升的社会变化，也不是个人分配的平等。森认为，每个人的初始禀赋存在差别，因此其将初始机会转化成功能的能力也存在差别。因此，发展不可避免地需要寻求积极的社会安排来调节个人的能力。森将可行能力看作是一系列的社会承诺的社会安排，一方面可以通过社会安排来扩展个人自由；另一方面个人自由反作用于社会安排，使其趋于完善。

森在强调积极的公共政策和社会安排的同时，也肯定了市场机制的作用。市场对于个人自由的贡献不只局限于诸如效用、收入等的提高，更应体现在整个社会生产过程中，在此过程中，市场活动中必需的权利体系和交换自由在促进了个人福利增加的同时，也提高了个人的价值和权利观念。一个良性运转的市场必须依赖社会政治环境。人们在机构和制度组成的世界中生活和行动，人们的机会和前途严重依赖于存在哪些机构和制度以及它们如何运转。而以可行能力为分析视角，对于发展所依赖事实的认识、对于发展与这些机构和制度之间关系的分析，有助于将注意力转移到那些长期以来被忽视的社会安排上来，有助于引起公众对那些与他们的发展息息相关的社会承诺和社会安排的关注，能够使人们获得社会安排对于个人自由的重要意义，并且通过个人努力可以更为有效地理解社会安排。政府可通过保证和扩大五种工具性自由来促进自由终极价值观的实现。这五种工具性自由为：政治自由、经济条件、社会机会、透明性保证、防护性保障。这五种工具性自由之间并非相互独立的，而是相互联系、相互促进的共同扩展实质性自由。

二、阿马蒂亚·森的发展观与新发展理念的本质联系

阿马蒂亚·森作为一名发展经济学家，对印度以及其他发展中国家的贫困与发展的研究做了大量的案例分析。中国作为一个发展中的大国，其国情与印度有着诸多相似之处。森于 1998 年获得诺贝尔经济学奖后，其理论被大量引入我国。他的能力分析与权利分析方法也在我国学术界引起强烈反响。虽然同样存在争议，但毫无疑问，森的理论对于研究我国如何加快发展方式转变具有重要借鉴意义。我国以往的经济理论深受新自由主义的影响，在其单一的经济学视角下，片面地将人均国民生产总值的提高、工业化水平和城市化水平的提高作为评价发展的指标。这种发展方式在过去的四十年中为我国带来高速的经济增长，但在实践中也暴露出诸多的严重缺陷。加快转变发展方式，就是要加快从以物为本的发展方式转向以人为本的发展方式。森的发展观和我国新发展理念中的共享理念相通，本质上都是以人为本的发展观。由于两者存在不少共通之处，因而可以相互借鉴。这种共通表现在人的全面自由发展的目的性和发展中的包容性两个方面。

（一）对人的全面自由发展的关注

1. 对可行能力的关注

马克思认为，人的“全面而自由的发展”，就是要在极大满足人的自然需求的同时，使个人“能够全面发挥他们各方面的才能”，这种全面的才能涉及人“生产之实践性”力量，但更应包括人的综合能力，即人的体力、智力、个性、审美等。“全面发展的个人……也就是用能够适应极其不同的劳动需求，并且在交替变换的职能中，只是使自己先天和后天的各种能力得到自由发展的个人，来代替局部生产职能的痛苦的承担者。”

人的初始权利和掌握的资源的状况存在差异，而这是森的发展观与新发展理念所共同

关注的。在社会经济发展过程中，必须关注客观条件给人的发展所带来的影响。“我们可以就一个人的主观能动方面来看这个人，认识和关注他或她建立目标、承担义务、实现价值等的能力”，同时，我们也可以从福利方面来看这个人，认识和关注与他或她的个人利益有关的个人成就与机会。这两个方面都值得我们重视。共享发展理念就是关于以公平正义为基点的公民权利的新理念，它使每一个人在起点不完全相同的情况下，能通过自身的努力而参与到经济增长中去。

2. 对剥夺的关注

森的发展观将贫困概念拓展为对能力的剥夺，而不是简单的收入低下。剥夺除了涉及人各方面的物质权利以外，更关注人们满足最低生活水平的重要活动，即贫困概念既包括了收入型贫困，也包括了人们缺乏享有正常生活能力的非收入型贫困。

如果以这种思维来考察新发展理念，就会关注到人在生活中遭受到的被剥夺的情况。以人为本正是考虑到发展中的人们各种能力的扩展，并从以往单纯地关注收入而转移到关注人们希望实现的最终目标。新发展理念在医疗保障、政治自由、生活环境等方面使人们免受剥夺，提高人们的收入水平、获得感、幸福感，从而真正满足人民对美好生活的需要，成为真正能体现以人为本旨意的核心理念。

关于全面自由的发展，森提出，自由既是发展的手段，也是发展的目的，发展是扩展人们享有的各种自由的一个过程。人类各种类型的自由都具有自身的独立价值，都是发展不可或缺的内容。而新发展理念的最终目标便是实现人的全面自由发展，两者存在本质上的相同之处。正如马克思所说，在共产主义社会中，任何人都没有特定的活动范围，每个人都可以在任何部门内发展，社会调节着整个生产，因而“使我有可能随我自己的心愿今天干这事、明天干那事”。

（二）对发展中的包容性的关注

“包容性增长”（Inclusive Growth）首先出现在2007年亚洲开发银行的一份名为《新亚洲、新亚洲开发银行》的研究报告中，其提出的背景是全球经济在高速增长的同时，出现了一系列难以解决的问题，如分配不公的问题、资源环境遭到破坏的问题、医疗教育资源缺乏的问题等。

阿马蒂亚·森在其著作《以自由看待发展》中，以一个新时期的视角对发展下了一个全新的定义，即发展是涉及经济、政治、社会、价值观等诸多方面的一个综合过程，它包括消除贫困、人身束缚、各种歧视压迫、缺乏政治权利和社会保障状况，从而提高人们按照自己的意愿来生活的能力。森的发展观与“包容性增长”的内涵在本质上是一致的，两者都是新时期对发展的认识深化的结果。它们与以往发展观最大的不同在于，前者更注重社会的发展和人的经济政治权利，使人们公平合理地参与并分享经济增长的成果；后者将经济增长等同于经济发展，过于注重经济的发展和物质财富的增加。人们能够公平正义地参与到经济社会的发展中去，从而享有发展的成果，已经成为这个时代发展的主题。

发展中的包容性体现在通过经济增长创造机会，使社会所有成员都可以平等地利用这些机会，并在此过程中提高自身的能力和获得更多的收入，强调以公平正义为基点的公民权利，使每一个人在起点相同的情况下，能通过自身的努力参与到经济增长中去，同时充分地分享由经济增长带来的成果。只有这样才能消灭社会排斥，实现真正的包容。

包容性增长要作为一种价值观，向全社会倡导一种崭新的发展理念，赋予人民真正的权利，让人民过上富裕、幸福的生活，实现由传统的以经济增长为中心的发展到以人的发展为中心的发展的重要转变。

三、阿马蒂亚·森的发展观对我国经济发展方式转变的启示

尽管经济增长是发展的重要前提，但其只是达到发展目的的必要手段，而不是发展的最终目的。人本发展观在于提高人们的可行能力，在机会平等的前提下，充分发挥个人能力，使人们享有个人选择和追求个人目标的自由，在就业中活得有尊严。

马布·乌尔·哈克（Mahbub Ui Haq）说过，人既是发展的手段，也是发展的目的。其人类发展理论认为，人作为发展的手段与目的，可以表述为以下三点：

（1）人是发展的最终目的。人类发展是扩展人的实质性自由的过程，是创造让人们过上他们有理由选择和看重的那种生活的环境，强调人的可行能力，即人能够做什么以及能够成为什么样的人的能力。

（2）以人为本的发展观强调均衡协调的经济与社会发展，尤其强调社会部门和公共服务部门的发展、社会组织的成长和社会结构的优化等；强调社会安排的构建，并以此提高人类发展水平。

（3）以人为本的发展理念强调加快从物质财富增长角度看待发展的传统发展方式的转变，真正体现出发展中的包容性，发展结果由全体成员共享，最终实现人类的高度幸福。

森在研究并发展经济理论的同时，也改进了人类发展的测度方法，并在不同国家得到了应用。联合国开发计划署（UNDP）于1990年发布的第一份人类发展报告向全世界介绍了人类发展理念。此后又陆续发布了全球人类发展报告以及国别和区域性人类发展报告，使人类发展理念及其研究方法在148个国家和地区得到应用。由森领导的专家小组根据当代人类发展的基本理念设计了人类发展指数（HDI），用来评估和比较全世界不同国家及同一个国家不同时期在健康、知识和收入三个重要领域的进步。它使全世界认识到了发展

的真谛。

党的十九大指出，中国经济发展已由高速增长阶段进入高质量发展阶段，不平衡与不充分的问题成为当前和今后一个时期亟须解决的主要矛盾，如城乡差距、地区差距、居民收入差距的继续扩大，以及经济结构不合理、就业矛盾突出、资源环境压力加大等。面对新阶段的新挑战，有了过去多年经济实力、人力资本和科学技术资本的丰富积累，中国政府已致力于发展模式的转变，中共十八届五中全会上习近平总书记重申了新发展理念，突出强调发展的质量问题，坚持始终把人民的利益作为经济社会发展的出发点和落脚点。在经济社会发展方式加快转变的今天，吸收和利用国外的优秀理论成果为我所用，显得尤为重要。森的人本发展观对我国的发展观的完善不仅具有启迪作用，而且在对我国发展过程中存在的问题的破解，以及对发展成果进行评价的方法等方面，都具有重要的借鉴价值。森的新发展观值得我们进一步深入学习和研究。

经济学部落的“模型图腾崇拜”与经济学的贫困

宋小川①

（广州工商学院）

瑞典经济学家阿克塞尔·莱琼霍夫德在1973年发表的《经济人生》中，将经济学家群体比作“经济学家部落”，该部落的界定性特征是对模型的痴迷。模型成了经济学部落的“图腾”，你使用的模型越华丽、越具有仪式性，你在部落中的地位就越高，即便你的模型没有明显的实际用途。莱琼霍夫德还刻画了经济学部落“模型图腾崇拜”的三大特征事实：高度的地位驱动；地位只能通过制作模型获取；绝大多数制作的模型似乎没有实际用途。这些特征事实暴露了经济学部落文化的贫困和落后。经济学家之所以蔑视社会学部落和政治学部落，就是因为他们不制作模型。在经济学部落的“种姓”等级制度中，数理经济学高于微观经济学和宏观经济学，位于最底层的是发展经济学。这不仅是因为发展经济学使用的模型不够严谨和复杂，更重要的是发展经济学涉嫌与“政治学部落”和“社会学部落”等其他部落“勾结”，犯了危及本部落“道德元素”（Moral Fiber）的禁忌，并有企图舍弃模型制作这一经济学部落生存之本的嫌疑。

莱琼霍夫德对经济学部落的“种姓”制度、各种戒律和“模型图腾崇拜”惟妙惟肖的描述和辛辣讽刺，在近半个世纪后的今天显得更为贴切。经济学训练实质上是学习一系列的模型。决定一个经济学家在部落中等级地位最重要的因素，是开发新的模型，或根据新的证据运用现有模型来阐明社会现实某些方面的能力。经济学界最激烈的学术争论，都是围绕这个或那个模型的相关性或实用性展开的。如果你要深深地刺痛某个经济学家，最简单的办法就是告诉他：“你没有模型。”经济学家们如此这般地以建立和使用模型为骄傲，时常可以看到他们相互赠送水杯或T恤衫作为小礼品，上面印有“经济学家用模型工作”（Economists do it with models）的座右铭。2015年，哈佛大学经济学家丹尼·罗德里

① 作者简介：宋小川，杨百瀚大学（BYU）管理经济学硕士，南加州大学（USC）经济学博士。先后任教于美国西海岸大学、重庆工商大学、西南政法大学，现为广州工商学院客座教授、美国圣地亚哥美厦学院商学院终身教授。主要从事适应性经济增长理论、内生商业周期理论研究。

克在其《经济学规则：沉闷科学的是非曲直》一书中，对经济学部落的这种“模型图腾崇拜”做了如下描述：“有时你会感到许多经济学家玩弄奇妙数学模型的亢奋状态，超过了现实世界那些狂热的街舞者。”

丹尼在这部专著中还将“经济学行业”比作“同业公会”，“因为经济学家们经受过类似的训练、共享同样的分析方法，他们的行为举止与同业公会（或曰行业协会）十分相像”。“行会的心态使其与外界隔绝，以免受到来自行业外的批评”。这种批判来自一个哈佛大学的教授似乎有点耸人听闻，但经济学家们大可不必为此惊讶，既然其他群体可以用设置进入障碍的办法来保护他们的领地，经济学家自然不会与众不同。不仅如此，经济学家群体中精英圈子的形成，也使圈子以外的经济学家难以生存。丹尼认为，“最终决定一个研究工作（学术）地位的不应是作者的归属单位、地位和关系网，而是他的研究是否达到了该领域本身的研究标准，其成就的权威性源于其内部属性——如何将论证完美地组合到一起，其证据如何有说服力，而不是研究者的身份、关系或意识形态”。年轻的经济学家在就业市场上的境遇，无疑对此是个绝妙的讽刺。一流大学经济系的师资极不对称地来自少数一流学校，难以相信除少数精英经济系外，其余几百个经济系竟然培养不出值得聘任的师资。那些“最优市场设计”的专家们，竟然无法成功地为经济学家自己设计更加公平的就业市场。“布斯全球市场倡议”（IGM）专家小组，作为经济政策咨询机构由几十个经济学教授组成。该机构的网站宣称，专家小组的成员来自经济学各主要领域对公共政策有着浓厚兴趣的杰出专家，这些专家的选择具有“地域分布的多样性”（Geographically Diverse）。浏览一下这些专家的名单就不难发现，51 位专家无一例外地来自 6 所精英大学：哈佛大学、麻省理工学院、斯坦福大学、耶鲁大学、普林斯顿大学和芝加哥大学。

笔者曾用高尔夫俱乐部来形容主流经济学的精英圈子：他们在一起制定了许多非成员难以遵守的规则，每一个成员必须严格遵守这些铁定的规则。大师们无疑是制定、解释、运用和修改这些规则的高手，他们不仅对自己制定的规则运用自如、炉火纯青，而且赏罚分明地掌控着俱乐部的每一个成员。他们身体力行地秀出魔幻般的表演，不仅令膝下的弟子顶礼膜拜，还让俱乐部以外的芸芸众生为之倾倒。至于该俱乐部的存在、运转和其严密规则的运用，在多大程度上能够成功地指导复杂多变的社会经济生活，他们却漠不关心。美国加州大学伯克利分校社会学教授 Fourcade 等在《经济学家的傲慢》一文中描述了经济学领域自上而下的严密控制和管理所形成的森严等级结构，包括对经济学期刊和组织的严格控制和管理、选举程序的非民主性和不平等。“你只被允许遵循若干规则，否则你就不是经济学家。这意味着，你应当从严谨的最大化理论导出人们的行为……相反的做法（不证自明）是举例论证，这是不允许的。有一个词用来描述那种做法：‘传闻轶事’（Anecdotal）。如果人们说你（的文章）是传闻轶事性的……你就完蛋啦。”

2018 年诺贝尔经济学奖得主罗默在《宏观经济学的困境》一文中将主流宏观经济学家与粒子物理学中的弦理论学者进行了对比，发现他们有 7 点显著的相似之处：惊人的自信；一个异常统一的群体；一种类似对宗教信仰或者政治纲领的群组认同感；一种本群体与其他群体专家之间的强烈界限感；一种对非本群体专家的想法、意见和工作的漠视和漠不关心；一种乐观地解释证据、相信对结果夸大或不完整的说明、漠视理论可能出错的倾向；缺乏对研究项目涉及风险程度和范围的鉴别。罗默认为，这些相似之处显示，弦理论学和后真实宏观经济学的发展，表现为一种依赖数学理论的科学领域普遍失败的模式。

经济学部落文化的贫困和落后还表现为经济学课程设置与教学的褊狭和误导。经济学教科书时常装帧得像投资公司的指南手册，奇闻轶事、报纸杂志的旁征博引和名人语录通常被用来激发学生的兴趣，让他们信服经济学教科书传授的内容是灵丹妙药。质疑经济模型的预测能力，无异于图谋揭穿经济学神话，尽管经济学家普遍否认经济学的短期预测能力。过多的数学运算训练和作业“使经济内容淹没在导数的海洋”，形式主义语言虚构的经济“科学”幻境，使数学家得心应手，人文科学背景的学生或者望之却步，或者如入噩梦。许多经济学家还认为，经济学课程设置在意识形态方面反映了经济学界的右翼思潮，对学生们的伦理道德观产生潜移默化的影响。博弈理论专家、以色列经济学家鲁宾斯坦坦承，博弈论教学“不仅没有帮助甚至有害，因为它可能在鼓励自私和狡诈”。

经济学学术期刊出版的惨淡和沉闷现状也令人担忧，鲁宾斯坦常常问及专门从事经济理论研究的学者过去一年他们共读过几篇《计量经济学报》（*Econometrica*）的文章，所有的回答都是零或者一篇（众数为零）。鲁宾斯坦在对丹尼的书评中感叹道，“阅读经济理论文章已经成为一种痛苦的折磨，（文章的）实质内容消失在符号和数学的海洋中”。剑桥大学经济学家张夏准曾一语道破天机：“经济学 95% 是常识，只是由于专业术语和数学的使用才使她看起来难懂。”在经济学文献阅读中，最令人难以忍受的是篇幅冗长。1970 年到 2012 年，五大顶级经济学期刊文章的篇幅扩大了几乎三倍。文章冗长的一个原因是作者试图将他们的模型一般化，从而导致模型过于复杂。按现行的“行规”，发表一篇用一个简单的例子就能基本上阐明其观点的文章日益困难，因而作者除了将这个例子发展成一个复杂的模型外，别无选择。强调大量的稳健性检验是文章冗长的另一个原因。经济理论文章的八股文风还表现为多余的结论部分。文章结论部分的惯例通常是审稿人和编辑强加给作者的。为此，鲁宾斯坦近年来带头开展了一项反对经济理论文章狗尾续貂的活动，他常常在学术研讨会 PPT 的结尾部分展示两种“无结论”的幻灯片：或者是结论标题下面显示空白，或者展示他在冰岛拍摄的一个阶梯照片，以呼吁经济学界逐步停止使用结论部分，至少不要把“结论”强加给作者和读者。

许多经济学家对经济学部落文化的贫困和落后忧心忡忡，但却无法独善其身。一方面，年轻的经济学家对任何反潮流的特立独行心怀恐惧；另一方面，我们自然不能对通过现行制度获得成功的绝大多数老经济学家抱有幻想。如果继续墨守成规、恪守同一模型（DSGE），年复一年地生产“填空作业”式的洋洋洒洒大文，经济理论就会逐步黯然失色，成为越来越不被大多数人关注的“智力玩具游戏”。如果继续像“行会”那样拒绝和抵制来自方方面面的、局内局外的各种批判，经济学就会在偏离科学的轨道上越走越远，逐渐演变成一种信仰和宗教，日益贫困和落后。目前我国主要经济学期刊盛行的“美国模型、中国数据”的状况仍然没有改变，真正有思想、有实质性内容的原创性论文凤毛麟角，许多论文看起来像美国大学研究生课程的作业练习。“同业公会”面临的挑战是需要找到一个启动变革的模式，开展一个发表言简意赅、含有较少复杂数学公式论文的运动，聚焦原创，去伪（伪的应用）存真。只有经济理论专家讲述令人耳目一新、感人肺腑的故事，而不是一遍又一遍地重复同样的故事，经济理论才能恢复生机。

西方现代经济学走向形式主义的方法论根源探析

——基于现代经济学论文范式的逻辑缺陷①

武　志

（山西财经大学）

一、问题的提出与理论综述

现代经济学从20世纪80年代开始传入中国到成为主流经济学，一个重要原因就是采用数学分析方法，大量运用数理模型和计量分析工具。经济学研究需要定性和定量分析相结合，数理模型和计量实证的引入对经济学的发展特别是定量研究起到了一定帮助作用，但与此同时却出现了一种极端观点：一些主流经济学学者认为只有用数学构建理论模型和计量做实证检验才能对经济理论进行严格的证明，对经济现实做出精确的测量，因而是唯一科学的经济学研究方法。一些主流经济学期刊也对其他经济学研究方法大加排斥，甚至认为没有模型、计量的文章不是经济学论文，不予录用刊发。总体上，现代经济学已经主导了中国经济学教学、科研和期刊的话语权。

国际上一些经济学家对经济学形式主义的原因进行反思。有些学者认为是数学工具的滥用。保罗·罗默列举了索洛、卢卡斯等著名经济学家的论文中出现的数学错用滥用，并指出这种现象在主流经济学界普遍存在。有些学者将其归因于主流经济学所采用的一般均衡和最优化分析方法。

在国内，西方经济学被冠以现代经济学之名并在各种因素的共同推动下成为主流经济学。这对中国经济学的发展和经济建设起到一定推动作用，同时由于同世界“接轨”，同样不可避免地导致经济学形式主义泛滥。陆蓉、邓鸣茂指出，大量经济学论文过于追求形式上的“科学化”，注重数学模型的推导和运用，却缺乏对经济问题的思考，出现了理论

① 基金项目：本文系国家社科基金一般项目“马克思经济学在中国特色社会主义政治经济学理论体系构建中的指导作用研究”（20BJL001）的阶段性成果。作者简介：武志，山西财经大学经济学院讲师，主要从事《资本论》、中国特色社会主义政治经济学研究。

模型的假设和现实不符合、实证研究不规范与理论脱节等数学滥用错误。金碚强调经济学需要范式变革，论文中数学建模和推导虽貌似高深，但把具体现实经济问题装入形式化模型中，无法对现实做出有效解释和应对。

上述学者们针对现代经济学形式主义的原因分析和改进建议，对提高经济学研究的科学性都有重要的指导作用和参考价值。本文在学者们研究成果的基础上，从现代经济学方法论的角度对此问题进行补充分析，提出经济学形式主义现象背后的根源为方法论存在结构性的逻辑缺陷。

二、数理模型只是构建而非严格证明的理论假说

现代经济学的数学化倾向集中体现在论文中运用数学和计量两大工具。我们首先对数理模型进行分析，现代经济学从假设前提出发，运用数学公式推导得出来的数理模型就是论文的理论部分。人们通常认为，数理模型既然是经过数学逻辑的推导证明的，必然是正确和科学的。但实际上，现代经济学数理模型只是一个有待证明的理论假说。

（1）在方法论上，现代经济学采用假定—推论模式的数理模型只是一个构建合理但有待证伪的理论假说。

经济学作为一门社会科学纷繁复杂、充满很多未知的东西，对理论做大胆的假设具有一定的科学探索精神，但从方法论的本原来看，数理模型只是假定—推论模式的数学表达形式，数学严格推导和证明的过程只能说明构建数理模型是“合理的”，而非模型的成立得到严格证明，反而恰恰是需要证明的。因而，数理模型的数学形式并不能掩盖理论假说的本质。

（2）在数理逻辑上，假设前提的正确和合理的不确定，使得数理模型的成立仍有待证明。

对于数理模型本身而言，问题主要不是数学推导过程有什么大的逻辑错误，即使有也是很低级的错误，关键在于假设前提是否真实、合理。凯恩斯指出，古典经济学的错误并不是出在推导过程中逻辑的前后不一致上，而是出在前提假设缺乏明确性和一般性上。正是因为前提假设的正确和合理未得到证明，因而数理模型即使是经过严格的数学推导构建的，仍是一个尚待证明的理论假说。

现代经济学数理模型对假设前提严重依赖，如果假设前提不当就会导致数学在经济学中的错用和滥用，数理模型虽然形式上科学，但偏离实际甚至出现错误。假设前提通常存在以下问题：现代经济学数理模型严重依赖假设前提，突出表现为结论是假设的必然结果。从假设前提出发运用数学推导构建数理模型采用的是假设演绎法。陈璋指出，假设演绎的特点在于演绎推理中前提和结论之间存在必然的关系，结论不会超出假设前提的范

围。例如经济增长理论的索洛模型，采用柯布—道格拉斯生产函数 $Y = K^{\alpha}(AL)^{1-\alpha}$ 作为假设前提，由此分别求出：人均产出为 $y = \frac{Y}{AL} = \frac{K^{\alpha}(AL)^{1-\alpha}}{AL} = (\frac{K}{AL})^{\alpha} = k^{\alpha} = f(k)$，$y' = \alpha k^{\alpha-1}$，以及每单位有效劳动的资本动态公式为 $\dot{K} = sf(k) - (n + g + \delta)k$（注：$s$ 为储蓄率，n 为人口增长率，g 为技术进步率，δ 为资本折旧率）。然后数学推导：

第一步：经济达到稳态时资本存量不变，即储蓄 = 投资，在平衡增长路径处要求资本动态公式 $\dot{K} = 0$，得到：

$$\dot{K} = sf(k) - (n + g + \delta)k = 0 \Rightarrow s k^{*\alpha} = (n + g + \delta)k^{*} \Rightarrow s = (n + g + \delta)k^{*1-\alpha} \quad (1)$$

第二步：求稳态时的消费最大化。由于 $c^{*} = y^{*} - sy^{*} = k^{*\alpha} - (n + g + \delta)k^{*}$，求得：

$$\frac{\partial c^{*}}{\partial k^{*}} = \alpha k^{*\alpha-1} - (n + g + \delta) = 0 \Rightarrow n + g + \delta = \alpha k^{*\alpha-1} \quad (2)$$

将式（2）代入式（1），求出最优储蓄率：

$$s = \alpha k^{*\alpha-1} k^{*1-\alpha} = \alpha \quad (3)$$

索洛模型的重要结论是 $s = \alpha$，即最优储蓄率等于资本的产出份额。显然推导和证明过程中的关键在于运用了数学求导 $y' = \alpha k^{\alpha-1}$，而这完全是因为前提假设柯布—道格拉斯生产函数具备齐次线性函数的特征，具有“良好”的数学性质。因此，$s = \alpha$ 是假设前提 $Y = K^{\alpha}(AL)^{1-\alpha}$ 推导后的必然结果。总之，通过假设和数学推导来构建的数理模型只是假定—推论模式的数学表达，数学推导只是构建数理模型，而不是证明数理模型成立，因而数理模型本质上仍是有待证明的理论假说。数理模型是否成立是需要进一步证明的，现代经济学方法论是采用计量实证检验对模型的正确性进行证明，并运用模型和计量对现实经济作准确测量。我们接下来分析采用计量实证方法是否能做到这一点。

三、计量实证不能对数理模型做严格证明

随着现代经济特别是信息技术的发展，运用计量工具进行大数据分析无疑能更好地帮助研究经济问题。但是，现代经济学用计量实证检验来证明模型成立在方法论上存在逻辑缺陷。

第一，计量不能证明数理模型中变量之间存在因果关系。计量只能验证变量之间是否具有相关性，却无法对因果关系做出判断。变量之间存在高度相关性只能说明可能存在因果关系，但因果关系是否成立则需要进一步分析。把变量之间的相关性直接等同于因果关系的证明，是计量工具的错用。

第二，计量对模型的“实证检验”只是验证而不是证明。现代经济学采用计量对数理

模型做验证来证明模型成立，但验证只是证明的必要条件，并不满足数学严格证明所必需的充分必要条件。因此，用大数据举例做验证来代替严格的证明，在方法论上存在严重的逻辑缺陷。

第三，计量对模型只能证伪，不能证实。在方法论上，计量经济学是基于波普的证伪主义。波普认为，理论只能被证伪不能被证实，即使一个理论在十万次经验检验中被证实，也无法保证它在十万零一次会继续被证实，只要有一次被证伪就可以证明该理论是错误的。因此证伪主义要求在对理论假说进行经验检验中努力反证假说，而不是证实假说。因此，现代经济学采用计量验证模型假说成立的方法，是力图证实理论，而不是试图证伪，这是对证伪主义的错用。

第四，计量不能越过必要的中介直接证明模型成立。模型描述的是经济现象背后的本质，而计量是对经济现象进行处理和分析。本质往往是抽象的、简单的，现象则是具体的、复杂的。本质表现为最终的现象或者用本质对现象做出合理的解释，需要借助一系列的中介或中间环节，经过层层的逻辑递进，而不能简单地用现象直接验证本质。

综上所述，计量是一个较好的处理和分析大数据的工具，但不具有证明模型成立的功能。现代经济学用计量“实证”检验作为严格证明数理模型假说成立的方法，不仅在逻辑上不严谨，而且在方法论上是错误的，是对计量工具的错用滥用。

四、现代经济学无法对现实经济做出准确测量

现代经济学声称运用数理模型和计量工具可以对现实经济及各变量所起作用做出精确测量，从而可以对经济运行提出针对性的、具有可操作性的政策建议。但其实不然，由于现代经济学方法论存在逻辑缺陷，即使运用了现代数学工具，也无法做到测量的准确性。

第一，计量不能对模型严格证明，决定了无法对现实经济做出准确测量。现代经济学采取数理模型和计量工具主要用来做定量研究，目的是提高研究的准确性以更好地服务现实经济。但由于用计量对模型成立无法做出严格证明，模型既不能证伪也不能证实，这就导致运用数理模型和计量无法对现实经济做出准确测量。

第二，计量工具分析现实数据和模型的相似性有优势，但忽略了差异性分析，无法完整描述现实经济。任何事物都包括一般和特殊，是共性和个性的统一。因而对事物做到完整准确的测量既要包括相似性，也要包括差异性。经济现象背后的本质特征往往需要通过差异性研究才能揭示出来。因此，计量工具对于研究趋同性或一般规律有其优点，但在分

析差异性方面存在局限性①。

第三，计量工具要求模型中各变量互不相关，然而现实中各变量之间存在普遍联系和相互作用，这种内在的矛盾决定了计量无法对现实经济做准确测量。现代经济学运用计量工具首先要求各变量相互独立、互不影响，才能准确测量出各变量具体作用的大小，但现实经济的系统性和整体性决定了各变量之间不是孤立的，而是相互联系、相互作用的。现代经济学在方法论上陷入形而上学，否认变量之间的辩证和联系，因而无法对现实经济做出准确测量。

第四，计量得到的是统计规律，而数理模型假设的是经济规律，二者内在的不一致导致现代经济学无法准确测量现实经济。一方面，计量基于统计学原理对大数据分析得到的是统计规律，为进一步研究并发现经济规律提供基础数据，但统计规律不能直接等同于经济规律。统计规律是通过统计数据对现象做出的描述，而经济规律是揭示现象背后的本质，现代经济学方法论的错误在于把现象直接等同于本质，把统计规律和经济规律混为一谈。另一方面，计量只对一段数据的统计结果负责，而经济规律或经济理论则需要更长时间的数据或历史来实证。因此，现代经济学虽然运用了数学和计量工具，但实际上并没有太深入研究事物的本质规律，只是沉迷在现象的表面联系中兜圈子，对最粗浅的现象做出似是而非的解释。

五、结论

第一，现代经济学沦为形式主义的根源在于方法论上存在逻辑缺陷。现代经济学采用数学和计量工具的目的是做到证明的严格性和测量的精准性。然而由于现代经济学方法论存在着结构性的逻辑缺陷，用数学公式推导构建起来的数理模型仍是一个有待证明的理论假说，计量实证既不能严格证明数理模型的成立，也不能对现实经济做出准确测量。方法论的错误不可能靠技术工具来弥补，正如同南辕北辙中马车的速度越快距离目的地反而会越远一样，现代经济学方法论的不科学反而放大了技术工具的错误，导致数学和计量工具的大量错用滥用，使得现代经济学的研究偏离科学、脱离现实，走向形式主义。

第二，借鉴、使用和创新现代工具。现代经济学方法论的非科学，同数学和计量工具本身无关。经济学任务是通过分析经济现象来揭示隐藏在现象背后反映本质的经济规律，用于指导现实经济。研究经济现象中变量之间的数量关系离不开数学，计量对大数据的处理和分析有其优点，因此否定现代经济学方法论的同时，借鉴和使用数学和计量工具是完

① 计量工具用拟合优度衡量模型预测值和现实数据的差距，往往把差异归为扰动项，视为模型对现实数据拟合的偏离。

全必要的。

第三，鼓励和支持经济学研究方法的多元化和论文形式的多样化，共同推动中国经济学的繁荣和发展。经济学研究中不能把数学工具的使用视为唯一的、正确的科学方法，而排斥其他研究方法。随着现代经济学占据国内经济学教学、科研和期刊的统治地位，甚至出现一种将思维逻辑和数学逻辑对立起来、把文字逻辑的论文视为非经济学论文加大排斥的极端观点和做法。这无疑是错误的。一方面，数学分析方法本身不能产生理论和假说，因而数理经济学同非数理经济学并无本质的区别。另一方面，经济学研究要定性和定量分析相结合，不能偏重定量分析忽视定性分析，更不能用定量分析来代替甚至排斥定性分析。现代经济学采用数学工具在定量研究中有其优势，但定性分析则不够。因此，中国经济学走向繁荣发展，必须百花齐放，鼓励研究方法多元化和论文形式的多样化。

经济理性与道德理性的平衡点：“亚当·斯密问题”的时代意义

赵茂林　任志安　廖信林[①]
（安徽财经大学）

一、“亚当·斯密问题”的争论

亚当·斯密是18世纪苏格兰杰出的思想家，他毕生致力于哲学社会科学研究，留下了两部伟大的著作：1759年出版的《道德情操论》和1776年出版的《国民财富的性质和原因的研究》（以下简称《国富论》）。《国富论》被誉为现代西方经济学的圣经，这两部著作产生的重要影响，引起了后世学者们的关注和热议，衍生出了后世关于“亚当·斯密问题”的长期争论。

二、如何理解“亚当·斯密问题”

按照马克思主义唯物史观，人的本质在其现实性上是一切社会关系的总和，“人”是社会的动物，人必须在“社会”中才能生存。这就是说，如果经济学家离开人的存在和立场去分析经济问题，肯定是极其片面的。斯密也好，马克思也好，他们都是从人与社会的关联出发去分析问题，而且都是为了一代新兴的阶层的解放和发展。斯密作为“社会科学家”所追求的是近代市民社会，马克思作为伟大的革命思想家所追求的是新产业劳动人民的解放。只是时代不同，历史任务不同。亚当·斯密的理论体系都是庞大的综合的社会科学体系。理解“亚当·斯密问题”的关键在于理解斯密在《国富论》中的“经济人”概念内涵中的人性假设。

那么，如何理解亚当·斯密“经济人”概念的内涵中的人性假设呢？

---

① 作者简介：赵茂林，安徽财经大学教授、硕士生导师，主要从事社会主义经济理论与实践、经济思想史研究；任志安，安徽财经大学教授、硕士生导师，从事西方经济学、区域经济学、企业理论与实践研究；廖信林，安徽财经大学教授、硕士生导师，从事经济增长、收入分配与政策研究。

笔者认为，理解“经济人”的关键是研究斯密社会问题的出发点。斯密深受他的好友大卫·休谟人性论的影响，并把人性作为他研究的出发点。斯密的研究是要以人性为基础构建一个符合人性的社会秩序，即重农学派所说的“自然秩序”。人性中既有动物性的一面，又有天使的一面。从前者出发，人是利己的；从后者出发，人是有同情心和利他的。一个符合人性的社会应该承认人的利己行为的合理性，由此出发来建立自然秩序。这就是《国富论》中论述的由价格调节的市场经济秩序。但人又有同情心，这就要求人要适当抑制自己的利己本性，社会也应该有道德规范，人应当有利他精神。“道德情操”一词指人判断克制私利的能力。《道德情操论》一书正是论述人应当如何在社会中控制自己的私欲和行为，使社会成为一个有道德的社会。所以，完整地理解斯密的“经济人”思想应同时重视斯密在《国富论》和《道德情操论》这两部著作中所表达的观点。

在斯密的思想体系中，经济学是他的道德哲学体系中的一个有机组成部分。这可以帮助我们理解经济人的道德理性和经济理性的内在统一。斯密在《国富论》中阐述了“经济人”的概念，斯密的论述一方面界定了经济人的基本内涵，即经济人是自利的，追求自身利益的最大化是驱动人的经济行为的根本动机，斯密说，“各个人都不断地努力为他自己所能支配的资本找到最有利的用途。固然，他所考虑的不是社会利益，而是他自身的利益，但他对自身利益的研究自然会毋宁说必然会引导他选定最有利于社会的用途”；另一方面，斯密认为，“经济人”指的是 18 世纪中下层人民，他们的“利己心、自爱心”是进步的，何况“经济人”的经济行为有法律、社会正义、公正的原则所约束，他说，“一旦商业在一个国家里兴盛起来，他便带来了重诺言守时间的习惯”，“推广诚实和遵守时间的道德乃是商业”，“在大部分人民都是商人的时候，他们总会使守时成为风尚。因此，诚实和守时是商业国的主要优点”。斯密还认为发展商品经济和市场经济有利于预防犯罪。经济自由主义绝不是可以任意追求利己，也绝不是可以放任不羁、随心所欲的无政府主义的自由，因为这样谁都不会有自由，而只是混乱一团的无秩序社会，国家必定招致灭亡。斯密认为“经济人”的经济理性和道德理性是内在统一的。斯密在《道德情操论》中曾指出：“对于中下层民众来说，追求美德和追求财富（如果不是不合本分的痴心妄想）的途径在多数情况下几乎是一致的。……他们的成功通常离不开邻里、同行和朋友的帮助和赞扬，品行不端的人很难得到这些。所以，‘老实人不吃亏’这句老话应验在他们身上几乎是一点不错的。”

商品经济和市场经济是一把“双刃剑”，它既然存在道德合理性，也必然存在道德局限性和负面效应。亚当·斯密是一分为二地看待市场经济与伦理道德的关系的，他指出，随着资本主义商品经济和市场经济的发展也会产生一些不良现象。这主要表现在：第一，“它使人们的见识变得狭隘”，“思想受到束缚，以致缺乏高瞻远瞩的能力”。第二，它使

“教育大受忽视”。同分工相联系的商业的发展，给儿童提供了工作和挣钱的机会，这就使“教育被轻视，至少被忽视”。第三，它“使人豪气消沉，一点没有尚武精神”。随着商品经济的发展，大部分人为保卫国家而打仗的“勇气都消失了”，“他们的心思不断用在享乐方面，因此变得懦怯，没有须眉气概”。斯密还指出，随着资本主义商品经济和市场经济的发展，使“绝大多数人都成为财富和显贵的钦佩者和崇拜者”，从而使人们的道德情操败坏。他提醒人们：“如何补救这些缺点，是值得认真注意的事。”

亚当·斯密在“经济人”假设中说明个人对自我利益的贪欲最后会不自觉地转变成整个社会的利益。从斯密最初的写作计划和思想倾向来看，他把《国富论》作为其《道德情操论》的延伸和具体化，把伦理作为一种目的性价值，而经济只是实现这一价值的手段；斯密不自觉地提出的“看不见的手”（Aninvisible Hand）这一市场机制就成为他论证和解决“自利”和“利他”之间的对立的“亚当·斯密问题”的一种方案。斯密在《国富论》里寻求的是一个不依靠政府权威（计划控制）和传统道德的新社会如何能够和谐运转的新机制；在新兴的商品经济社会里，斯密发现了“看不见的手”这一独特的市场机制能够在整体或总体上把个人的利己转换为一种有益社会和他人的结果，从而使全社会在宏观上基本消除了利己与利他的冲突和对立，实现了人的利己与利他的协调与统一。这就是说，他认为，在以私有制为基础的自由竞争的条件下，从总的趋势看，商品生产者要赚到利润。为自己谋利益，就必须把资本投在对他人、对社会有益的事业上去，否则，就不能保证自己的利益，甚至非垮台不可。这样个人利益与社会利益就很自然地结合起来。这里斯密的缺陷就在于他只看到个人利益与社会利益的一致性，而未看到它们之间的矛盾性。

“亚当·斯密问题”在某种程度上反映了市场经济的内在矛盾。市场经济承认人利己行为的合理性，但也需要道德与正义。私欲与道德、利己与利他是市场经济的内在矛盾。从这种意义上来说，“亚当·斯密问题”并不是斯密的失误，而是这种矛盾的反映，是斯密思想的深刻之处。利己与利他的矛盾存在于任何市场经济社会中，也是这种市场经济产生许多问题的根源。

三、“亚当·斯密问题”的简要评价

（一）斯密“经济人”假说的历史贡献

斯密“经济人”假说的历史贡献主要表现为他最早形成了完整的“经济人”假说思路并进行严密论证。实质上，理性经济人只是复杂人的一个抽象，把利他因素、感情因素和道德因素抽象掉了，否则无法分析经济问题，这才是问题的关键所在。“经济人”假说不仅对经济学理论建设具有基础性的作用，是经济学区别于其他学科的前提条件，而且对促进我国社会科学的发展、完善市场经济制度建设和构建和谐社会也具有非常大的作用。如众所周知的那样，我国在改革开放中所取得的巨大成就，虽然是多种因素综合作用的结果，但强调物质利益或尊重物质利益原则，则无疑是其中最主要的因素。现在，强调“经济人”假说作用，人们最大的担心是它对社会意识形态的冲击，认为这会导致人们一切向“钱”看或唯利是图，由此造成社会腐败的普遍发生。实际上，这种认识是片面甚至是错误的。如众所周知的那样，“经济人”假说中的“利己”并不包含违反法律甚至道德的“损人利己”内容，而是“利己”与“利他”的有机统一，即人们“利己”的行为目标是通过“利他”的手段方式实现的。所以，在我国的经济学理论中确定“经济人”假说的地位，并不一定会导致人们担心的那些问题。

（二）斯密“经济人”假说还存在着许多缺陷

主要表现为：第一，斯密道德思想本身就是为资本主义制度寻找道德依据。斯密认为资本主义制度是完美的，适应资本主义经济制度的伦理道德观也是完善的，因为它们都充分肯定了“人”“自我”的作用和地位，而对“自我”感觉的肯定，可以促成全社会道德的进步与发展。斯密有意无意地遮蔽了资本主义发展中所存在的深刻矛盾。第二，斯密只看到经济人私人利益与社会利益的一致性，而未看到两者之间的矛盾性，这是不全面的。“‘亚当·斯密问题’揭示了市场经济的道德性问题。市场经济具有道德性，其道德性的存在具有合理性和局限性，因而需要建立一种规范的道德体系来引导市场经济的健康发展。”这是因为“市场经济本身只关注资源配置的最佳有效方式，却缺少对资源贮存和来源的合理考量，因而在缺乏必要规范和约束的情况下，它自身不但难以确保社会经济的均衡发展。……市场经济的这些缺陷和风险，表明市场经济本身需要必要的社会规导和限制，包括必要的道德规范。”第三，斯密对“亚当·斯密问题”的“看不见的手”的解决，实际上是把自利与利他、个人利益与他人利益或社会利益的关系交给了一种自发的、客观的经济力量去处理，而且仅仅把握了其中的相对于过去社会的合理的道德性的一面，而没有揭示其当下内含的不道德的一面。由此可见，斯密的“看不见的手”对自利与利他、个人利益与他人利益或社会利益矛盾的解决仅仅看到了社会经济总量的增长和整体水平的提高，而没有揭示其中所潜藏的利益对立与冲突。自 1825 年资本主义的第一次经济危机以来，“看不见的手”逐步失灵，“看不见的手”的自由市场的神话被打破。在现当代，必须对“看不见的手”的自发作用予以限制和调控，用法律的、行政的制度性的“看得见的手”来规范经济，从而以政治的正义、制度的正义来解决“亚当·斯密问题”。

四、"亚当·斯密问题"对我国市场经济发展的时代意义

"亚当·斯密问题"揭示了发展市场经济与伦理道德的关系，在一定程度上反映了市场经济的共同机理，"亚当·斯密问题"所反映的市场经济具有道德性这一思想，让我们更清楚地意识到道德调节对市场经济健康发展的重要作用。现在，我国正在建设有中国特色的社会主义市场经济，为了适应社会经济发展的这种客观趋势，我们必须不断地去深入探讨和整合市场经济的内在道德支持系统，并使它们所包含的道德理念内化于各经济行为主体，最终在我国建立起具有中国特色的经济伦理道德体系，这个体系必将是我国整个国民经济健康有序发展的价值支持系统。因此，对于我国完善社会主义市场经济体制的时代意义有以下方面：

第一，真正的市场经济是一种道德经济。之所以真正的市场经济是一种道德经济，关键在于市场经济提供了实实在在的道德手段。也就是说，市场具备一种道德的软性力量，一种通过让经济人做他想做的事情而获得预期结果的能力。这是通过引诱而不是强迫实现目的的一种能力。发展商品经济和市场经济一方面有利于促进伦理道德的进步，另一方面随着商品经济和市场经济的发展也会产生一些不良影响。这对我们无疑是一个深刻的启示。我们要认识社会主义市场经济与精神文明的关系，应当一分为二地看待。

第二，充分发挥政府宏观调控的作用。要深刻领会社会主义市场经济的最终目的是"共同富裕"，社会主义市场经济建设不能脱离社会主义建设的最终目的，"共同富裕"是社会主义发展的本质体现。这一目的要求我们在发展社会主义市场经济过程中，既要发挥市场经济中"经济人"的功能，允许一部人利用自己的知识与合法劳动先富起来，成为市场经济中谋求物质利益的"经济人"；同时又必须利用政府对市场经济调控与导向的作用，教育鼓励并提供各种条件，使这一部分"经济人"的道德功能潜能充分发挥出来，形成"富帮穷"的新型人与人的协作关系，最终共同奔向"富裕"。

第三，在市场经济建设中要始终抓好"两个文明"建设。物质文明建设和精神文明建设在市场经济建设中并行不悖，抓好物质文明建设是市场经济的基本要求和内在原则的体现，应将经济建设放在市场经济建设的首位，这是市场经济的功利性和他律性的要求；与此同时，抓好精神文明建设也是市场经济建设不可缺少的重要部分，精神文明建设将更加有利于物质文明建设的落实，使物质文明建设更具方向性，这又是道德的自律性和超功利性的要求。因此，我国社会主义市场经济建设就应坚持两手都要抓、两手都要硬的思想指导。

如何看待行为经济学的进步性?

赵　雷　王　彤[①]

(东北财经大学)

一、科学进步理论

(一) 研究问题

科学进步理论的核心观点在于科学的本质就是解决问题，问题是科学研究的焦点，理论则是解决问题的工具。研究问题可分为两类：经验问题和概念问题。

自然界中任何我们想要解释或需要解释的问题都可以称为经验问题，包括以下三类：未解决的问题、已解决的问题、反常问题。

除经验问题外，还有一类问题是概念问题。一个理论的功能就是消除含糊不清，把不一致变为一致，并且表明所发生的一切都是可理解、可预测的。因此，概念问题同理论相联系，表现了某一理论的特征，是被理论表现出来的问题。当一个理论内部出现逻辑矛盾、概念含糊不清或循环论证时，就出现了内部概念问题。外部概念问题通常由理论与外部流行的世界观或方法论之间的不一致引起。两个理论在逻辑上可以相容，但联合起来却是不可能的，即当一个本应该加强另一个理论但却没有加强而只是与它不矛盾的理论出现时，外部概念问题就产生了。

(二) 进步的标准

在对问题进行分类和描述的基础上，劳丹得出有关解决问题的基本标准：科学进步的标志之一是把反常问题和未解决问题转变为已解决问题，“科学的目标是最大限度地扩展已解决的经验问题的范围，最低限度地缩减反常与概念问题的范围”。对于概念问题来说，

① 作者简介：赵雷，东北财经大学经济学院讲师。王彤，东北财经大学经济学院硕士研究生。

当一个概念问题作为两个理论 T1 和 T2 之间冲突的一个结果出现时，这个概念问题对 T1 的重要性取决于已被证明是极有效的，并且如果放弃 T2 将给我们留下许多反常的话，那么对于 T1 的赞成者来说问题就比较困难，这一概念问题就是重要的，解决这一问题就是更进步的。对已解决问题而言，不同理论解决问题的有效性程度是不同的，有些解答比起另外一些解答，其形式要完善一些，内容要丰富一些，得到的经验支持更多一些，则其有效程度就越高，那么这个理论相较而言就更具进步性。

二、外部概念问题

（一）新古典经济学：走向学科孤立

新古典经济学受逻辑实证主义影响，以抽象分析、逻辑演绎、实证分析为其基本方法。以逻辑实证主义为方法论基础，以理性人假设——假定自利为唯一行为动机为分析起点，接受功利主义思想，以效用衡量人的欲望以及快乐或痛苦的程度，通过最大化人的行为反映对商品供求的影响，借助数学公式和图形，建立供给和需求相统一的价格决定理论，推演出了完全竞争市场的一般均衡状态，在此状态下，消费者可获得最大效用，生产者可获得最大利润，市场价格为最低价格，市场实现帕累托最优，实现了资本市场完美运作的童话。新古典经济学仿照物理学，企图将复杂的社会现象转化为一组由假设、方程，或明确因果关系构成的内部结构稳定统一、学科规则单一、高度整合、统一评价的完整框架和模型体系。

新古典经济学的“科学化”之路奠定了其主流地位，新古典经济学家也将经济学的发展归因于对自然科学的效仿——使用严格的语言、抽象的假设、简单的术语编写复杂的概念。

（二）行为经济学：理论上恢复经济学跨学科性质

行为经济学在取得实验经济学证据的基础上，将影响人类行为的伦理动机纳入研究，发展出包括公平、互惠、利他和社会认同的社会偏好理论。最后通牒博弈实验证明了公平偏好的存在——人们在决策时还关注他人状况，在处于不平等劣势时，就会心生抱怨，甚至出现为了平等而牺牲自身的利益的情况，对公平的期望可能会引起愤怒情绪，从而偏离新古典经济学模型的最优解。利他即给予他人方便和利益，双匿名独裁者博弈实验证明了利他主义不仅存在，而且是理性的。当个体对他人施与帮助或为他人带来利益时，他人也会给予回报。且彼此之间不会计较付出是否对等，是一种区别于“理性”的感性行为。此外，个体并不完全独立于社会之外，而是通过自我定义一些共有特征比如性别、职业、人际关系、嗜好、少数民族或宗教同盟等，与其他个体形成特定团体。这种社会认同偏好是一种自我意识和情感的表达，能够影响个体自身的行为动机和决策。

行为经济学发展出社会偏好理论及二元决策系统，提出社会偏好并将自利偏好和社会偏好结合，理论上将伦理与经济重新融合，从一定程度上解决了经济学的学科孤立状态，恢复了经济学的跨学科性质。

三、内部概念问题

（一）新古典经济学基本假定的质疑

（1）理性人假设。新古典经济学理性假设推导逻辑：自利最大化等同于理性，进而再把实际行为等同于理性行为。然而，理性行为与实际行为并非等同，这夸大了现实社会中人类的理性程度；人类行为的理性也不只在于追求自利最大化。理性人被假定为对自利最大化的追求，其逆否命题则为不自利（最大化）即不理性，这显然是荒谬的。因此，新古典经济学无法借助理性完成将自利最大化作为实际行为的假设。在暂时不考虑理性的前提下，没有证据表明自利最大化是对人类行为的最好近似，也没有证据表明自利最大化必然导致最优的经济条件。

（2）效用模糊性。用来描述个人主观心理感觉的基数效用论没有具体的衡量指标，效用至今无法测量，个人之间的效用也就无从可比。效用作为衡量幸福的程度会扭曲清贫的程度，越是不幸的人对效用的感知越明显，乞丐、长期受到压迫的人会因为一点恩惠而感到快乐，但这不是在福利上轻视他们的理由，由此，也就无法根据效用给出有关分配的决策。此外，效用至多反映个人福利，但个人的成就可以来自福利以外的其他东西——国家的解放、民族的独立等。个体会为了这一成就而感到幸福，尽管这与自身的效用增加并无直接关系。伦理相关的衡量维度同样可追溯至亚里士多德时期，那时伦理的观点被广泛地用来判断什么是对人有益的东西。在《尼各马可伦理学》中，善可分为个人善和城邦善，而代表公平正义的城邦善则是更为神圣的目的。然而，理性人假设的束缚使福利经济学陷于以效用衡量福利、帕累托作为标准的狭隘境地。

（3）偏好的不一致性及循环论证。由于真实效用不仅不能测量，分析中对效用进行无限分割也并不具有实际意义，基数效用论被序数效用论所取代。序数效用论拒绝对效用进行计量，用偏好来表示消费者对不同商品的态度，偏好被假定为完备、一致、可传递。根据显示偏好原则，便可以根据消费者行为推导出不同价格水平下的消费者的偏好序，即消费者对不同商品的效用排序。

（二）行为福利经济学

B－R 模型直接从选择的角度定义福利，即选择就是选择，既不表示偏好，也不反映其他任何东西。Bernheim 认为应当考虑人们在处于特定目的时才会把主观体验的许多不同方面综合起来。因此，偏好和效用是有用的、积极的工具，但在规范分析中没有直接作用，只有在没有直接观测到选择的情况下才对选择进行预测。该框架建立了一个完整的选择模型，分别指定了消费者潜在的判断和将这些判断映射到选择的认知过程，无论产生行为的过程是什么，也不管一个人是否采用了基于偏好的、算法的、机械的或启发式的模型，都是适用的。

行为福利经济学开始将经济分析引入注重人与人关系、公共政策的道德义务的回归中来。张苏（2014）总结了行为福利经济学目前的基本发展逻辑：由在新古典经济学框架内引入行为经济学的新发现转向突破新古典经济学的框架约束进行行为福利分析，进而在逻辑起点、核心内容和实践意义上反思，走上了由注重科学属性回归到注重经济学的道德科学属性的发展之路。这对于整个现代经济学具有巨大的理论意义，意味着行为福利经济学将带动整个经济学回归其伦理根源，重连经济与伦理的纽带，恢复经济学的跨学科性质。

行为福利经济学逐渐将包含伦理的成就观作为评判福利的标准，经济研究中的个人不仅只考虑个人效用最大化，还考虑包括公平、健康在内的多维度的标准，这使经济人更加贴近“社会人”，从而解决了新古典经济学效用局限的内部概念问题。

四、经验问题

（一）行为经济学新进展

新古典经济学的消费者决策模型在描述人类行为时缺乏充分性，尤其是关于理性、自我控制及自利程度的描述。由于理论上将经济与伦理割裂，造成了新古典经济学有限的解释力，以及研究问题限制在狭小的范围内。行为经济学挑战着主流经济学的各个分支，对于新古典理论的反常问题，行为经济学提供了具有经验支持的解释并为政策应用提供了启示。

行为经济学对劳动市场中的非自愿失业现象和公共经济领域中储蓄、成瘾问题的解释，体现了上述解决新古典经济学概念问题的理论在经验问题中的应用，为经验问题提供了更好的解释，阐明了行为经济学在经验问题上为经济学的进步。

（二）工资理论

（1）新古典经济学工资决定理论。新古典经济学工资决定理论与劳动市场的实际情况相去甚远，现实劳动力市场中的非自愿失业现象屡见不鲜。之所以会出现这样的情况，原因在于主流劳动经济学工资理论立足于理性人假设，个体被假定为只关注工资率的高低，除此之外，既不关心其他利益，也不关心个体之间的工资比较。个体偏好被假定为追求自利最大化，并且外生不变，在劳动市场完全竞争的条件下，则市场出清得以实现。也正是如此，除自利以外，会对个体行为产生影响的社会偏好便被排除在外。

（2）公平工资对非自愿失业的解释。工人和企业之间的互惠动机产生的工资水平即公平工资。当企业给予工人的实际工资小于公平工资时，工人将降低自己的努力程度，使得企业得不偿失；当企业支付的工资高于公平工资时，工人将以最大的努力程度工作。高于市场出清水平的工资造成了非自愿失业现象的存在。

（三）行为公共经济学

（1）储蓄。个体行为存在不一致性，可以被解释为造成储蓄问题的一个原因。Bernheim 和 Rangel（2004）提出了替代储蓄模型，该模型允许个体犯错，即个体行为出现不一致。在该模型中，个体行为存在正常运作模式和错误模式，正常模式下决策者可以进行自我控制，错误模式下的行为（消费）则是无节制的，从而导致储蓄不足。错误模式下，决策失误可能是由于环境暗示导致自我控制失误。因此，政策制定者可以制定政策措施，如缴费限额、厉行节俭，进行积极的环境暗示以减少失误的发生。行为经济学的证据为政策制定提供了依据和启示。

（2）成瘾。Bernheim 和 Rangel（2004）提出一种模型，将成瘾视为决策过程失灵。该模型包含致瘾消费者出现选择不一致的情况，致瘾消费者拥有冷静的理性决策模式和疯狂的非理性决策模式（大脑会扭曲预测反应），消费者理性时会拒绝吸毒，而非理性时，其行为将背离偏好，导致对毒品的使用。

根据标准经济模型，政策干预会浪费社会资源。但在行为经济学背景下，政策实施会产生一种额外的好处，它可以中断供给，使使用者短时间内无法获取违禁物；此外，如果成瘾大部分是由于疯狂的非理性决策引起的错误造成的，那么某些方式的政策可以起到社会保险作用，例如对康复中心进行补贴、免费发放消毒针头以减少致瘾物的伤害和恶性后果。另外，也可以采取消除引发暗示或实施反暗示的措施，例如限定吸烟区域、在香烟上标示醒目的吸烟危害等。行为经济学为政府干预提供了合理依据，除了对市场失灵的干预外，政策实施也可以在解决实际问题上发挥重要作用。

五、结论

本文并不意味着对新古典或行为经济学的全面评述。我们关注行为经济学恢复经济中的伦理维度，对效用、偏好概念问题的解决，以及在此基础上对经验问题的解释，为经济学带来进步。

首先，行为经济学社会偏好理论及二元决策系统的产生，将公平、利他、互惠、社会认同偏好纳入经济模型，解除了理性人基于自利最大化建模的假设，恢复了经济学中的伦理根源，将经济学与伦理学以纽带重新连接起来，恢复了经济学的跨学科性质，解决了主流经济学这一外部概念问题。

其次，行为福利经济学构建了允许偏好不一致的选择模型，并将福利标准向伦理维度拓展，解决了新古典经济学效用概念的局限、偏好不一致性以及显示偏好循环论证的内部概念问题，或将使福利经济学迈入新的发展之路。

最后，由于行为经济学在理论上的进步——伦理维度的恢复及偏好逆转的包纳，能够给经验问题提供更有效的解释并为政策实施提供支持和启示。新古典经济学提供了解释，但却不那么令人信服，与现实具有一定的差距，如对非自愿失业现象的解释，行为经济学在伦理维度下给予了更好的解释并为劳动力市场激励和政策制定提供了新的视角。

有对外贸易的社会再生产的哈罗德模型

陶为群[①]
（中国人民银行）

一、有对外贸易的社会再生产公式与单一平衡条件

建立有对外贸易的马克思社会再生产公式，是研究有对外贸易的社会再生产的哈罗德模型及其形成条件的基础。

如同经典的马克思再生产公式，在有对外贸易的社会再生产公式中将社会生产部门划分成生产资料、消费资料两个部类，分别记为第Ⅰ部类、第Ⅱ部类。第 j 部类（j = Ⅰ、Ⅱ，下同）在 t 年初时点的总资本分解成用于购买生产资料的不变资本、用于购买劳动力的可变资本两个部分，分别记为 $C_j^{(t)}$、$V_j^{(t)}$，按照经典的马克思再生产公式中的假定，设 $C_j^{(t)}$ 和 $V_j^{(t)}$ 都是每年周转一次；那么，当年 $C_j^{(t)}$ 作为中间消耗转移到产品当中，$V_j^{(t)}$ 在产品当中新创造出来，并带来它的剩余价值 $M_j^{(t)}$。社会产品的价值当中包含了由生产资料消耗转移的价值、重新生产出的劳动力的价值，分别与不变资本的转移、可变资本的再生产对应，这两者之间的对比关系由生产力的技术构成所决定的价值，即资本有机构成决定，第 j 部类的不变资本对于可变资本的固定不变倍数 h_j 是该部类的资本有机构成。剩余价值 $M_j^{(t)}$ 与可变资本 $V_j^{(t)}$ 之间保持固定不变的比率，以 e_j 表示，是第 j 部类的剩余价值率。以 $Y_j^{(t)}$、$X_j^{(t)}$ 分别表示第 j 部类新创造价值、总产值，那么按照经典的马克思再生产公式，在每个部类内部，不变资本、可变资本、剩余产品、新创造价值（产品）、总产值（产品）之间的关系被以下方程定义：

① 作者简介：陶为群，中国人民银行南京分行研究员，主要研究马克思主义经济学。

$$\begin{cases} V_j^{(t)} = C_j^{(t)}/h_j \\ M_j^{(t)} = e_j V_j^{(t)} \\ Y_j^{(t)} = V_j^{(t)} + M_j^{(t)} \\ X_j^{(t)} = C_j^{(t)} + Y_j^{(t)} \end{cases} \quad j = \text{Ⅰ}, \text{Ⅱ} \tag{1}$$

剩余价值 $M_j^{(t)}$ 是形成本部类的新增资本和投资者的剩余价值消费的唯一来源。对确定了含义的字母前面加符号 Δ 表示增量，并用 $M_{xj}^{(t)}$ 表示第 j 部类投资者把本部类的剩余价值中用于个人消费的部分。对于剩余价值的使用有以下行为方程：

$$\Delta C_j^{(t)} + \Delta V_j^{(t)} + M_{xj}^{(t)} = M_j^{(t)} \quad j = \text{Ⅰ}, \text{Ⅱ} \tag{2}$$

将对外贸易引入社会再生产，就增添了生产资料、消费资料出口与进口。以 $EX_j^{(t)}$ 表示第 j 部类的产品出口，以 $IM_{\text{Ⅰ}}^{(t)}$、$IM_{\text{Ⅱ}}^{(t)}$ 分别表示生产资料、进口消费资料进口，则 $EX_j^{(t)}$ 和 $IM_{\text{Ⅰ}}^{(t)}$、$IM_{\text{Ⅱ}}^{(t)}$ 都是非负数。于是，在经典的马克思社会再生产公式中的生产资料平衡条件、消费资料平衡条件当中分别增添生产资料出口与进口、消费资料出口与进口，而形成有对外贸易的生产资料平衡条件式（3）、消费资料平衡条件式（4）。

$$\sum_{j=1}^{\text{Ⅱ}} (C_j^{(t)} + \Delta C_j^{(t)}) + EX_{\text{Ⅰ}}^{(t)} = X_{\text{Ⅰ}}^{(t)} + IM_{\text{Ⅰ}}^{(t)} \tag{3}$$

$$\sum_{j=1}^{\text{Ⅱ}} [V_j^{(t)} + \Delta V_j^{(t)}] + \sum_{j=1}^{\text{Ⅱ}} M_{xj}^{(t)} + EX_{\text{Ⅱ}}^{(t)} = X_{\text{Ⅱ}}^{(t)} + IM_{\text{Ⅱ}}^{(t)} \tag{4}$$

式（3）的左、右两边分别表示国内使用和出口对于全部生产资料的需求、全部生产资料的供给。式（4）的左、右两边分别表示国内使用和出口对于全部消费资料的需求、全部消费资料的供给。式（3）和式（4）是社会再生产的实现条件。式（1）至式（4）合在一起，构成有对外贸易的马克思社会再生产公式。

根据社会再生产的实现条件式（3）和式（4），影响社会再生产的生产资料、消费资料平衡的只是出口与进口之间的差额净出口（差额是负数代表净进口）。对外贸易可以通过生产资料净出口或者消费资料净出口，调节在实现社会再生产中国内使用的生产资料、消费资料数量。然而，一国的生产资料净出口或者消费资料净出口在很大程度上依赖于国际条件而并非由本国决定，是外部条件。作为外部条件的生产资料净出口或者消费资料净出口，通过影响资本积累而影响社会再生产。分别以 $NEX_{\text{Ⅰ}}^{(t)}$ 表示生产资料净出口、以 $NEX_{\text{Ⅱ}}^{(t)}$ 表示消费资料净出口，那么 $NEX_{\text{Ⅰ}}^{(t)} = EX_{\text{Ⅰ}}^{(t)} - IM_{\text{Ⅰ}}^{(t)}$、$NEX_{\text{Ⅱ}}^{(t)} = EX_{\text{Ⅱ}}^{(t)} - IM_{\text{Ⅱ}}^{(t)}$。

有研究指出：对外贸易处于绝对平衡状态是有对外贸易的社会再生产公式含有的特定结果，即：

$$EX_{\text{Ⅰ}}^{(t)} + EX_{\text{Ⅱ}}^{(t)} = IM_{\text{Ⅰ}}^{(t)} + IM_{\text{Ⅱ}}^{(t)} \tag{5}$$

式（5）的经济含义是，如果实现社会再生产，一国两个部类出口的生产资料、消费资料总额与本国的生产资料、消费资料进口总额完全相等，对外贸易处于绝对平衡状态。这个特定的结果与现实中各个国家一般遵循进出口基本平衡的原则是吻合的。根据对外贸易平衡关系式（5），可以确定生产资料净出口、消费资料净出口互为相反数。

$$NEX_{\mathrm{II}}^{(t)} = -NEX_{\mathrm{I}}^{(t)} \tag{6}$$

已经有研究证明经典的马克思社会再生产公式的实现条件具有同一性（单一性），这个结论对于有对外贸易的社会再生产公式同样成立。对此很容易证明：如果实现社会再生产则有式（6）成立，将剩余价值使用行为方程式（2）代入社会再生产的实现条件式（3）并根据式（6）可以推导出式（4）；将式（2）代入社会再生产的实现条件式（4）并根据式（6）也可以推导出式（3）。所以，社会再生产的实现条件式（3）和式（4）只有一个是独立条件。这是由于只有两种产品，一种产品平衡则必然另一种产品也总供需平衡。因此，影响社会再生产实现条件的，也只有生产资料净出口 $NEX_{\mathrm{I}}^{(t)}$ 或者消费资料净出口 $NEX_{\mathrm{II}}^{(t)}$ 两者之一。

将式（3）的左右两边扣除两个部类的中间消耗 $C_{\mathrm{I}}^{(t)}$ 和 $C_{\mathrm{II}}^{(t)}$，并根据式（1）得到简化的生产资料平衡条件，可以称为不变资本积累平衡方程。

$$\Delta C_{\mathrm{I}}^{(t)} + \Delta C_{\mathrm{II}}^{(t)} = Y_{\mathrm{I}}^{(t)} - C_{\mathrm{II}}^{(t)} - NEX_{\mathrm{I}}^{(t)} \tag{7}$$

对外贸易可以通过生产资料净出口或者消费资料净出口，调节在实现社会再生产中国内使用的生产资料、消费资料数量。然而，一国的生产资料净出口或者消费资料净出口在很大程度上依赖于国际条件而并非由本国决定，是外部条件。作为外部条件的生产资料净出口或者消费资料净出口，通过影响资本积累而影响社会再生产。

二、有对外贸易的社会再生产的哈罗德模型形成机理与蕴含

按照宏观经济理论，对于投资的定义是资本财货当年比上年的增加量。有对外贸易的社会再生产公式和经典的马克思社会再生产公式一样，假设劳动者的工资没有储蓄，第 j 部类的工资 $V_j^{(t)}$ 和新增工资 $\Delta V_j^{(t)}$ 都在当年消费掉而计入了消费。没有被消费掉的只有新创造出来的国民产品当中没有被人们消费掉的生产资料，也就是储蓄。只有储蓄可以成为投资，当实现社会再生产储蓄等于投资，投资形成下一年新增的生产资料。所以，马克思社会再生产公式当中的投资是两大部类新增不变资本 $\sum_{j=1}^{\mathrm{II}} \Delta C_j^{(t)}$，对应着国民经济核算中的净投资。

根据有对外贸易的社会再生产公式，不变资本的增长率总是可以分解为两个因素的乘积。

$$\frac{\sum_{j=1}^{\mathrm{II}}\Delta C_j^{(t)}}{\sum_{j=1}^{\mathrm{II}}C_j^{(t)}}=\frac{\sum_{j=1}^{\mathrm{II}}\Delta C_j^{(t)}}{\sum_{j=1}^{\mathrm{II}}Y_j^{(t)}}\cdot\frac{\sum_{j=1}^{\mathrm{II}}\Delta Y_j^{(t)}}{\sum_{j=1}^{\mathrm{II}}C_j^{(t)}}\tag{8}$$

因为实现社会再生产意味着储蓄等于投资，所以式（8）右边的第一个因子$\sum_{j=1}^{\mathrm{II}}\Delta C_j^{(t)}/\sum_{j=1}^{\mathrm{II}}Y_j^{(t)}$是投资率同时也是储蓄率$s^{(t)}$；第二个因于$\sum_{j=1}^{\mathrm{II}}\Delta Y_j^{(t)}/\sum_{j=1}^{\mathrm{II}}C_j^{(t)}$表示不变资本产出率即哈罗德模型中的资本—产出比率$a^{(t)}$的倒数$1/a^{(t)}$。所以对应于哈罗德模型，根据式（9）与式（10）不变资本增长率可以分解为储蓄率与资本—产出比率之比，即有式（8）。

$$\frac{\sum_{j=1}^{\mathrm{II}}\Delta C_j^{(t)}}{\sum_{j=1}^{\mathrm{II}}C_j^{(t)}}=\frac{s^{(t)}}{a^{(t)}}\tag{9}$$

有别于社会再生产的不变资本的增长率，两大部类新创造价值增长率是生产净值增长率，能够一般地代表全社会经济增长率。经济增长率计算公式如下：

$$\frac{\Delta Y^{(t)}}{Y^{(t)}}=\frac{\Delta Y_{\mathrm{I}}^{(t)}+\Delta Y_{\mathrm{II}}^{(t)}}{Y_{\mathrm{I}}^{(t)}+Y_{\mathrm{II}}^{(t)}}\tag{10}$$

有研究指出，马克思社会再生产的经济增长率总是可以分解为投资率与投资效果的乘积。

$$\frac{\Delta Y^{(t)}}{Y^{(t)}}=\frac{\sum_{j=1}^{\mathrm{II}}\Delta C_j^{(t)}}{\sum_{j=1}^{\mathrm{II}}Y_j^{(t)}}\cdot\frac{\sum_{j=1}^{\mathrm{II}}\Delta Y_j^{(t)}}{\sum_{j=1}^{\mathrm{II}}\Delta C_j^{(t)}}\tag{11}$$

式（11）右边的第一个因子就是式（8）右边的第一个因子投资率；第二个因子是单位投资产生的新创造价值增量即边际不变资本产出率，也就是投资效果系数（简称投资效果）。新创造价值增长率是由投资效果与新创造价值转化为投资的转化率二者乘积形成，有清晰的经济意义。

当经济平衡增长，边际不变资本产出率等于不变资本产出率，于是将式（11）右边第二个因子换成式（8）右边第二个因子，就形成有对外贸易的社会再生产的哈罗德模型。

对于从经济增长率的直接分解说明形成有对外贸易的社会再生产的哈罗德模型的机理，可以证实。式（7）表明，在物质形态上，$[Y_{\mathrm{I}}^{(t)}-C_{\mathrm{II}}^{(t)}-NEX_{\mathrm{I}}^{(t)}]$是可用于两个部类不变资本积累的全部生产资料也就是投资，在两个部类之间进行分割。当社会再生产平衡增长时，两个部类不变资本增长率相同，因此，$[Y_{\mathrm{I}}^{(t)}-C_{\mathrm{II}}^{(t)}-NEX_{\mathrm{I}}^{(t)}]$要按照每个部类不变资本占全社会不变资本的比重进行分割；第j部类不变资本占全社会不变资本的比重是

$C_j^{(t)} / \sum_{j=\mathrm{I}}^{\mathrm{II}} C_j^{(t)}$，所以确定由 $[Y_{\mathrm{I}}^{(t)} - C_{\mathrm{II}}^{(t)} - NEX_{\mathrm{I}}^{(t)}]$ 分割获得的各部类投资即不变资本积累，如式（12）。

$$\Delta\bar{C}_j^{(t)} = \frac{C_j^{(t)}}{C_{\mathrm{I}}^{(t)} + C_{\mathrm{II}}^{(t)}}[Y_{\mathrm{I}}^{(t)} - C_{\mathrm{II}}^{(t)} - NEX_{\mathrm{I}}^{(t)}] \quad j = \mathrm{I}, \mathrm{II} \tag{12}$$

将经济增长率分解式（9）中投资效果中的 $\Delta C_j^{(t)}$ 替换成使两大部类平衡增长的各部类不变资本积累 $\Delta\bar{C}_j^{(t)}$，得到社会再生产平衡增长的投资效果。

$$\frac{\sum_{j=\mathrm{I}}^{\mathrm{II}} \Delta Y_j^{(t)}}{\sum_{j=\mathrm{I}}^{\mathrm{II}} \Delta\bar{C}_j^{(t)}} = \frac{1}{\sum_{j=\mathrm{I}}^{\mathrm{II}} \Delta\bar{C}_j^{(t)}} \sum_{j=\mathrm{I}}^{\mathrm{II}} \frac{h_j}{1+e_j}\Delta\bar{C}_j^{(t)} = \frac{1}{\sum_{j=\mathrm{I}}^{\mathrm{II}} C_j^{(t)}} \sum_{j=\mathrm{I}}^{\mathrm{II}} \frac{h_j}{1+e_j} C_j^{(t)} \tag{13}$$

根据定义方程式（1），每个部类内部不变资本与新创造价值之间保持固定不变比例关系，$C_j^{(t)} h_j / (1+e_j) = Y_j^{(t)}$。将此关系代入式（13），得到式（14）。

$$\frac{\sum_{j=\mathrm{I}}^{\mathrm{II}} \Delta Y_j^{(t)}}{\sum_{j=\mathrm{I}}^{\mathrm{II}} \Delta\bar{C}_j^{(t)}} = \frac{\sum_{j=\mathrm{I}}^{\mathrm{II}} Y_j^{(t)}}{\sum_{j=\mathrm{I}}^{\mathrm{II}} C_j^{(t)}} \tag{14}$$

式（14）证实当两大部类平衡增长时投资效果与不变资本产出率相同，将此代入经济增长率因子分解式（11），获得社会再生产的哈罗德模型。

$$\frac{\sum_{j=\mathrm{I}}^{\mathrm{II}} \Delta Y_j^{(t)}}{\sum_{j=\mathrm{I}}^{\mathrm{II}} Y_j^{(t)}} = \frac{s^{(t)}}{a^{(t)}} \tag{15}$$

对于有对外贸易的社会再生产而言，不变资本的增长率总是可以分解为投资率与不变资本产出率（不变资本—产出比率的倒数）两个因子的乘积，从而不变资本增长率是“有保证的”。相对应地，按照哈罗德模型的前提条件不变资本产出率（不变资本—产出比率的倒数）保持不变，也就是边际不变资本产出率等于不变资本产出率，于是经济增长率也成为“有保证的增长率”。而边际不变资本产出率等于不变资本产出率等价于增加值增长率和不变资本增长率相同，所以当且仅当社会再生产平衡增长时，有对外贸易的社会再生产的经济增长率成为“有保证的增长率”。这正是有对外贸易的社会再生产的哈罗德模型的蕴含。正因如此，有对外贸易的社会再生产“有保证的增长率”概念对于研究现实的国民经济稳定的经济增长率具有重要借鉴意义。

三、有对外贸易的社会再生产“有保证的增长率”结构

根据式（7），有对外贸易的社会再生产的投资为 $[Y_{\mathrm{I}}^{(t)} - C_{\mathrm{II}}^{(t)} - NEX_{\mathrm{I}}^{(t)}]$，包含着生产

资料净出口 $NEX_{\mathrm{I}}^{(t)}$ 外部因素。因此，有对外贸易的社会再生产的储蓄率 $s^{(t)}$ 之中同样包含着生产资料净出口外部因素，有对外贸易的社会再生产“有保证的增长率”是受生产资料净出口外部因素影响和约束的。

在国民经济核算中用进出口依存度总体上表示一国出口与经济总量之间的关系，一国进出口依存度是进出口对于增加值的比率，体现对外贸易与经济的关系。由于在马克思社会再生产公式中划分了生产资料、消费资料两种不同类型与用途的产品和两大部类，因而可以用生产资料净出口依存度、消费资料净出口依存度更准确地表示两种产品和两大部类的出口与各部类乃至社会再生产的关系。生产资料净出口依存度、消费资料净出口依存度也分别就是第Ⅰ部类、第Ⅱ部类产品的净出口依存度。以 $NEX_j^{(t)}/Y_j^{(t)}$ 表示第 j 部类产品的净出口依存度，则生产资料净出口、消费资料净出口与各部类产品的净出口依存度之间有明确对应关系。

$$NEX_j^{(t)} = Y_j^{(t)} \times \frac{NEX_j^{(t)}}{Y_j^{(t)}} \quad j = \mathrm{I}, \mathrm{II} \tag{16}$$

因为每个部类内部各构成部分之间保持固定不变关系，可以用两大部类新创造价值之间的比例 $\phi^{(t)} = Y_{\mathrm{II}}^{(t)}/Y_{\mathrm{I}}^{(t)}$ 表示两大部类之间的结构，$\phi^{(t)}$ 与资本有机构成、剩余价值率 h_j、e_j 共同体现了两大部类再生产系统的完整结构。

有对外贸易的社会再生产“有保证的增长率”当中的因子储蓄率 $s^{(t)}$ 可以表示为式（17）。

$$s^{(t)} = \frac{1 + e_{\mathrm{II}} - h_{\mathrm{II}}\phi^{(t)} - (1 + e_{\mathrm{II}})[NEX_{\mathrm{I}}^{(t)}/Y_{\mathrm{I}}^{(t)}]}{(1 + e_{\mathrm{II}})[1 + \phi^{(t)}]} \tag{17}$$

根据定义方程式（1）和两大部类比例 $\phi^{(t)}$ 的表达式，全社会不变资本产出率可以表示成式（18）。

$$\frac{\sum_{j=\mathrm{I}}^{\mathrm{II}} Y_j^{(t)}}{\sum_{j=\mathrm{I}}^{\mathrm{II}} C_j^{(t)}} = \frac{(1 + e_{\mathrm{I}})(1 + e_{\mathrm{II}})[1 + \phi^{(t)}]}{h_{\mathrm{I}}(1 + e_{\mathrm{II}}) + h_{\mathrm{II}}(1 + e_{\mathrm{I}})\phi^{(t)}} \tag{18}$$

根据“有保证的增长率”当中的储蓄率因子 $s^{(t)}$ ［式（17）］以及不变资本产出率式（18），获得有对外贸易的社会再生产“有保证的增长率” $s^{(t)}/a^{(t)}$，由生产资料净出口依存度和两大部类比例所决定。

$$\frac{s^{(t)}}{a^{(t)}} = g\left[\phi^{(t)}, \frac{NEX_{\mathrm{I}}^{(t)}}{Y_{\mathrm{I}}^{(t)}}\right] \tag{19}$$

式（19）中：

$$g\left[\phi^{(t)}, \frac{NEX_{\mathrm{I}}^{(t)}}{Y_{\mathrm{I}}^{(t)}}\right] = (1 + e_{\mathrm{II}})\frac{1 + h_{\mathrm{I}} + e_{\mathrm{I}} - (1 + e_{\mathrm{I}})[NEX_{\mathrm{I}}^{(t)}/Y_{\mathrm{I}}^{(t)}]}{h_{\mathrm{I}}(1 + e_{\mathrm{II}}) + h_{\mathrm{II}}(1 + e_{\mathrm{I}})\phi^{(t)}} - 1 \tag{20}$$

式（20）表明，形成有对外贸易的社会再生产“有保证的增长率”不仅取决于国内因素，还取决于外部因素生产资料净出口依存度。原因是在有对外贸易的情境下，储蓄率转化成为投资率必然会受到生产资料净出口依存度的影响与作用。

四、有对外贸易的、经典的社会再生产的哈罗德模型之间关系

如果生产资料净出口 $NEX_{\mathrm{I}}^{(t)}=0$，则根据式（6）也有消费资料净出口 $NEX_{\mathrm{II}}^{(t)}=0$。于是，有对外贸易的生产资料平衡条件式（3）、消费资料平衡条件式（4）可分别简化成为经典的马克思社会再生产的生产资料平衡条件、消费资料平衡条件。与此相对应，有对外贸易的社会再生产使两大部类平衡增长的各部类不变资本积累 $\Delta\bar{C}_j^{(t)}$［式（12）］可简化成为有研究给出的经典的马克思社会再生产使两大部类平衡增长的各部类不变资本积累；有对外贸易的社会再生产“有保证的增长率”式（20）也可简化成为有研究给出的经典的马克思社会再生产“有保证的增长率”公式。

所以，经典的马克思社会再生产的哈罗德模型，可以视同为在生产资料净出口依存度、消费资料净出口为零的情形下有对外贸易的社会再生产的哈罗德模型。有对外贸易的社会再生产的哈罗德模型，是对于经典的社会再生产的哈罗德模型的延伸与拓展；而经典的社会再生产的哈罗德模型，可以作为在生产资料净出口依存度、消费资料净出口为零的情形下，有对外贸易的社会再生产的哈罗德模型的特别结果。

五、结语

有对外贸易的社会再生产的哈罗德模型表明：现实的社会再生产“有保证的增长率”是受到对外贸易影响与作用的“有保证的增长率”，即有对外贸易的社会再生产“有保证的增长率”。在有对外贸易的情境下，我国的经济增长无法脱离对外贸易外部条件而自行其是。对外贸易作为外部条件，通过生产资料净出口依存度外部因素影响资本积累而影响社会再生产的实现和平衡增长。形成有对外贸易的社会再生产“有保证的增长率”无可避免地受到外部因素生产资料净出口依存度的影响与作用。维护中国的对外贸易外部条件基本稳定，是形成有对外贸易的社会再生产“有保证的增长率”所需的一个基本条件。为此，中国需要着力维护以多边主义和规则为基础的世界贸易协调机制，尽可能使这个机制对于稳定包括中国在内的世界各国的社会再生产与经济发展的对外贸易条件发挥基本作用。

优势学说滥觞的再认识

——亚当·斯密国际贸易理论的启示

梁洪学[①]

（吉林财经大学）

一、剖析重商主义的“思想剃刀”

重商主义思想主要包括以下几个方面：

第一，金银货币被重商主义看作唯一财富和最佳形式的财富，财富的源泉是流通。重商主义眼中的国民财富是金银之类的典型贵金属，如果本土缺乏可采掘的贵金属矿藏，那就应该以贸易手段积累金银。这样，重商主义就把生产物转化为货币的流通领域视为财富的唯一源泉。商品流通有国内和国际两个领域，在它们看来，国内商品流通只能是一部分人赚另一部分人的钱，货币数量不会增多，只有对外贸易才是积聚货币财富的真正源泉。

第二，对外贸易必须保持顺差。在对外贸易中，必须严守的准则是多卖少买，多收入少支出。至于生产，只有在服从对外贸易、为出口提供物资的前提下，才是值得提倡的。重商主义者早期力主运用行政手段禁止金银流出境外，与他国进行商品贸易时极端地强调贸易顺差，甚至只出口不进口；重商主义到晚期则倾向以扩大出口的手段积累金银。

第三，在经济活动中，对殖民地进行贸易垄断。宗主国垄断殖民地商业贸易，甚至禁止殖民地发展自己的制造业，只能作为宗主国的原料供应地和商品承接地。殖民地的制造业受到宗主国严格限制，某些情况下还被视为非法的。因此，附属国定位于廉价原材料的供应者及英国制成品的进口者。

第四，上述重商主义理论和资本原始积累时期血与火的实践，带来的必然结论是：商业资本的运行必须与国家政权结合，国家必须在经济上、政治上乃至军事上保护本国商业，以便为本国搜罗更多的金银，使国家富强。这样，国家干预经济或国家干预主义就成

---

① 作者简介：梁洪学，吉林财经大学，马克思主义经济学研究中心。

为重商主义体系的基本政策主张和主要特征。

针对重商主义体系错误观点，斯密进行了有理有据的批驳。他首先深刻剖析了重商主义片面的财富观。斯密指出，人们之所以渴求货币是出于使用货币购买物品的目的。那么，财富就不是由货币或金银构成，而是由各种物质所构成。斯密也将货币或金银看作财富的一种形式，但他的看法是，货币只是国民财富的一小部分。同时也对这样的观点予以否定：财富是由货币所购买的各种物品所构成，与货币或金银毫无关系。

在批判重商主义狭隘的财富观后，斯密对重商主义的以追求金银货币为目的的限制国外商品进口和奖励本国商品出口的政策进行了剖析和批判。根据重商主义的理论观点，限制进口商品的措施有两类：一是不加区别地对所有本国能够生产的外国商品的输入进行限制；二是在国与国的贸易中，对那些有入超的国家商品进行进口限制。

针对第一种限制政策，斯密的看法是，以完全禁止或超额关税的手段规避那些本国可以生产的产品从外国输入，国内从事生产这些产品的产业就不同程度形成了国内市场的垄断。国内市场的垄断，又鼓励了各种垄断产业。在此情况下，就会诱使较大部分的劳动和资财配置到垄断产业上，但并不一定会带动全部产业向最有利的方向发展。

对于第二种限制进口商品的政策，即认为几乎一切货物输入都不利于本国的观点及其政策，斯密看来它比第一种政策更加狭隘和有害。

首先，即使是根据重商主义理论主张，也就是最大限度地积聚金银的基本原则，对进口商品限制也是不合理的。斯密以英国同别国贸易往来的事例加以说明对进口商品进行限制的不合理。倘若法国葡萄酒比葡萄牙葡萄酒物美价廉，法国的亚麻布比德国的亚麻布便宜，则英国向法国购买上述商品显然比向葡萄牙和德国购买更有利。尽管法国输入品的价值将因此大增，但因同质的法国货比其他国家的便宜，我们每年用于进口外国货所费的金银总量势必减少。

其次，限制国外进口商品政策的真正来源，是国与国之间的偏见与敌意。斯密强调，世界各国之间的贸易，是基于和睦友好与精诚合作之前提，而在敌意甚至仇恨的基础上却产生了限制进口的政策。各国都嫉妒贸易国家和地区的繁荣，一味考虑自身利益而丝毫不顾及邻国的贫富。无论是商人还是制造业者，为了赚取利润都会对其在国内市场的垄断权进行呵护。对此，斯密指出，任何国家，人民大众的利益总在且必然在于向售价最廉的人购买所需之各种物品。在和平通商下，邻国之财富必能和本国交换更大价值，必为本国产业的直接生产物或用这种生产物所购之物品提供更好的市场。

重商主义鼓励出口商品有两种办法：第一种办法是出口退税；第二种办法是对某些新兴的制造业和被认为应受到特殊照顾的产业发放奖励金或补贴。

亚当·斯密认为，重商主义鼓励出口商品的政策作用有限，对片面鼓励厂商出口的政策总体上是不赞同的。斯密指出，出口退税政策会扰乱产业间的自然均衡，而奖励金制度唯一值得肯定的用途，可能只是在与国防有关的产业领域。除此之外，倾向于支持个别制造业者的产业，而对普通民众的产业课税，其合理性令人质疑。任何本国产商品输出的奖励金，都必须给予反对。第一，反对重商主义的政策主张。因为重商主义的办法导致本国的部分产业配置到利益较少的领域，有违自然秩序。第二，要特别反对给予本国产品向国外输出的奖励金制度或补贴办法。因为这种奖励金办法，导致本国一部分产业转移到利益较少的用途上。

二、亚当·斯密优势学说的意蕴及政策主张

斯密认为，扩大再生产能增进一国财富，而扩大再生产往往又取决于提高劳动生产率。生产率的提高取决于劳动分工，社会分工又进一步促进生产率的提高。这样，伴随着劳动分工的发展和劳动生产率的提高，各国生产的商品相对丰裕起来，产品有了“剩余”后就有了国与国之间的贸易往来。斯密还进一步认为，分工范围的扩大及分工程度的加深、劳动生产率的提高，必然带来社会财富的增大和可交换商品的增多，也就必然呼唤和要求市场规模的扩大。伴随分工范围的扩大和分工程度的深化，贸易交往的各国劳动生产率和国民财富也不断得以增进。

就国际贸易给相互往来的各国所带来的福祉，斯密的观点是这样的：任何地方从事对外贸易，都毫不例外地得到两种不同的利益，即通过本国土地和劳动所生产出来的那部分剩余年产品换取本国所需要的其他物品，在把国内不需要的“多余”产品价值实现的同时，又让易货贸易产品满足了国内消费需要。

斯密从国际分工的角度出发，认为如果外国商品能比本国自己生产的商品还便宜并可以贸易交换，那么最好就充分利用本国产业生产的一部分物品与之相交换，因为“向外国购买这种商品，所费比国内来得便宜”。

上述理论阐述的是斯密对优势原理的一个主要表达，它还有相对优势理论的思想精髓。亚当·斯密在《国富论》中已对相对优势原理给予了明确表达，它成为学说史意义上的相对优势理论的滥觞。

斯密在《国富论》第一篇的第一章“论分工”中指出，当今最富庶的国家，的确无论在农业上还是在制造业上都比其邻国强，但在制造业上所具有的优势和竞争力更大于农业。在同等肥力和地块上，贫国耕作粮食的产量，尽管不如富国大，但贫国生产的小麦，在品质优良及售价低廉方面却可以相当程度上在国际贸易中展现自己的竞争力。斯密的上述论述清晰地表达了比较优势原理的思想：在国际贸易中两个生产力水平不相等的国家，尽管生产力水平高的国家生产任何产品都处于优势地位，生产力水平低的国家生产任何产

品都处于劣势地位，但只要生产力水平高的国家在不同的产品生产上对生产力水平低的国家的优势存在大小差异，生产力水平低的国家可以生产那种与生产力水平高的国家相比差距较小的产品，并与之相交换，进而在贸易交往中两国都可以从中受益。

斯密曾说："如果外国能以比我们自己制造还便宜的商品供应我们，我们最好就用我们有利地使用自己的产业生产出来的物品的一部分向他们购买。"这句话所涉及的优势绝不仅仅局限于绝对优势，也暗含相对优势的思想。

综上，比较优势学说起始于亚当・斯密，而不是大卫・李嘉图。

此外，斯密的优势学说是在一系列丰富经济内涵之上所展开的，避开了在经济资源或自然条件不变的静态前提下讨论国际贸易，使这一理论具有了鲜明的动态特点。而这种动态分析，不论是后来的李嘉图的比较成本学说，还是赫克歇尔—俄林的要素禀赋论，在经济学说发展史上都难以与之比肩。

经济自由主义是亚当・斯密经济思想的核心。在国际贸易方面，他主张实行自由竞争和自由贸易。斯密反对政府用"看得见的手"人为地制造对外贸易的关税、奖励金和市场垄断等保护政策；秉持充分发挥市场"看不见的手"调节市场功能、合理地配置各国和各地区资源的主张。当然这并不是绝对的，他认为，在对外贸易方面，基于对国家层面的整体利益及国家竞争力的考虑，对某些特别行业与产业采取适当保护措施是合理的。

三、亚当・斯密优势学说的新时代借鉴价值

斯密的国际贸易优势原理学说阐明，在国与国的贸易交往中，各国应充分发挥禀赋优势，用己所长生产出口商品，是能够给贸易双边、多边都带来利益的。即使无绝对优势可言的不发达国家与发达国家进行贸易交往，也可以通过发挥自身的比较优势，节省本国生产成本和劳动耗费，让本国人民从中获益。在科学技术发展日新月异的今天，人类生活的地球已经变成了"地球村"。良好的国际分工体系的建立与维护，会使各国都能根据自身特色发展优势产业，生产出既有利于本国财富增长，也有利于贸易国资源配置效率提高的品质优良产品。在这一共识下各国进行自由的贸易往来，不仅仅是国与国互惠互利的往来，更是能给世界各国人民带来生活享受的福祉。

亚当・斯密的自由贸易思想对全球化经济仍有极大借鉴。在国与国之间的经济交往中实行贸易保护主义政策是不足取的，它不仅对自身经济发展不利，也危害了全球经贸秩序。持有国民偏见和敌意，以嫉妒和仇恨代替公平贸易竞争和国际分工协作，所有这些做法都是不利于增加国民财富和收入的，是破坏国家间贸易交往的互利和合作共赢的愚蠢行为。

当今世界，国家间的贸易往来，绝不是如早期重商主义所信奉的"出口有益、进口有

害”的“零和博弈”。事实上，国际贸易中的进口和出口都可以使各贸易国专注其具有竞争优势的产业。“看不见的手”不仅能够在绝对优势的产业上引导各国政府和公司做出理性选择，也能够在相对优势的产业上引导各国政府和公司做出理性选择，进而提升本国经济的竞争力和效率。进口他国的产品意味着以更低的价格为本国人民提供更多的消费选择，既给本国消费者带来福利，也有助于进口国维持较低的通货膨胀水平。国际贸易还能够促进世界各国的产业升级和经济增长，特别是第三次科技革命浪潮后，发达国家的产业结构发生了巨大变化，发展中国家承接了发达国家的部分产业转移，使发达国家能专注发展现代农业、高端制造业和现代服务业等。

毫无疑问，和谐的、无障碍的国际贸易能够让各国在国际贸易和国际分工中受益。然而，国与国之间在贸易往来中发生摩擦甚至冲突往往是难免的。试图通过贸易壁垒保护本国产业，而不从自身经济结构找原因，这是用任何一条经济学原理都解释不通的。理性的一方应将本国国民获得物美价廉的进口商品置于贸易平衡之上，通过单边降低关税和消除非关税壁垒的做法，增进本国的生产效率的同时，也规避“双输”的贸易摩擦。即使本国一些商品在他国遭遇高“关税”待遇，也应慎用所谓的对等措施，因为首当其冲受损的是进口国的厂商和国民。要摒弃所谓贸易“吃亏”的认知，在贸易争端谈判中保持足够战略定力，在合作共赢的大道上实现本国最大发展。同时，国际贸易尚未处于“帕累托最优”，既有的国际分工体系并不会因贸易争端发生根本性改变，也离不开包括中国在内的主要经济体市场的进一步开放。经济全球化是历史的潮流，各国的分工合作、互利共赢是长期趋势，国际经济联通和贸易交往是世界经济发展的客观要求。

在我国畅通国内大循环、促进国内国际双循环的格局下，斯密优势学说仍具有新时代借鉴价值。正确运用斯密优势理论，以高水平、高质量的对外开放，合理利用国内国际两个市场，驱动国内国际双循环，必须抛开贸易顺差的执念。在“双循环”格局下提升我国的对外贸易水平，就是以高质量的、公平的对外贸易促进国内的中长期需求。贸易摩擦最小化应当成为优选的政策取向，在保障国家安全的前提下主动以“三零”原则为导向，调整市场准入的“门槛式”做法，进行规则、规制等制度安排的改革。一是进口商品基本实行零关税，让世界各国共享中国发展红利的同时，也提供更多的物美价廉消费品，满足国内居民日益增长的美好生活的需要。二是实施同等国民待遇、保护知识产权等，营造更好的外贸营商环境，真正做到市场主体“法无禁止都可为”，政府监管“法无授权不可为”。三是对出口商品的补贴或奖励采取谨慎原则，防范在出口商品补贴上的“灰色交易”。

从利润实现视角对明斯基金融不稳定性假说的新解读

——兼论后凯恩斯主义对明斯基的批判

孙小雨[①]

（中国社会科学院）

一、金融不稳定性假说的理论基础：从加速数—乘数模型到投资决定理论

明斯基的金融不稳定性假说有两大理论基础，一是基于加速数—乘数模型对经济周期理论的研究，二是基于双重价格体系的投资决定理论。

首先，我们简要概括引入货币体系的加速数—乘数模型。明斯基发展了萨缪尔森—希克斯的加速数—乘数模型，引入了不同类型的货币体系，以研究其和经济增长过程之间的相互影响方式。

$$Y_t = C_t + I_t \tag{1}$$

$$C_t = aY_{t-1} \tag{2}$$

$$I_t = \beta(Y_{t-1} - Y_{t-2}) \tag{3}$$

其中，Y 为收入，C 为消费，I 为投资，a 为边际（平均）消费倾向，β 为加速数系数，t 为时间。将方程（2）和方程（3）代入方程（1）得：

$$Y_t = (a + \beta)Y_{t-1} - \beta Y_{t-2} \tag{4}$$

方程（4）是二阶差分方程，解通常是以下形式：

$$Y_t = A_1\mu_1^t + A_2\mu_2^t \tag{5}$$

明斯基着重分析了 $A_1 > 0$，$A_2 > 0$，$\mu_1 > \mu_2 > 1$ 的情况，我们将分析一般化，已知总引致投资为 β（$Y_t - Y_{t-1}$），事前储蓄等于（$1-a$）Y_t，假定事前储蓄用于股权融资的比例为 λ，那么股权融资为 λ（$1-a$）Y_t。给定 $\lambda = 1$，则股权的变化与总投资的比率为 $\frac{\Delta\text{股权融资}}{\Delta\text{总投资}} = \frac{(1-a)\ Y_t}{\beta\ (Y_t - Y_{t-1})} = \frac{(1-a)}{\beta\ (1-\frac{Y_{t-1}}{Y_t})}$。由于经济增长是一个发散型过程，即 $\frac{Y_t}{Y_{t-1}}$ 随着

① 作者简介：孙小雨，中国社会科学院经济研究所助理研究员。

时间推移不断增加，那么$\frac{\Delta 股权融资}{\Delta 总投资}$将会不断下降。

其次，我们来简要讨论投资决定理论。凯恩斯认为通论的主要命题是围绕着在金融市场上运行的非均衡力量展开的。这些非均衡力量直接影响了资本资产相对于现行产出价格的估值。明斯基认为，主流经济学之所以将凯恩斯经济学作为非均衡状态引入瓦尔拉斯一般均衡理论，并将价格、工资和利息率的各种黏性所导致的失业视为凯恩斯分析的特征，正是因为它们完全忽视了资本主义市场存在该体系，金融不稳定性假说在这一点上超越了通论。

在明斯基的投资决定理论中，如果代表性企业考虑融资行为的影响，那么投资的决定可以表示为图1。P_I 指生产投资品产出所需的价格。资本资产的需求价格曲线为 P_K，表示为货币供给的函数。投资产出的需求价格必须等于或者大于投资产出，才能引致投资。给定企业的内部资金水平 $\hat{Q}_I$，明斯基指出，虽然总投资会影响总 $\hat{Q}_I$，但企业层面的 $\hat{Q}_I$ 不受其投资水平的影响，这样内部资金水平在图中呈现为双曲线形状。在投资供给价格为 P_I 时，企业由内部资金提供融资的投资量为 $\hat{I}$。当投资产出大于 $\hat{I}$ 时，企业需要通过外部融资来获得投资。企业投资越大，那么企业杠杆率越高、债务股权比率越大，这将进一步提高贷款者风险和融资成本，从而提高投资的供给价格。这样投资供给曲线就由水平曲线 P_I 转变为斜向上的曲线，比如 P_{I1}。同样地，资本资产的价格也要反映借款者承担的风险或不确定性。在引入借款者风险以后，企业对资本资产的需求越大，那么企业杠杆率越高、债务股权比率越大，这将进一步提高借款者风险、降低预期收益的资本化率，从而降低资本资产价格。这样，投资的需求曲线便由 P_K 转变为斜向下曲线，比如 P_{K1}。

在初始条件下，投资的供给曲线 P_{I1} 和资本资产价格曲线 P_{K1} 决定投资为 I_1，债务量为 P_I（$I_1 - \hat{I}$），投资融资的杠杆为 $I_1/\hat{I}$，杠杆率取决于 P_K 大于 P_I 的程度、可获得的融资合同、借款者和贷款者风险估值及其对风险的偏好等。如果风险降低，那么金融制度和金融惯例的创新会导致杠杆率提升。这样投资的供给曲线向下移动变为 P_{I2}、需求曲线向上移动变为 P_{K2}，企业投资会相应地由 I_1 增加至 I_2。在内部资金水平给定的情况下，这也意味着债务由 P_I（$I_1 - \hat{I}$）增加至 P_I（$I_2 - \hat{I}$），杠杆率由 $I_1/\hat{I}$ 增加至$I_2/\hat{I}$，经济系统也日益变得具有脆弱性。

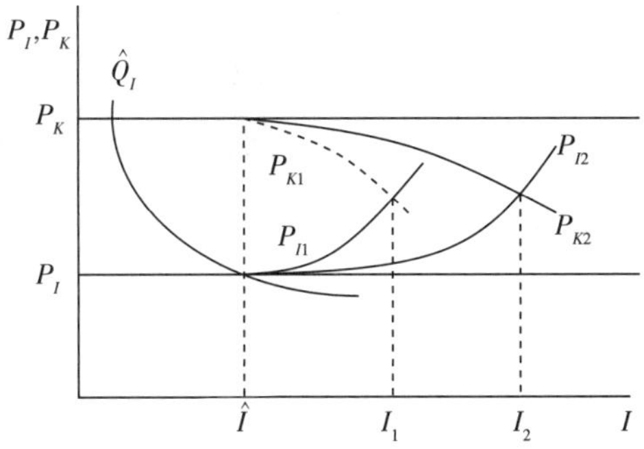

图 1　投资的决定

笔者认为，明斯基没有明确地将二者整合在一个分析框架内。在投资决定理论提出以后，明斯基似乎淡化了他早期关于加速数—乘数模型的研究。究其原因，明斯基认为加速数观点是指如果要使生产的产出大于当期产出，那么预期资本存量必须增加特定的规模才能获得企业经营业务所产生的现金流。而投资决定理论中的现金流还纳入了由资产抵押或资产出售所得到的投机性现金流。

二、后凯恩斯主义基于利润实现视角的批判性反思

（一）合成谬误：忽视债务融资对利润实现的影响

Davidson 最早提出明斯基的理论存在合成谬误问题。Lavoie 等认为，明斯基直接将基于这些假设的结论应用于宏观经济，很明显地缺失了宏观经济的链条，出现了 Davidson 所谓的合成谬误问题。与 Davidson 相比，Lavoie 等进一步指出，明斯基并非没有意识到债务融资对利润实现的影响。

Davidson 和 Lavoie 等清晰地揭示了明斯基的金融不稳定性假说与卡莱茨基利润实现理论之间存在的矛盾，但没有阐明明斯基为何在自己的分析中如此重视卡莱茨基的利润理论。Toporowski 对这一点进行了补充，他指出，明斯基在完成了对凯恩斯的研究以后，接受了卡莱茨基的利润理论，这一理论使得明斯基将金融脆弱性内生化。

（二）加速数—乘数模型依赖于可贷资金理论

Lavoie 认为明斯基在加速数—乘数模型中对储蓄和投资之间关系的分析，忽视了有效需求的视角，用公式表示为：

$$\Delta M = exanteI - exanteS = \Delta Y \tag{6}$$

其中，$exanteI$、$exanteS$、ΔY 分别表示事前投资、储蓄和产出的变化，ΔM 表示货币供

给的变化。Fazzari 指出，明斯基关于投资取决于融资的可得性的观点和凯恩斯关于可贷资金不能限制总投资的观点似乎存在矛盾，但他认为解决这一矛盾的方法在于，意识到明斯基对融资限制的分析是微观分析，而凯恩斯关于投资创造储蓄的观点是宏观分析。对此，笔者认为 Fazzari 的解释并不能回应 Lavoie 的批判，因为加速数—乘数模型事实上属于宏观层面的经济分析。如果将 Fazzari 的这一辩护应用于明斯基的投资决定理论，那么是有一定道理的。

（三）评价后凯恩斯主义的理论批判

后凯恩斯主义学者认为该理论存在合成谬误问题，并不能作为金融不稳定性假说的恰当的理论基础。国内学者李黎力为明斯基的假说进行了辩护：第一，虽然投资的增加会提高总利润，但是总需求的其他因素也会降低利润，这样利润的增速会低于投资、债务的增速；第二，微观企业杠杆率的上升会通过主体之间相互联系的结构效应导致宏观层面的金融不稳定性。笔者认为这两点辩护都是需要商榷的。首先，理论分析通常需要假设利润的增速会和投资的增速相同。其次，后凯恩斯主义强调个体企业的杠杆率上升并不是债务融资最终的事后情况，因为企业提高杠杆率的努力会通过增加总需求从而最终可能降低其杠杆率水平。

至于 Lavoie 批判明斯基的部分论述体现了可贷资金理论的色彩，这是有道理的。不过笔者认为 Lavoie 的这一批判并没有颠覆加速数—乘数模型中得到的结论。因为该批判并不涉及明斯基加速数—乘数模型的主体推导过程和所得到的结论。

后凯恩斯主义从利润实现视角对明斯基的投资决定理论进行批判之后，开始探索如何以卡莱茨基主义模型为基础，综合对利润实现和金融问题的研究。参照 Lavoie、Hein 以及 Ryoo 的研究，笔者将引入金融因素的卡莱茨基主义模型简要概括如下：假定劳动者不储蓄，总利润为 Π，其中一部分 Z 作为食利者在利息率 i 上赋予企业信贷 B 的报酬，食利者的储蓄倾向为 s_Z，那么储蓄函数为：

$$\sigma = \frac{S}{pK} = \frac{\Pi - Z + s_Z Z}{pK} = h\frac{u}{v} - (1 - s_Z)i\lambda \tag{7}$$

其中，利润率 $r = \frac{\Pi}{pK} = \frac{\Pi}{pY}\frac{Y}{Y_n}\frac{Y_n}{K} = h\frac{u}{v}$，$h = \frac{\Pi}{pY}$为利润份额，$u = \frac{Y}{Y_n}$为产能利用率，$v = \frac{K}{Y_n}$为资本产能比，$\lambda = \frac{B}{K}$为债务资本比。投资函数为：

$$g = \frac{I}{K} = \alpha + \beta u - \theta\lambda \tag{8}$$

其中，α，β，θ 均大于0，α 指独立于有效需求和货币金融变量、由企业竞争推动的投资增长率，β 为产能利用率对投资增长率的影响系数，θ 为债务利息资本比对投资增长率的影响系数。

笔者认为这一模型建构存在以下缺陷：第一，后凯恩斯主义学者从利润实现视角出发，强调债务的增长作为投资的一部分对利润实现的正向影响，但是在其模型建构中，这一理论逻辑并未体现出来；第二，卡莱茨基主义对短期和长期稳态增长过程的分析路径无法纳入经济增长的周期性视角，这样不确定性和内生性预期无法在其理论中真正发挥作用。

三、基于利润实现视角的新解读

后凯恩斯主义学者通常认为，明斯基的投资决定理论忽视了对利润实现的考察。笔者认为如果单独来看投资决定理论的话，那么后凯恩斯主义的批判是恰当的。但是如果将投资决定理论的微观分析和加速数—乘数的宏观模型结合起来，也许可以进行另一种解读。

（一）加速数—乘数模型对利润实现问题的考察

根据明斯基对加速数—乘数模型的建构，当 $I_t=(1-\alpha)Y_{t-1}$ 时，可得 $I_t+\alpha Y_{t-1}=Y_t=Y_{t-1}$。为了实现 $Y_t>Y_{t-1}$，就要满足 $I_t>(1-\alpha)Y_{t-1}$。如表1所示，t 期投资超过事前储蓄的部分 $[I_t-(1-\alpha)Y_{t-1}]$ 表现为 t 期债务融资的增加，t 期债务融资的引入直接增加了 t 期实现的投资，并通过增加投资提高了 t 期的总产出 Y_t。

表1　加速数—乘数增长过程（无限货币供给）

时间	产出	消费	事前储蓄	事前投资	实现投资	Δ货币供给
$t-1$	Y_{t-1}					
t	$Y_t=\alpha Y_{t-1}+I_t$	αY_{t-1}	$(1-\alpha)Y_{t-1}$	$I_t=\beta(Y_{t-1}-Y_{t-2})$	I_t	$I_t-(1-\alpha)Y_{t-1}$
$t+1$	$Y_{t+1}=\alpha Y_t+I_{t-1}$	αY_t	$(1-\alpha)Y_t$	$I_{t+1}=\beta(Y_t-Y_{t-1})$	I_{t+1}	$I_{t+1}-(1-\alpha)Y_t$

之后明斯基在凯恩斯理论的基础上建构投资决定理论。笔者认为明斯基的这一论述潜在地表明，加速数—乘数模型和投资决定理论并非各自独立的理论，而是存在着紧密的逻辑联系。明斯基在投资决定理论中强调，经济繁荣期的长期持续改变了人们的风险偏好、对未来利润流的预期和对未来不确定性的判断，由此促使投资需求曲线向上移动和供给曲线向下移动，从而导致投资产出上升。

明斯基有时在分析中也含蓄地表达了这一宏观和微观之间的联系。因为投机性繁荣的宏观经济影响了微观主体的预期和不确定性判断，微观主体的行为变化最终将引致宏观经济的不稳定性。因此，笔者认为这一微观理论本身就被纳入了利润实现的、非常特殊的宏观经济结构中。不过，明斯基的加速数—乘数模型也存在很明显的问题，就是它设定经济增长全部来源于债务融资，这一设定完全忽视了投资本身对经济增长的推动作用，对经济增长过程的刻画是不合理的。

（二）基于再生产图式的研究

1. 经济持续扩张意味着金融的不稳定性

本文暂时假定在扩大再生产过程中，剩余价值率和资本有机构成保持不变。

给定 $t-1$ 期不变资本、可变资本和剩余价值分别为 C_{t-1}、V_{t-1}、S_{t-1}，t 期将上一期的剩余价值 S_{t-1} 和本期的债务融资 D_t 用于本期的资本投资，那么 t 期不变资本、可变资本分别为 $C_{t-1}+(S_{t-1}+D_t)\frac{C_{t-1}}{C_{t-1}+V_{t-1}}$、$V_{t-1}+(S_{t-1}+D_t)\frac{V_{t-1}}{C_{t-1}+V_{t-1}}$，由此可得 t 期增长率 $\frac{S_{t-1}+D_t}{C_{t-1}+V_{t-1}}$，相应地，$t+1$ 期增长率为 $\frac{S_t+D_{t+1}}{C_t+V_t}$。遵循明斯基加速数—乘数模型的设定，$\frac{S_{t-1}+D_t}{C_{t-1}+V_{t-1}}<\frac{S_t+D_{t+1}}{C_t+V_t}$，将该式变形可得 $\frac{D_t}{S_{t-1}}<\frac{D_{t+1}}{S_t}$，这表明随着产出增长率不断提升，债务融资相对于剩余价值的比率在增加。

由此可以得到两个推论：第一，债务融资占总投资的比重上升。给定 $t+1$ 期的债务为 D_{t+1}，那么 $t+1$ 期债务融资占总投资的比重为 $\frac{D_{t+1}}{D_{t+1}+S_t}$，变形为 $\frac{1}{1+S_t/D_{t+1}}$。给定 $\frac{D_t}{S_{t-1}}<\frac{D_{t+1}}{S_t}$，可得 $\frac{1}{1+S_t/D_{t+1}}>\frac{1}{1+S_{t-1}/D_t}$。表示为图 2。第二，内部资金—债务比持续下降。将这一比率的增长率进行分解得到 $\frac{\hat{S}_t}{D_{t+1}}=\frac{\dot{S}_t}{S_t}-\frac{D_{t+1}}{D_{t+1}}=\frac{D_t}{D_{t+1}}-\frac{S_{t-1}}{S_t}$。给定 $\frac{D_t}{S_{t-1}}<\frac{D_{t+1}}{S_t}$，即 $\frac{D_t}{D_{t+1}}-\frac{S_{t-1}}{S_t}<0$，可得 $\frac{\hat{S}_t}{D_{t+1}}<0$。这两个推论都意味着经济繁荣伴随着金融结构的不稳定性趋势。

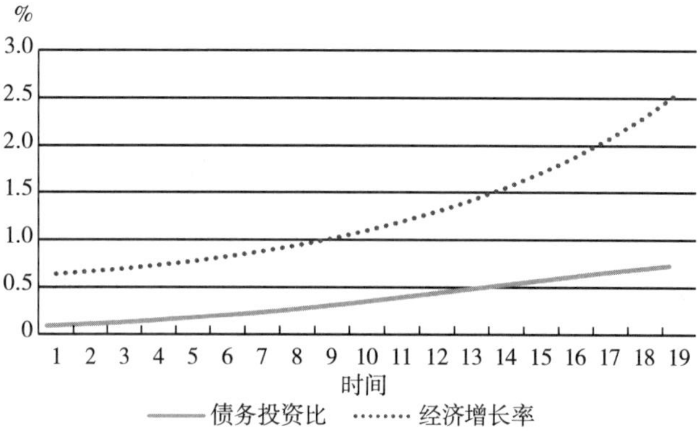

图 2　基准情况下的经济增长率和债务投资比

2. 引入资本有机构成上升和金融化

在再生产图式中，t 期债务融资有利于增加 t 期剩余价值的生产。现在分别引入资本有机构成上升和金融化的情况：

第一，假定 t 期总资本有机构成为 σ_t，$t-1$ 期的剩余价值和 t 期债务用于 t 期扩大再生产时对不变资本和可变资本的分配比例为 σ'_t，给定 $\sigma'_t>\sigma_t$，$\sigma'_t>\sigma'_{t-1}$，剩余价值率为 s 保持不变，t 期债务全部用于扩大再生产；给定 $t-1$ 期不变资本、可变资本和剩余价值分别为 C_{t-1}、V_{t-1}、S_{t-1}，t 期债务融资为 D_t，那么 t 期不变资本、可变资本和剩余价值分别为 $C_{t-1}+(S_{t-1}+D_t)\frac{C_t}{C_t+V_t}$、$V_{t-1}+(S_{t-1}+D_t)\frac{V_t}{C_t+V_t}$、$s\left[V_{t-1}+(S_{t-1}+D_t)\frac{V_t}{C_t+V_t}\right]$，由此可得 t 期增长率为 $\frac{sV_{t-1}+D_t}{V_{t-1}(1+\sigma'_t)}\frac{1+\sigma'_t+s}{1+\sigma_{t-1}+s}$，相应地，$t+1$ 期增长率为 $\frac{sV_t+D_{t+1}}{V_t(1+\sigma'_{t+1})}\frac{1+\sigma'_{t+1}+s}{1+\sigma_t+s}$。给定经济繁荣中增长率不断提升，即 $\frac{sV_{t-1}+D_t}{V_{t-1}(1+\sigma'_t)}\frac{1+\sigma'_t+s}{1+\sigma_{t-1}+s}<\frac{sV_t+D_{t+1}}{V_t(1+\sigma'_{t+1})}\frac{1+\sigma'_{t+1}+s}{1+\sigma_t+s}$，将其变形可得 $\frac{1+\sigma'_{t+1}}{1+\sigma'_t}\frac{(1+\sigma'_t+s)}{(1+\sigma_{t-1}+s)}\frac{(1+\sigma_t+s)}{(1+\sigma'_{t+1}+s)}\frac{D_t}{S_{t-1}}+1<\frac{D_{t+1}}{S_t}+1$。资本有机构成提高即 $\sigma_t<\sigma_{t+1}$，经过计算可知 $\frac{1+\sigma'_{t+1}}{1+\sigma'_t}\frac{(1+\sigma'_t+s)}{(1+\sigma_{t-1}+s)}\frac{(1+\sigma_t+s)}{(1+\sigma'_{t+1}+s)}>1$，这意味着与资本有机构成保持不变的情况相比，为了满足经济增速不断增长，债务相对于剩余价值的增速会更快，债务融资在总投资中的比重会增长得更快，金融结构会变得更脆弱。

第二，给定资本有机构成和剩余价值率不变，金融化会不断侵蚀用于再生产投资的剩余价值和外部融资。

首先，剩余价值全部用于再生产、外部债务融资因为金融化只有一部分用于再生产。假定 t 期债务只有 α_t（$0<\alpha_t\leqslant 1$）部分应用于扩大再生产，其他部分用于金融资产的循环。并且随着金融化的趋势，有 $\alpha_{t+1}<\alpha_t$。给定经济增长率不断提升，即 $\frac{S_{t-1}+\alpha_t D_t}{C_{t-1}+V_{t-1}}<\frac{S_t+\alpha_{t+1}D_{t+1}}{C_t+V_t}$，结合资本有机构成和剩余价值率不变的条件，我们可以得到 $\frac{\alpha_t D_t}{S_{t-1}}<\frac{\alpha_{t+1}D_{t+1}}{S_t}$。这意味着与将所有债务用于再生产投资的情况相比，为了满足经济增速的不断增长，债务相对于剩余价值的增速会更快，债务融资在总投资中的比重增长得会更快，也即金融结构会变得更加脆弱。

其次，如果金融化进入了新阶段，不仅全部债务融资用于金融资本循环，而且逐渐侵蚀用于再生产的剩余价值。给定 t 期有 β_t 比例的剩余价值用于再生产，且 $\beta_{t+1}<\beta_t$，那么在资本有机构成和剩余价值率不变的情况下，可得 $t+1$ 期增长率等于或小于 t 期增长率，

即$\frac{\beta_{t+1}S_t}{C_t+V_t}<\frac{\beta_t S_{t-1}}{C_{t-1}+V_{t-1}}$，这意味着经济处于停滞或衰退的状况。在这种情况下，如果债务相对于剩余价值的增速更快，即$\frac{D_t}{S_{t-1}}<\frac{D_{t+1}}{S_t}$，那么债务投资比就会提高，即$\frac{D_t}{\beta_t S_{t-1}}<\frac{D_{t+1}}{\beta_{t+1}S_t}$；反之，如果债务相对于剩余价值的增速更慢，即$\frac{D_t}{S_{t-1}}>\frac{D_{t+1}}{S_t}$，那么债务投资比的变化则是不确定的，取决于金融化趋势是否能抵消债务—剩余价值比所代表的金融结构的改善。

图 3 为三种情况下的债务投资比。

上述分析表明：第一，在经济增速不断加快的经济繁荣情况下，如果经济中出现了资本有机构成上升和金融化的趋势，那么金融结构的脆弱性会更为迅速地恶化。与图 1 相比，我们会发现在保证经济增速与基准情况相同的条件下，资本有机构成上升和金融化都会导致债务投资比呈现更高的水平。第二，将金融化的第二种情况与上一节的分析结合起来，可以发现经济加速扩张必然引致金融不稳定性，因为加速扩张的条件本身即要求债务增速快于剩余价值增速。总体而言，其中出现的金融的不稳定性都根源于债务的增速超过了剩余价值的增速。

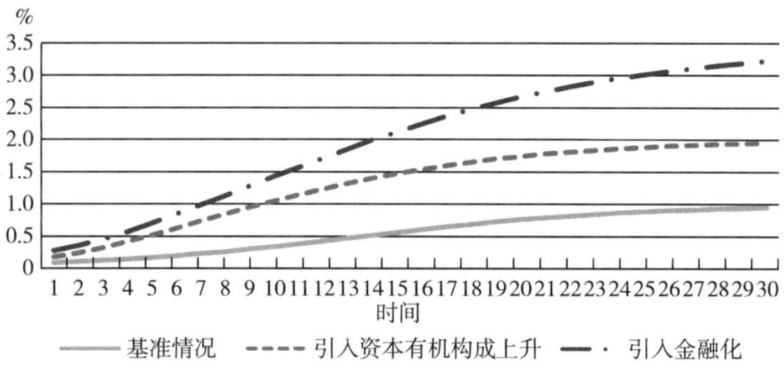

图 3　三种情况下的债务投资比

《资本实证论》的逻辑悖谬

刘　伟　刘　兵　张崇平[①]

（昆明理工大学）

一、庞巴维克资本范畴的逻辑悖谬

（一）庞巴维克资本概念的两个逻辑鸿沟

庞巴维克的资本概念在外延上存在着一条逻辑鸿沟，即无法通约作为生产要素的资本和作为收入形式的利息之间的对应关系，而这根源于其资本概念在内涵上的逻辑鸿沟。

《资本实证论》的核心论点是“创造新商品并不意味着创造新物质，因为物质是永远不变的，是不能有所增加的”。在这里，他用形而上学的物质范畴否定价值所代表的劳动创造力的物质性。

庞巴维克认为，使用工具系统而开展的生产，即是资本主义生产。然而，庞巴维克为资本统治权辩护，将劳动创造力贬低为资本物权的附庸，他的谬误在于：把劳动者和生产工具分离，而用生产工具的资本所有权遮蔽劳动者创造和使用生产工具的事实，最后将生产工具直接等义于资本，这是对资本与雇佣劳动关系的庸俗陈述。

（二）庞巴维克资本概念的自我归谬

庞巴维克对他的资本概念做出梳理：资本是那些用来作为获得财货的手段的产品。在国家社会范围内，作为生产工具手段的中间产品是狭义的资本，也叫作社会资本；而作为获利资本的私人资本则是广义的资本。庞巴维克企图用“社会资本”与“个人资本”的联系，填补资本作为生产工具和生息本钱的逻辑鸿沟。

---

① 作者简介：刘伟，昆明理工大学马克思主义学院副院长，中华外国经济学说研究会理事，云南省中青年学术与技术带头人后备人才，从事马克思主义基本原理和经济哲学研究，代表作《论科学的经济学》获云南省哲学社会科学优秀成果一等奖；刘兵，昆明理工大学马克思主义学院讲师；张崇平，昆明理工大学马克思主义学院硕士研究生。

庞巴维克特别从资本概念当中清除出去“国家维持基金”，他先验地突出生产资料私有产权相对于生活资料私有产权的决定性，生产资料的私有产权是利息（利润）产生的根源。

庞巴维克同样反对卡尔·克尼斯对资本概念的折中，他强调克尼斯将劳动力当作资本是最大的“谬误”，在庞巴维克那里，经济学用“科学体系”说明利息（利润）。这时，他又贬低工资理论为社会习惯，独树利息理论为科学逻辑。他的荒谬逻辑是：因为利息的复杂性和工资的直观性不可通约，所以资本和生活资金分属两个领域也不可通约。据此，他指出马克思资本概念的“不正确”。

也许是有感于以上论证缺乏说服力，庞巴维克才又强调资本因迂回生产而获利不是一个原因而是一个结果。他把资本的这种推动神秘地称为“自然力的禁闭”。庞巴维克在这里混淆劳动创造生产工具的因果关系，用神秘主义极力抬高自然力的作用。然而，他迅即又违背了自己的资本定义。

（三）偷用并错用劳动价值理论

在《资本实证论》中，庞巴维克对资本概念的辨析并没有澄清资产阶级经济学家对资本的含混认识，难以突破为资本剥削辩护的窠臼。

他再次强调自然和劳动是资财产生的双重来源。他套用物决定人的机械唯物论，得出物化的资本决定活劳动的结论。庞巴维克站在资产阶级立场上把工人丧失生产资料的现实理解为永恒法则。他继续证明资本在时间上的损失何以产生资财，并为此建立了数学模型。他的论证是失败的。

为了论证资本因时间损失而得到报酬的合理性，庞巴维克又搬出了储蓄论。他仍然不得不把消费品纳入资本当中，违背自己最初的资本定义。

庞巴维克建立起来一个宏观经济模型，这个模型实际上在一定程度上反映出剩余价值的社会积累或者再生产。但是，庞巴维克达到了与西尼尔“最后一小时”一样为资本剥削辩护的反动效果。

在庞巴维克看来，“公众”不分工人与资本家，全部收入用于满足需求，买方的收入会化为卖方的收入，资本家是社会的总卖方，他们的收入就是利润。在这里，他将盗用和错用劳动价值理论的谬误发展到极点。他继续盛赞资本家的“超人”品格：资本家不会将利润全部用于满足需求，他们具有通过储蓄的精神活动引领生产进步的动机。

庞巴维克在自己论证资本定义遇到困境之后，竟然盗用劳动价值理论来为资本剥削论证，但即使如此也无法否认劳动创造价值这一根本事实。

二、庞巴维克主观价值论的逻辑悖谬

（一）边际效用概念缺失前提性论证

庞巴维克反对劳动价值理论从否定商品二元论开始。庞巴维克用主观价值与客观价值二分法，取代使用价值和交换价值二分法。把经济学从关注生产关系和交换关系的科学道路，拉回到片面描述交换关系，又只是用心理感受来解释交换关系，使经济学陷入狭隘境遇之中。

庞巴维克反对亚当·斯密用劳动量揭示价值的物质性，他声称只有主观价值论才能为“价值悖论”决疑。决定物品价值的是它的最小效用也即边际效用。

在庞巴维克的视域中，边际效用作为主观价值论的核心范畴，其逻辑前提是稀缺性。他不能说明商品何以具有稀缺性。庞巴维克试图论证稀缺性和边际效用互为因果，然而定性分析不明，定量分析不可能有真正的说服力。

不得已，庞巴维克又找到第二个“自明”的根据论证边际效用的必然性，这就是供求规律，但是庞巴维克拒绝对有用性尤其是稀缺性再做追问。他一定程度上触及贫富差别，但也仅到这里为止。

庞巴维克论证边际效用的前提性论证最终归于失败。他用人的消费欲望恒等式论证边际效用的客观性，但这个恒等式包含着有者和无者的需求不可化约的悖谬。他用供求关系论证边际效用的必然性，但却难以摆脱供求分析循环论证的窠臼。而这一切都根源于他南辕北辙地用心理感受解释商品稀缺性内在机制的错误方法。

（二）替代性商品与补全商品的边际效用不可通约

庞巴维克继续论证边际效用的现实化。他首先研究了替代性物品的边际效用，将观点用于论证已被纳入主观价值范畴而尚未消化的交换价值的边际效用，结果反而加剧了其边际效用概念的逻辑混乱。

庞巴维克未能说清楚所谓替代性商品背后的复杂关系，又试图去揭示更为复杂的补全商品的“价值”。庞巴维克认为补全物品中不可替代的资本物品拥有较高水平的边际效用，在这里，他犯了偷换概念的逻辑错误。

庞巴维克并未打通替代性商品与补全商品边际效用使之具有一致性，就急于得出资本是不可替代商品的结论，这使得替代性商品与补全商品边际效用不可通约的理论困难具有典型性，在他那里，理论法则的贯彻总有例外，法则的例外与前提性论证的缺失相互对应。

（三）主观成本决定与被决定的悖论

庞巴维克提出主观价值论的目的是树立主观成本论，围堵通向揭示资本剥削的可能路径。然而，他的主观成本论却存在着成本价格和成品价格究竟谁决定谁的悖论。他并不能完全实现另起炉灶，忽略成本的客观先在性，但他又搬出他的代替性物品边际效用法则来解决这个困难。庞巴维克把成本与资本商品的时间关系归结为空间关系，这不是用成本的历史解释现实的资本商品，而是遮蔽从成本到资本商品的增值现象。

庞巴维克感觉到其“横向”和“纵向”价值论的神秘性，又继续用价格理论解释物品成交的机制，从而说明成本规律。他强调由利己主义出发，也推翻了价值规律平等交换原则，并反其道而行之，认为只有人们对物品和等价物给予了不同的价值才能进行交换。庞巴维克以买者高估、卖者低估的主观预设否定了价值规律平等交换的法则，又机械地建立起“边际对偶”间僵化的平等，得出市场出清的结论，否认了经济危机的可能性。庞巴维克还在买者和卖者的供求关系中，分析了货币作为一般等价物的作用，用市场出清保障成本价值与成品价值相匹配，从不会有大的偏离。

庞巴维克依靠市场出清论保证成本价格的实现与成品价格的实现相一致，然而，庞巴维克的市场出清却是一种主观心理的预设，二者达成的“边际对偶”没有成本的底线，没有成交量的多寡衡量，只是心理上的预期和满足。

三、庞巴维克利息概念的逻辑悖谬

（一）关于资本获利的循环论证

利息理论是庞巴维克经济学的核心理论，这一理论以专门反对马克思的剩余价值学说为己任。庞巴维克的利息理论建立在他的哲学时间观的基础之上，他的基本观点是：人们对未来物品的评价必然低于它们的未来边际效用。庞巴维克局限在心理领域从交换和消费的角度看待时间在人类经济活动中的作用。

庞巴维克首先从供求关系上论证人们评价未来物品的价值低于现在物品。现在物品用于未来产出，必将减少现在物品的供给，使之更为稀缺。资产者投资生产的根本原因是生产资料为他人所有，其根本目的是实现剩余价值剥削的最大化，但是资产者自己否认剥削的存在。

庞巴维克从心理学角度描述了人们在供求结构中之所以低估未来的缘由。但是，他还是洗刷不了资产者鄙视工人阶级的立场，他试图为人们低估未来寻找心理学的基础。

庞巴维克论证未来产品的价值低于现在物品，其目的依旧是为资本获得利息寻找自然权利。资本首先是以现在物品的形态存在的，现在物品的边际效用高于未来物品。庞巴维克承认新劳动的创造作用，但是否认新劳动是利润（利息）产生的根源。生产手段的边际效用和价值依赖于它们产品的预期的边际效用和价值。现期对未来产品价值的低估，会在未来产品已经实现价值时获得补偿，这种补偿就是利息。只有资本家才能够获得利息。庞巴维克的以上论证自我否认了资本家超乎常人自利之心将现在物品投资于未来。他断然否定劳动力创造未来产品会产生利息。

庞巴维克将资本家塑造成了神人。这个神人能够解决常人难以解决的三个层次的“难题”：解决现在和未来供应情况的矛盾；扭转低估未来利益和未来物品的人性；让冗长的生产方法创造出更高的生产率。

（二）利润取消论根绝认知资本内在结构的可能性

认知资本的内在结构是揭示剩余价值剥削的必经之路，所有庸俗经济学家都自觉不自觉地杜绝通向这条道路的可能性，他们尽可能地曲解资本的内在结构，庞巴维克也不例外。

获得利息是资本家运营资本的根本目的，为利息产生的必然性与合理性做论证则是庞巴维克的根本目的。庞巴维克论证利息的产生根源于现在物品和未来物品之间的价值差别。他在这里犯了两个颠倒性错误：一是把借贷资本由产业资本派生的事实颠倒了；二是把借贷资本对产业资本的剥夺描述成借贷款项的估值先低后高，把借贷看作是平等交换。

庞巴维克论证利息背后的价值交换归根结底没有发生增值，但这和常识相违背。他很清楚追究利润或剩余价值的根源，焦点在是不是承认工人创造剩余价值并为资本家所剥削。

庞巴维克用利息取代利润，妄图达到取消利润存在的目的，他强调劳动这种生产性物品的总价，总是低于劳动所生产的产品的价值和价格，这是劳动市场的特殊性。庞巴维克也在一定程度上反映了资产阶级占有剩余价值和工人阶级获得工资之间力量的对比关系，但他把这种社会关系的对比庸俗化为对未来物品边际效用衡量的对比。

庞巴维克拒绝将工资以及由工资购买的一般生活必需品归入资本范畴之中。在资本家与工人的关系当中，工人是资本家的合伙者，剥削是不存在的。这里，庞巴维克淡化了他的主观利息论观点，不得不说出资本家的实际考虑，而疏离于自己的理论说辞。

耐久物品是庞巴维克资本概念中的核心部分，相当于马克思资本概念中的不变资本，是其为资本获得利息辩护的理论核心。庞巴维克认为自己已经把耐久物品所给予物主的利润追溯到和借款利息和企业家的生产利润相同的原因上去了。这里，庞巴维克自画圆满。他还交代了耐久物品的利息是总利息的组成部分，又杜撰出一个“营业”或“流动”资本，就是使用了“流动资本”的魔术。

庞巴维克的结论是：资本家是出售现在物品的商人，他是在现在物品与未来物品的差异中补足了企业利润。资本家代表着资本主义生产方式，而工人阶级只是代表着能立即产生收益的小生产。庞巴维克认为，在现实中这种竞争幸运地是通则而不是例外。庞巴维克根本不能取消利润与工资的矛盾，他不能磨灭利润的存在。

（三）利息扩张论反对反证可变资本的存在

庞巴维克认为利率就是现在物品和未来物品相交换的价格。他照旧用供求理论来研究利率。他关于工资率的结论是：在资本与雇佣劳动的供求关系中，一定能够达到市场出清，不会存在失业现象，而这种趋势的前提是资本在决定利率的时候发挥决定性作用，工资率必须根据资本的需求及时调整。以上论述暴露出三个谎言：劳动力供求平衡、工资率与利息率均衡、工资是资本家给工人的信贷。庞巴维克试图找到利率变动的规律，在这里他将利息概念偷换成了利润概念。他从耐久物品的产生利息的描述中揭示了其中原因，现在他又从复杂的国家生活维持基金的角度考察这一现象，考察了国家生活维持基金、工资率、利率和工人人数的关系。三个因素决定利率的变动。庞巴维克的判断利润走向的价值标准是资本生产发展促进利润提高以对冲平均利润率不断趋于降低的事实，因而应当鼓励和维护剩余价值剥削。庞巴维克不得不再次分析工资（可变资本）和利息（利润）的关系。

庞巴维克不能不面对资本利润平均化后不断趋于下降的规律，认识到这是利息问题中的根本性问题。庞巴维克分析了影响利率的国家生活维持基金总量除工人生活维持基金外的其他三个成分。除了提高剩余价值剥削，资本向劳动者和土地所有者进行借贷是提高利率的第二条路径。庞巴维克提出均衡满足的原则。多多储蓄和投资是庞巴维克所指出的提高利率的第三条路径。

为了抹杀剩余价值剥削，在行文即将结束时，庞巴维克特别强调他的维持基金概念解决了工资和利息之间的矛盾关系。他终究不能绕开维持基金背后的工资关系，不能跳跃出资本剥削雇佣劳动、无偿占有剩余价值这个增加利润或利息的基本事实。

21 世纪美国左翼对美国医疗卫生体系的批判研究

符　豪①

（中国社会科学院）

1966 年 3 月，美国著名黑人民权运动领袖马丁·路德·金痛斥美国医学会对黑人民众在健康问题上的不作为行为，言辞犀利地论述：“在所有形式的不平等中，健康方面的不公正是最令人震惊也最为不人道的，因为它常常夺走人的生命。”随着新型冠状病毒（COVID－19）对美国社会造成的巨大冲击，美国的医疗卫生深层问题再次受到国际关注，其牵扯的错综复杂的政治、经济、社会等一系列资本主义内在矛盾集中爆发，使美国遭遇几十年来最严峻的全国危机，而这样的危机并非无人预见，美国左翼学界自 20 世纪 60 年代就开始对美国的医疗卫生体系进行总体研究和深入批评，进入 21 世纪，相关研究和批判在总结前人经验的基础上不断结合时代特征，直接揭示美国医疗体系深层顽疾。伴随着 21 世纪美国医疗水平的高速发展、医疗行业的利润暴增、医疗改革的艰难推进和医疗保障的缓慢进展，美国左翼在理论上洞悉了 21 世纪美国医疗卫生体系的实质，以马克思主义的观点方法为指导深刻揭露美式帝国主义医疗罔顾民生健康的政治根源和经济动因，指出资本主义破坏生态环境、摧残人类身心所造就的“超级病毒”正在反噬资本主义制度本身，因此为了全人类的健康和解放，必须推进民主的生命政治和广泛的社会医疗建设，真正保障每一个公民的身心健康不受损害，切实维护最为基本、最为重要的人权——生命权。21 世纪美国左翼对美国医疗卫生体系的深刻批判不仅是国外马克思主义的资本主义批判理论的重要成果，更吸收了 21 世纪最前沿的医学研究成就，为马克思主义科学理论指导和推动现代医学变革发展做出理论贡献。

一、政治根源：新帝国主义医疗的特权分配本质

新帝国主义根深蒂固的霸权思维和阶级压迫是造成自身长期公共卫生问题的症结所

---

① 作者简介：符豪，中国社会科学院马克思主义研究院博士后、助理研究员，研究方向为国外马克思主义理论。

在，医疗的特权分配成为21世纪美国依然存续的不公正医疗体系的政治根源。美国左翼在21世纪深刻挖掘美国霸权政治对于医疗正义的巨大负面影响，揭露新帝国主义医疗依权力分配对本国工人阶级和世界贫困人口带来的生存危机，从政治批判入手揭开美式医疗霸权的冷峻内幕。

第一，美国医疗卫生体系是穷人福利的倒退和富人特权的扩大，医疗保障依据政治权力进行分配，这种公然剥削底层人民健康权的不人道、不公正的体制源自帝国主义根深蒂固的霸权意识形态，体现了当代美国深刻的政治不平等和阶级压迫的实质。美国是世界上医疗花销最高的国家，21世纪伊始美国在医疗保健领域的支出就已经占GDP的14%，近年来这个比重持续增加，达到18%，超过其他所有国家，其按比例医疗花费是加拿大、日本、瑞典等发达国家的2倍，巨额医疗支出只增不减。与之相对应的是美国广大的无保障人群和饱受疾病困扰的弱势群体，21世纪初美国每年由于缺乏有效医疗护理死亡的人数就高达10万人，是患艾滋病死亡人数的3倍；35%的老人减少食物等必要支出以便负担医药费用，39%的绝症患者在支付医疗费用时存在“中等或严重问题”，没有其他主要发达国家能够接近这种不人道的程度。马克思主义社会流行病学家文森特·纳瓦罗（Vicente Navarro）指出，任何社会的卫生保健状况都是该国现有权力关系的最好反映，他认为，在美国，不同的种族和性别代表不同的权力，种族和性别歧视对美国医疗现状具有重大影响，但更为隐蔽、尖锐也最为残酷和重要的权力永远是阶级权力，“实际上，阶级死亡率的差异才是美国最大的死亡率差异”。纳瓦罗认为美国长期无法制定高效的国家医保体系、仅依赖于企业主提供健康保险的政治思维与《塔夫脱—哈特莱法案》（*Taft - Hartley Act*）异曲同工，根源在于保护富人阶级的集体利益，利用大资本家巨大的政治和经济权力压迫工人阶级，更旨在抑制宣传异样意识形态的社会运动，同时通过政治选举的私有化进程巩固上层权力结构，进一步打压穷苦民众。在这种阶级割裂的政治引领下，美国医疗卫生领域的不平等持续扩大，某些人的健康和保障水平大大提高，而另一些人的医疗资源被不断削弱。而社会不平等导致社会群体与个人之间的社会距离（Social Distance）不断扩大，社会凝聚力和社会资源的极度分散致使美国的穷人（尽管是世界范围的中产阶级）的预期寿命比加纳的中产阶级（虽然是世界范围的穷人）的寿命还要短两年。可悲的是，即便如此，美国依旧长期忽视政治因素对国民健康的严重破坏，托尼·普拉特（Tony Platt）指出布什政府以来的右倾政策加剧了美国工人阶级的医疗困境，新帝国主义下激化的阶级与种族问题正在割裂整个国家，必须重新考虑基于人类本身健康的福利政治；维茨金也指出在资本主义条件下，医疗领域的阶级冲突问题一直存在，健康是阶级斗争的对象，必须由阶级力量的平衡所塑造，直言美式新帝国主义是破坏和剥夺人民健康权益的霸权根源。

第二，美国以新帝国主义的全球霸权行径危害世界和平与发展，造成国家间发展的巨大不平等，破坏全球人民的健康权益，与此同时，美国仍不断向外输出自身的医疗霸权，剥削和压迫贫穷国家民众，依靠政治力量将美式霸权医疗体系推向世界，严重危害世界人民的健康福祉。在阐释医疗体系和新帝国主义之间的关系时，美国左翼的很多学者将分析置于新自由主义背景下，他们认为新自由主义是统治阶级的“政治意识形态工程”，是近40年的霸权力量。事实证明，在华盛顿共识的加持下，在经济全球化形势的“推动”下，在21世纪美国逐渐将新自由主义议程推向世界，甚至利用医疗机构协助美国的军事行动。维茨金和艾达·海兰德（Ida Hellander）指出，“二战”后将资本强加于健康之上的做法来源于美国，这些行为在医疗体系市场化的背景下上升到新帝国主义的全球霸权层面，激化了世界范围内的不平等医疗特权分配。维茨金、海兰德、亚当·加夫尼（Adam Gaffney）、卡洛斯·蒙塔纳（Carlos Muntaner）等都认为进行新自由主义医疗改革的国家已经成为新帝国主义的“同谋”，这些国家在拥抱资本的同时一定程度上丧失了主权，也丧失了对医疗、教育、环境等领域的指导地位，反而为提高市场伦理“摇旗呐喊”。美国助长特权、破坏民生的新自由主义医疗对不发达国家危害最大，维茨金描述了21世纪以来美国在拉丁美洲广泛推广管理医疗（Managed Care）的努力，因为在整个拉丁美洲，社会保障体系已经聚集非常庞大的资金，这成为美国医疗财团有利可图的巨大市场。但拉丁美洲重现了美国特权阶级医疗的各种弊端，国家对管理式医疗的关注集中在弱势群体的准入限制和临床服务支出的削减上，为普通民众获取医疗服务设置了障碍，增加了公立医院和诊所的压力，巴西、智利、阿根廷都出现由于经济问题无法参与管理式医疗的情况，贫困患者必须接受冗长的经济调查，人民的健康被阶级障碍无情阻断。在某些拉丁美洲国家，反抗新自由主义医疗的运动因此兴起，巴西医生和公共卫生学家反对引入管理式医疗，萨尔瓦多和玻利维亚反对卫生服务私有化浪潮，墨西哥等国推广社会医学，非洲和亚洲多地也开展类似运动。维茨金指出，人民的政治觉悟已有所提高，越来越多地视这场斗争为阶级斗争，使反对新自由主义医疗特权的战斗成为反对新帝国主义斗争的一部分。

二、经济内因：垄断金融资本助推医疗剥削

大卫·希梅尔斯特恩（David Himmelstein）和斯特菲·伍尔汉德勒（Steffie Woolhandler）指出，当今时代的医疗保健行业已被日益概念化，成为一种商品，其市场价值已经渗透到其产品之中。新自由主义的影响遍布于医疗卫生领域，但作为服务于资本市场的一种形式，其逐渐被另一种资本积累进程和模式所取代——垄断金融资本。美国的医疗卫生体系毫不犹豫地选择拥抱垄断金融资本，资本主义面临的发展停滞也使它们亟须在医疗领域实现利润增值，美国政府推动的一系列新自由主义医保改革协助保险和医药行业大发横财，财团资本的有组织投机行为更以金融化手段将健康产业变为资本不断增值的乐土，医

疗服务业在美国逐渐丧失了“医者仁心”的本真内涵。

第一，美国新自由主义的医保改革在21世纪继续推行，其市场驱动的医疗保健理念与金融垄断服务深入结合，在越发背离为最广大人民实现健康保障覆盖的同时，更加助长了整个医疗行业的私有化和金融化趋势，使垄断资本进一步占领民生和卫生领域，从而深入“洗劫”人民健康福祉。美国在21世纪的医保改革一直是历届政府关注的重要议题，而历次改革屡屡陷入私有化和金融化的风潮成为人们诟病的焦点。布什政府期间，受到国内外形势的多重影响，右翼保守势力和鹰派观点纷纷走上台前，里根时代倡导的降低劳动成本、减少福利待遇、压制平权运动、放开环保法规、扩大军事和司法系统权力等政策得到重现。普拉特指出，在医疗保障方面，布什政府倾向赋予各州更多医疗选择的权力，鼓励患者如消费者一般参与私人医疗计划，并限制老年人、穷人和残疾人的医保福利。参议员爱德华·肯尼迪（Edward Kennedy）直言布什的计划将使公共卫生领域成为私人保险的利润中心，它要求州政府削减关键的公民健康保障，这极大增加了无医保人数，减少了穷人的医疗服务，多达1500万低收入人群退出医疗补助计划加入无保险行列。奥巴马政府备受瞩目的《平价医疗法案》（ACA）则在新自由主义的私有化和金融化道路上越走越远。“奥巴马医改”将税收产生的公共收入注入私营部门，增加了私营保险业利润的同时反而加重了民众的参保压力；最富有的行业巨头从ACA受益，垄断阶级利益提升的同时小微企业的运营却遭到多方掣肘；ACA施行后仍有至少2600余万人没能参保，其高昂的免赔额使很多美国家庭望而却步，雇主赞助的保险也走向相同趋势；对成本管控的不力更使保费飞涨，行政支出扩大，奥巴马治下医疗卫生系统总成本不断飙升。但包括ACA在内的新自由主义医疗议程赢得了金融资本的青睐，世界银行、国际货币基金组织和其他金融机构都在积极构建全球化的金融垄断医疗体系，目标瞄准世界各国庞大的社会保障基金。维茨金和海兰德指出，这些新自由主义医疗计划的要素之一就是私营医疗及保险巨头的参与，这些组织与医院和卫生系统合作，在巨额资本的垄断作用下展开控制力强大的市场运作。这种模式下，跨国性保险业巨头会以子公司（通常是营利性的管理式医疗组织）形式提出具有竞争力的医疗方案，运用“幕后”金融力量满足医疗改革所需的财务和基础资源，整合其他企业，实现实质的行业垄断，从而极大危害医疗公平，损害人民健康。

第二，金融资本不断注入美国医疗卫生领域，使医药行业在迅猛发展的同时形成巨大的产业利益链，垄断性医药巨头不断涌现，其以治病救人为幌、以赚取利润为实的市场行为增加了民众获取医疗支持的难度，恶化了医疗资源不合理配比，在赚取巨额利润的同时对普通民众实行“健康剥削”，展现了垄断资本的冷酷嘴脸。左翼关于美国医疗工业的最早批判来自罗伯·伯拉齐（Robb Burlage）在1967年提出的“医疗—工业复合体”（MIC）概念，他对医疗行业与帝国主义政权和营利企业相勾结的事实进行披露，发起具有影响力的医疗民权运动。21 世纪以来，马修·安德森（Matthew Anderson）、乔尔·莱克斯钦（Joel Lexchin）等继承伯拉齐的衣钵，对美国医疗体系垄断化和金融化的新样态进行深入分析，剖析了医院、保险业、制药业等主要医疗参与单元逐渐在新自由主义状态下“放弃”竞争，走向合并，拥抱资本，将剥削矛头共同对准病患和普通民众的残酷现实。安德森指出当医疗行业把利润放在第一位、人民健康放在第二位时，资本积累会越来越少地依赖于生产，而更多地依赖于由债务推动的投机活动，进而产生诸多乱象，比如知名医学专家成为私营公司的董事或合伙人，依靠职位便利大肆牟利；医疗企业向地方健康基金会捐款，高官就会得到额外的股份补贴；非营利性医疗组织在市场诱导下转变为营利性公司以募取更多资本；医院、管理式医疗组织和保险公司进行合并，成为“不可动摇”的复合体系。这些都展现了垄断化与金融化给医疗行业带来的趋利影响。而在医疗领域内部，获利于金融资本大量积聚和专利制度赋予的垄断权力，制药行业获得了最为显著的利润回报。莱克斯钦指出数十年来制药行业一直处在各行业盈利能力榜首的地位，但这些金钱并不来自它们治病救人的“功绩”，而是在于它们迎合了金融界要求快速回流收益的要求。莱克斯钦总结了制药业吸引金融资本的四种策略：一是减少大型特效药研发，仅研发功能稍作修改的改进式药物，压缩研发成本；二是躲避监管和腐化职能部门，与政府进行权钱交易；三是垄断知识产权，延长知识产权期限；四是增加药品处方量，隐瞒增加剂量所带来的健康损害。如此赤裸的见利忘义、漠视生命的行业行为也印证了伯拉齐和安德森的观点：随着生产领域产生的收入减少，美国的医疗行业已经习惯于从事金融实践来产出高额利润，它们更加热情地接受垄断金融资本的操纵，从而把国计民生抛在脑后。

/第三部分/

新时代中国经济问题研究

基于马克思四环节理论探索构建以国内大循环为主体的新发展格局

方兴起[①]

（华南师范大学）

习近平总书记指出："今年以来，我多次讲，要推动形成以国内大循环为主体、国内国际双循环相互促进的新发展格局。这个新发展格局是根据我国发展阶段、环境、条件变化提出来的，是重塑我国国际合作和竞争新优势的战略抉择。"[②] 要求我们"要深刻领会党中央战略意图"。[③] 习近平总书记对这一新发展格局作了全面、系统的阐述，"形成以国内大循环为主体、国内国际双循环相互促进的新发展格局的理论"（以下简称"新发展格局理论"），[④] 从而在理论上传承了马克思的政治经济学，在新时代中国特色社会主义实践中推进了中国化马克思主义政治经济学的新发展，是我们正确认识和处理当前我国国内国际双循环所存在的问题，优化升级生产、分配、流通、消费体系，增强畅通国内大循环和联通国内国际双循环的功能，重塑我国国际合作和竞争新优势的指导思想。

一、新发展格局理论的传承与发展

在现代工业社会，一国的社会生产是由生产、分配、交换和消费四个环节或四个要素构成的。在正常情况下，社会生产连续不断地、周期性地运行于这四个环节之中，马克思称之为社会再生产过程，而我们现在则称之为国内大循环或国际大循环。本文将社会再生产过程与国内大循环或国际大循环视为含义相同的概念。在《〈政治经济学批判〉导论》中，马克思基于生产、消费、分配、交换（流通）四大环节的一般关系，分析了一国国内

① 作者简介：方兴起，华南师范大学宏观经济研究中心教授。

② 习近平．在经济社会领域专家座谈会上的讲话[EB/OL]．新华网，2020－08－24．习近平总书记在2020年4月10日中央财经委员会第七次会议上的讲话中第一次提出"构建以国内大循环为主体、国内国际双循环相互促进的新发展格局"（习近平．国家中长期经济社会发展战略若干重大问题[J]．求是，2020(21)）。

③ 习近平．在更高起点上推进改革开放[EB/OL]．央视网，2020－10－15．

④ 习近平．在经济社会领域专家座谈会上的讲话[EB/OL]．新华网，2020－08－24．

的大循环。马克思说：生产、分配、交换和消费“构成了一个总体的各个环节，一个统一体内部的差异。生产既支配着与其他要素相对而言的生产自身，也支配着其他要素”。这是由于物质资料的生产是一切社会生活的基础，显然也是消费、分配和交换的基础。因此，“一定的生产决定一定的消费、分配、交换和这些不同要素相互间的一定关系”。当然，从相互间的辩证关系来说，“生产就其单方面形式来说也决定于其他要素”。例如，当市场扩大，即交换范围扩大时，生产的规模也就增大，生产也就分得更细；随着分配的变动、资本的积聚和城乡人口的不同分配，生产也会发生变动；而消费的需要决定着生产。“不同要素之间存在着相互作用。每一个有机体整体都是这样”。[①] 也就是说，每一个国家的生产、分配、交换和消费这四个环节以及它们之间的辩证关系，构成了国内的大循环。另外，在“新的工业的建立已经成为一切文明民族的生命攸关的问题”的现代社会，任何一个国家的国内大循环都必须具有开放性。所以马克思在研究俄国农业公社以公有制为起点向共产主义发展的问题时，强调指出其必须与资本主义生产统治的世界市场保持联系，汲取资本主义所取得的一切肯定成果。也就是说，在现代工业社会，无论是哪一种经济和政治制度的国家，都必须实现国内国际双循环。

习近平总书记指出，“改革开放以来特别是加入世贸组织后，我国加入国际大循环，市场和资源‘两头在外’，形成‘世界工厂’发展模式，对我国快速提升经济实力、改善人民生活发挥了重要作用”。近几年，随着全球政治经济环境变化，逆全球化趋势加剧，传统国际循环明显弱化。在这种情况下，必须把发展立足点放在国内，而我国是全球最大和最有潜力的市场，“具有巨大增长空间”。[②]

“近年来，随着外部环境和我国发展所具有的要素禀赋的变化，市场和资源两头在外的国际大循环动能明显减弱，而我国内需潜力不断释放，国内大循环活力日益强劲，客观上有着此消彼长的态势”。实际上，“自 2008 年国际金融危机以来，我国经济已经在向以国内大循环为主体转变，经常项目顺差同国内生产总值的比率由 2007 年的 9.9% 降至现在的不到 1%”，“未来一个时期，国内市场主导国民经济循环特征会更加明显，经济增长的内需潜力会不断释放”。另外，“国内发展环境也经历着深刻变化。我国已进入高质量发展阶段，社会主要矛盾已经转化为人民日益增长的美好生活需要和不平衡不充分的发展之间的矛盾”。继续发展具有多方面优势和条件，同时，与人民对美好生活的要求不断提高相比，“发展不平衡不充分问题仍然突出，创新能力不适应高质量发展要求，农业基础还不稳固，城乡区域发展和收入分配差距较大”。因此，要“深刻认识我国社会主要矛盾发展

---

① 《马克思恩格斯文集》第 8 卷，第 23 页。

② 习近平．关于《中共中央关于制定国民经济和社会发展第十四个五年规划和二〇三五年远景目标的建议》的说明[EB/OL]．新华网，2020－11－03.

变化带来的新特征新要求，深刻认识错综复杂的国际环境带来的新矛盾新挑战，增强机遇意识和风险意识”。基于我国目前发展阶段、环境、条件的变化，习近平总书记提出：“要以畅通国民经济循环为主构建新发展格局。”为此，他认为，“要坚持供给侧结构性改革这个战略方向，扭住扩大内需这个战略基点，使生产、分配、流通、消费更多依托国内市场，提升供给体系对国内需求的适配性，形成需求牵引供给、供给创造需求的更高水平动态平衡”。另外，习近平总书记强调指出，“以科技创新催生新发展动能。实现高质量发展，必须实现依靠创新驱动的内涵型增长。我们更要大力提升自主创新能力，尽快突破关键核心技术。这是关系我国发展全局的重大问题，也是形成以国内大循环为主体的关键”。

习近平总书记强调指出，“以国内大循环为主体，绝不是关起门来封闭运行”，① 而是“要优化升级生产、分配、流通、消费体系，深化对内经济联系、增加经济纵深，增强畅通国内大循环和联通国内国际双循环的功能”，② 从而“通过发挥内需潜力，使国内市场和国际市场更好联通，更好利用国际国内两个市场、两种资源，实现更加强劲可持续的发展”。虽然“近几年，经济全球化遭遇逆流，经贸摩擦加剧”，但是，“从长远看，经济全球化仍是历史潮流，各国分工合作、互利共赢是长期趋势”。③ 因此，“越是面临封锁打压，越不能搞自我封闭、自我隔绝，而是要实施更加开放包容、互惠共享的国际科技合作战略”。④ 而我国经济持续快速发展的一个重要动力就是对外开放。因此，在国内国际双循环中，要全面提高对外开放水平，建设更高水平开放型经济新体制，“以高水平对外开放打造国际合作和竞争新优势”。同时，“越开放越要重视安全，越要统筹好发展和安全，着力增强自身竞争能力、开放监管能力、风险防控能力”。⑤

二、影响国内国际双循环的两大因素

当今世界，霸权盛衰周期和国际分工“内外化”两大因素影响，甚至主导着各国实际运行的“双循环”。就霸权盛衰周期来说，马克思主义政治经济学的霸权周期理论告诉我们，在霸权国的鼎盛时期，因其主导了颠覆性创新（工业革命）而在工业上处于垄断地位，具有强大的国际竞争力，从而往往推行贸易自由政策，反对贸易保护。如果各国都随之推行贸易自由政策，那么，霸权国的“双循环”就可以完全支配其他国家的“双循环”。比如，大英帝国在其霸权鼎盛时期，基于第一次工业革命所形成的工业垄断地位推

---

① 习近平．在企业家座谈会上的讲话[EB/OL]．新华网,2020－07－21.
② 习近平．在深圳经济特区建立40周年庆祝大会上的讲话[EB/OL]．新华网,2020－10－14.
③ 习近平．在企业家座谈会上的讲话[EB/OL]．新华网,2020－07－21.
④ 习近平．在科学家座谈会上的讲话[EB/OL]．新华网,2020－09－11.
⑤ 习近平．在经济社会领域专家座谈会上的讲话[EB/OL]．新华网,2020－08－24.

行贸易自由政策[①]，大英帝国成为“世界工厂”，其他国家都成为“英国工业品的销售市场，同时又供给它原料和粮食。英国是农业世界的伟大的工业中心，是工业太阳，日益增多的生产谷物和棉花的卫星都围绕着它运转”。[②] 也就是说，各国的双循环是依附于大英帝国的。同样，在美国霸权鼎盛时期，基于主导第二次工业革命所形成的工业垄断地位，美国推行贸易自由政策，不仅成为发展中国家的工业中心，而且成为其他工业发达国家的工业中心，从而美国的“双循环”支配了其他国家的“双循环”。新中国成立后的近30年，处于美国霸权的鼎盛时期。由于美国的经济封锁，我国被排斥在资本主义世界市场之外，因此，在这一时期我国是以国内大循环为主体，但没有关起门来封闭运行，在一段时间保持了与社会主义阵营的经济联系，并利用苏联援建的“156项工程”，构建了我国独立的现代化工业体系。到1957年，“中国工业结构已经发生变化，一个门类齐全的独立的工业体系基本形成”，从而“使中国的工业技术水平从解放前落后于工业发达国家近一个世纪，迅速提高到20世纪40年代的水平”。[③]

美国在霸权衰落时期，因丧失了工业的垄断地位，只能像当年霸权衰落的大英帝国一样，由贸易自由政策转向贸易保护政策。去工业化和金融资产泡沫化是霸权国衰落时期的共同特征，不过，美国是基于工业为夕阳产业而服务业为朝阳产业的理论，在20世纪70年代开启了去工业化的过程，大量的中低端工业制成品不再生产，大量的美国制造企业向国外转移，从而先后给日本、韩国、新加坡等东南亚国家和地区的工业发展提供了机会，也给改革开放后的中国提供了难得的发展机遇。我国定位于全球供给链的制造环节，进口原材料或零部件，生产工业制成品再出口，从而形成以国际大循环为主体的国内国际双循环。2001年我国加入世界贸易组织后，这种双循环运行良好，从而成为“世界工厂”。历史地看，我国在没有核心技术、没有国际品牌和没有全球销售网络的情况下，利用外资直接投资的核心技术、品牌和全球销售网络，采取“两头在外”的以国际大循环为主体的国内国际双循环是唯一正确的战略抉择，从而所形成的国际合作和竞争优势，拉动了我国经济30多年的高速增长。我们不应该根据现在我国发展阶段、环境、条件变化而提出来的新发展格局，而否定过去采取“两头在外”的以国际大循环为主体的国内国际双循环的战略抉择。

美国2007—2009年的大衰退是一个转折点。巨额的国家债务、巨额的贸易赤字、严重的失业问题和贫富两极分化，促使奥巴马政府在2009年从去工业化转向再工业化，从贸易自由政策转向贸易保护政策。自2017年特朗普执政以来，集美国政客的霸凌与资本的贪婪

---

① 马克思说：“只要我们注意考察英国的自由贸易的性质，我们几乎可以处处看到，它的‘自由’的基础就是垄断。”（《马克思恩格斯选集》第2卷，第29页）

② 《马克思恩格斯选集》第4卷，第278、279页。

③ 萧国亮，隋福民．中华人民共和国经济史（1949—2010）[M]．北京：北京大学出版社，2011：95－96.

于一身，将贸易保护政策极端化，即国际分工的“内外化”被美国“武器化”而成为遏制中国发展的工具。具体来说，传统的国际分工是基于各国产品的比较优势，因此，在企业生产线两边堆积的零部件基本上是在企业内生产或由国内企业生产的，从而工业制成品都标明由企业所在国制造。这种由各国生产的工业制成品占传统国际贸易总量的70%左右。而当今的国际分工则是基于企业内分工的社会化与社会分工的企业化。也就是说，即使某种工业制成品的所有零部件都可以在企业内通过分工协作完成，但基于成本—收益原则，该企业也会将零部件的生产通过直接投资方式或代工方式，分散到最低生产成本的一些国家和地区，并往往在某个国家总装。这样，企业内分工也就社会化了，反过来说，国家间的社会分工也就企业化了。当然这种企业分工社会化和社会分工企业化，即国际分工的“内外化”在形式上是多种多样的，但其结果都是一样的，即生产线两边堆积的零部件产自几十个国家的几百个企业，而总装成的制成品却仍然只标明是某一个国家制造的，即总装成产品企业的所在国，比如“Made in China”。从严格意义上来说，现在的大多数工业制成品不能说是哪一个国家基于其比较优势制造的，而只能说是多国基于它们的比较优势的零部件集成的。这种由多国制造的零部件总装而成的工业制成品占现在国际贸易总量的70%左右。由于国际分工的“内外化”，就能够在相关国家之间形成基于比较优势集成的产品供给链和产业供给链，因此，任何一家企业既可以基于自己的比较优势定位在产品供给链和产业供给链上的某个环节，生产一种或几种零部件，通过国际贸易成为全球产品供给链或产业供给链的一部分，也可以基于自己的比较优势生产最终的制成品，大部分的零部件通过国际贸易从全球产品供给链或产业供给链获得。这里不难看出，对于参与“内外化”的全球国际分工，并成为全球产品供给链或产业供给链的一部分的企业来说，高度专业化的分工和规模化的生产，相对传统的投资于某一产品全部生产过程来说，投资额小，成本低，效益高，技术升级快。因此，在构成全球产品供给链或产业供给链的各国企业之间形成了互利共赢的局面，并为美国以外的发达国家和发展中国家在某个领域超过美国提供了条件。显然，霸权衰落的美国为了维持其霸权衰而不亡，是绝对不允许任何国家的企业动摇其在工业上的垄断地位的。实际情况正是如此。美国只允许其企业或被其控制的其他国家的企业在霸权保护伞下利用国际分工“内外化”形成全球产品供给链或产业供给链，对于不受控制且在某个领域超过美国的他国企业，如法国的阿尔斯通、日本的东芝和中国的华为公司等，则一概通过国家的力量而不是市场竞争将其打压下去。近年来，美国为主导第四次工业革命，极其疯狂地遏制中国利用第四次工业革命向全球产业链的高端发展，挑起中美贸易战和科技战，加之新冠疫情的大流行，导致全球供给链断裂和市场萎缩。在这样的国际背景下，我国必须改变发展格局，从参与国际大循环为主体的双循环发展格局转向以国内大循环为主体的国内国际双循环相互促进的新发展格局。

《资本论》视域下数字经济赋能新发展格局的内在机理①

何爱平　徐　艳
（西北大学）

一、数字经济促进单个资本循环与周转

马克思在《资本论》中阐述了单个资本和社会总资本的关系，“社会资本的运动，由社会资本的各个独立部分的运动的总和，即各个单个资本的周转的总和构成”②。作为社会总资本循环运动的基础，单个资本运动顺利完成购买、生产、售卖三个阶段是畅通国民经济循环、构建新发展格局的前提条件。数字经济一方面通过推动单个资本形态转化来提升资本循环效率，另一方面通过降低流通费用、缩短流通时间、革新固定资本补偿方式来提升资本周转速度，从而赋能新发展格局。

（一）数字平台强化了“流通当事人”的职能，加快资本形态转化

马克思在阐述资本的形态变化及其循环阶段时，指出“W－G 即卖，是资本形态变化的最困难部分，因此，在通常情况下，也占流通时间较大的部分”③，进而揭示了买卖活动从产业资本家附带工作转变为商业资本家专门工作的必然性，并由此分析了商业资本家所承担的“流通当事人”④ 职能对于单个资本循环的重要作用。数字经济下，买卖活动已经成为数字平台的专门工作，数字平台更加强化了“流通当事人”的特殊职能，使商品售卖变得更加容易，为更多生产者节省了买卖时间，减少了劳动的无益耗费。一方面，数字平台使买卖活动在线上即可完成，打破了时间和空间对交易活动的限

---

① 项目支持：教育部哲学社会科学研究重大课题攻关项目“中国特色社会主义政治经济学的理论与实践研究”（20JZD005）。作者简介：何爱平，西北大学马克思主义政治经济学研究中心主任、经济管理学院教授、博士生导师，中国西部经济发展研究院研究员，主要从事政治经济学、发展经济学的教学与科研工作；徐艳，西北大学经济管理学院博士研究生，研究方向为政治经济学。

②③④ 马克思．资本论（第 2 卷）［M］．北京：人民出版社，2004.

制，以随时随地购物的便利体验促进了商品的售卖，加速商品价值的最终实现；另一方面，数字平台连接着大量买方和卖方，商品搜索功能降低了买卖双方的搜寻成本，提升了供需的匹配度，使“商品的惊险的跳跃”① 变得更易完成。除此之外，数字平台在降低流通费用对生产资本的占用、提高资本周转效率方面也发挥着重要作用。数字平台对交易过程的优化使买卖活动变得容易、快速，这极大地降低了单个资本的“储备”② 需求，进而减少了储备数量以及保管这些储备而造成的资本耗费。同时，数字平台还使一切交易行为都以数据的形式被实时、自动记录，使单个资本无须在传统“簿记”③ 方面占用过多的生产资本。

（二）智能物流提升运输专业化能力，节约流通费用和流通时间

马克思在《资本论》中强调了运输工具改良对流通费用、流通时间的节约，及其为资本扩展更远方市场带来的可能性：“资本主义生产方式，由于交通运输工具的发展，由于运输积聚（规模扩大），使单个商品的运输费用减少”④，并且“随着资本主义生产的进步，交通运输工具的发展会缩短一定量商品的流通时间，那么反过来说，这种进步以及由于交通运输工具发展而提供的可能性，又引起了开拓越来越远的市场，简言之，开拓世界市场的必要性”⑤。当前，数字经济的发展使运输工具进行了全面的改造升级，提升了运输的专业化程度，促进了资本的循环与周转。据统计，在网上消费规模快速增长的带动下，2020 年我国快递业务量完成 833.6 亿件，同比增长 31.2%，快递企业日均快件处理量超 2.3 亿件，同比增长 35.3%。一方面，数字经济通过改良运输工具，增强了运输能力，更好地发挥了运输的规模效应，从而缩短了单个商品运载时间，减少商品运输过程对劳动力和物质资料的占用，进而降低了单个市场主体所需承担的流通费用；另一方面，数字经济下智能技术的发展促进了运输工具的智能化升级，不仅提高了运输效率，也减少了运送过程对人力的耗费。在仓储环节，智能机器人的应用提升了分拣包裹的速度和精准度；在运输环节，大数据和算法有助于优化配送路线；在配送环节，无人车、智能驿站等机器、设备的使用降低了运送过程对劳动时间的耗费。与此同时，物流规模的扩大、运输工具的改进共同推动了物流过程的标准化，使仓储、运输、配送等各个环节形成了标准的作业模式和成熟的分工体系，进一步提升了运输效率，加快了资本周转。

---

①　马克思．资本论（第 1 卷）［M］．北京：人民出版社，2004.

②③④⑤　马克思．资本论（第 2 卷）［M］．北京：人民出版社，2004.

二、数字经济助推国内国际双循环相互促进

马克思在阐述社会资本循环时抽象掉了对外贸易的因素，但他同时指出“资本主义生产离开对外贸易是根本不行的”①。马克思高度重视随着生产力的发展带来的资本主义生产关系的国际拓展，在马克思庞大的写作计划中，生产的国际关系、世界市场和危机是“五篇结构计划”中的两篇②，而在“六册结构计划”中，世界市场和国际贸易占据其中两册内容③，尽管这些计划最终未能全部完成，但马克思在《资本论》的论述中已经蕴含了丰富的国际经济思想，这些思想与其早期和恩格斯合著的《德意志意识形态》《共产党宣言》等以及晚期著作中的关于世界历史、世界市场的思想具有逻辑一致性，深刻揭示了经济全球化的产生及其发展的历史趋势。习近平总书记多次强调“新发展格局不是封闭的国内循环，而是开放的国内国际双循环”④，新发展格局的构建旨在顺应经济全球化的发展趋势，一方面以国内大循环的畅通来保证社会总资本职能转化的独立性，减轻资本主义内在危机爆发对我国国内经济循环的影响；另一方面以国内国际相互促进的双循环发展模式更好地利用两个市场、两种资源，实现更高水平的对外开放。因此，本部分将探究数字经济对世界市场和国际贸易的影响，以及数字经济如何赋能国内国际双循环的相互促进。

（一）数字经济加深世界市场联系，为我国进一步扩大高水平对外开放提供物质条件和技术支撑

马克思将世界市场的形成以及经济全球化趋势看作是资本主义生产方式发展的必然结果，“创造世界市场的趋势已经直接包含在资本的概念本身中”⑤。他指出，大工业“首次开创了世界历史，因为它使每一个文明国家以及这些国家中的每个人的需要的满足都依赖于整个世界，因为它消灭了各国以往自然形成的闭关自守的状态”⑥。在《资本论》中，马克思进一步揭示了机器大工业在加深世界市场关系和深化国际贸易中的关键作用，“大工业造成的新的世界市场关系也引起产品的精致和多样化。不仅有更多的外国消费品同本国的产品相交换，而且还有更多的外国原料、材料、半成品等作为生产资料进入本国工

① 马克思．资本论(第 2 卷)[M]. 北京:人民出版社,2004.

② 马克思,恩格斯．马克思恩格斯全集(第 30 卷)[M]. 北京:人民出版社,1995.

③ 马克思,恩格斯．马克思恩格斯《资本论》书信集[M]. 北京:人民出版社,1976.

④ 习近平:锐意开拓全面扩大开放[EB/OL]. (2020 - 10 - 14)[2021 - 06 - 22]. 人民网. http://jhsjk.people.cn/article/31891744.

⑤ 马克思,恩格斯．马克思恩格斯全集(第 46 卷上)[M]. 北京:人民出版社,1979.

⑥ 马克思,恩格斯．马克思恩格斯选集(第 1 卷)[M]. 北京:人民出版社,2012.

业”[①]。数字经济本质上是机器大工业时期的升级和扩展，其所引发的全球生产方式和流通方式的变革，使网络空间的虚拟世界市场与物理范围的真实世界市场形成补充，从内涵上进一步加深了世界市场网，为国内企业参与国际循环提供了更加便利的物质条件和技术支撑。

数字经济对传统贸易环节的数字化升级，成为物理世界贸易活动的有效补充。从单个资本的具体贸易过程来看，随着跨国数字平台的发展及相关线上服务的完善，更多的贸易环节得以在网络空间开展，打破了时空和地理对传统贸易合作的限制，降低了贸易成本，提高了交易效率。基于此，全部贸易流程及物流信息都变得更加透明、更加可追踪，提高了物理世界贸易活动的安全性，使贸易流程及各个环节操作更加标准化、规范化、体系化，为单个资本在世界范围内循环的连续性提供有力支撑。加之远程会议、智能翻译等贸易辅助手段的全面升级，有效解决了各国语言、文化差异造成的沟通障碍，极大地降低了贸易门槛，使我国更多的中小企业有能力参与贸易活动。从社会总资本通过国际交换来完成职能转化来看，数字经济对传统贸易的升级和辅助使生产原料的全球搜寻和销售市场的海外扩展都变得更加容易，有助于更好地维持资本不同职能在空间上的并存和时间上的继起。

（二）数字经济强化国际价值规律，为我国加快技术研发、促进新一轮国内经济转型提供重要发展契机

马克思在《资本论》中阐述了伴随世界市场的形成，商品的国内价值发展为商品的国际价值，并揭示了发达国家与欠发达国家在国际交换中的表面平等与实质的不平等。他指出，“只有对外贸易，只有市场发展为世界市场，才能使货币发展为世界货币，抽象劳动发展为社会劳动”[②]。作为世界市场的不同组成部分，每个国家都有一个中等的劳动强度，“国家不同，劳动的中等强度也就不同；有的国家高些，有的国家低些。于是各国的平均数形成一个阶梯，它的计量单位是世界劳动的平均单位”[③]。价值规律在国际范围的应用，也会发生很大变化，“只要生产效率较高的国家没有因竞争而被迫把它们的商品的出售价格降低到和商品的价值相等的程度，生产效率较高的国民劳动在世界市场上也被算作强度较大的劳动”[④]。因此，发达国家与欠发达国家在同一劳动时间内生产的同种商品具有不同的国际价值，当按照国际价格进行等价交换时，必然存在着“比较富有的国家剥削比较

① 马克思．资本论(第1卷)[M]．北京:人民出版社,2004.

② 马克思,恩格斯．马克思恩格斯全集(第26卷Ⅲ)[M]．北京:人民出版社,1973.

③④ 马克思．资本论(第1卷)[M]．北京:人民出版社,2004.

贫穷的国家”①。

第一，数字经济强化了国际价值规律，具有加剧国际交换不平等的趋势。数字经济的核心动力是数字技术，数字技术具有通用性，取得数字技术突破的国家能够以较低成本同时提高多个产业生产效率，使多种类商品的个别价值低于国际价值。第二，兴起于发达国家的跨国数字平台对遍布全球各地的平台使用者具有天然的主导权，随着平台用户的增多和交易规模的扩大，这些跨国数字平台不仅使全球各地的使用者日益卷入世界市场网，而且凭借其垄断地位向其他国家经济个体收取租金，从而形成了数字经济时代国与国之间新的剥削形式。第三，数字产品和数字资源的可复制性，使其生产者或者资源所有者可以以极低的成本无限次获得经济利益。基于数字经济的发展特征，尽管欠发达国家在新开启的数字贸易中能够获得一定收益，但如果不能掌握核心技术和资源，在国际交换中所付出的实物形式的物化劳动将更加多于所能得到的，也将更加容易困于“发展陷阱”难以实现超越，甚至有可能受制于人，形成对发达国家实质的依附关系。

从另一个层面来看，数字经济也为我国加快技术研发、驱动新一轮国内经济转型提供了重要的战略契机：其一，全球数字贸易规则和标准尚未形成成熟统一的体系，为我国参与国际数字贸易规则的制定，进而掌握最终决策的话语权提供契机。当前，诸如5G标准、国际数字税、数据产权与安全、本地化存储、数字货币等相关制度和标准仍在逐步建立中②，发达经济体纷纷试图将本国规则推向世界市场以抢占先机，我国只有把握好该契机，努力成为规则和标准的制定者，才能在未来数字贸易合作和发展格局上掌握主动权。其二，工业互联网、智能制造等数字经济范畴内的新型生产模式为产业转型提供新途径，有助于我国通过产业数字化发展来提高生产效率、降低产品价值，使本国产品价值低于国际平均水平，进而在国际交换中创造价格空间和竞争优势。与此同时，我国产业数字化发展也正在深入推进中，2020年我国产业数字化规模达31.7万亿元，占GDP比重为31.2%，同比名义增长10.3%，占数字经济比重由2015年的74.3%提升至2020年的80.9%③。

（三）数字经济重塑国际分工格局，为我国掌握国际分工主动权、提升全球价值链分工地位提供了战略机遇

数字经济作为新一代数字信息技术与实体经济深度融合的新型经济形态将改变传统国际分工的主导力量，为我国以数字技术的研发和突破来掌握国际分工的主动权、提升全球价值链分工地位提供了战略机遇。在我国改革开放初期，由于生产力水平比较落后，缺乏

① 马克思，恩格斯. 马克思恩格斯全集（第26卷Ⅲ）[M]. 北京：人民出版社，1973.

② 肖宇，夏杰长. 数字贸易的全球规则博弈及中国应对[J]. 北京工业大学学报（社会科学版），2021，21(3)：49-64.

③ 中国信息通信研究院. 中国数字经济发展白皮书[R]. 2021.

先进技术，在国际资本主导的全球分工中逐渐形成了以劳动密集型产业为主的中低端锁定的分工格局，这种发展模式虽然在一定时期促进了国内经济快速增长，但不利于我国经济的高质量发展，且抵御国际风险的能力较弱。当前，世界各国数字经济的发展差异必然引发世界各国贸易需求、分工角色和分配模式的改变，全球供应链、产业链格局将被重塑，在新一轮分工变革中，数字技术成为支撑国际分工地位的核心要义。数字技术具有突变型技术特征，能较少依赖前期技术积累而自发形成新的技术进步路径，为我国在技术层面超越国际水平提供了弯道超车的实践路径。与此同时，我国人工智能技术创新活动也处于高度活跃期，据统计，中国在世界人工智能领域专利申请总量达 30.1 万件，占全球总量的 39%，是美国的两倍以上；近 10 年相关论文产出总量超过 18 万篇，2019 年论文规模是美国的近 1.5 倍①。因此，我国应继续加大在数字技术研发方面的投入，形成数字技术自我迭代的升级路径，进而打破过去技术低端锁定的状态，提升国际价值链地位。

不仅如此，数字经济还使中国信息基础设施的建设优势取代即将消失的人口红利，成为我国提升国际分工地位的新的支撑条件。信息基础设施条件是数字经济发展必不可少的基础条件和物质保障，也是影响当前国际分工格局的关键要素。各国信息基础设施的建设进度、覆盖面积、传输速率、价格成本等一定程度上制约着各国数字产业和数字技术的发展，只有尽快完善信息基础设施，使信息基础设施条件与数字技术研发需求相匹配，才能使数字经济切实成为经济发展、生产力变革的新动能。在我国集中力量办大事制度优势下，中国信息基础设施正在飞速建设中，尤其是乡村地区电信、网络等基础设施的覆盖率得到大幅提升。以 5G 基站为例，中国 5G 基站正以每周 1 万多个的数量增长，截至 2020 年 10 月已建成的 5G 基站超过 25 万个②。我国应继续推进信息基础设施建设，为数字技术的研发和数字经济的发展夯实物质基础，进一步将内循环中的发展优势升级为国际竞争新优势，以充分发挥数字经济在内循环和外循环中的赋能作用，最终形成国内国际双循环相互促进的新发展格局。

---

① 中国信息通信研究院，中国人工智能产业发展联盟．人工智能核心技术产业白皮书——深度学习技术驱动下的人工智能时代[R]. 2021.

② 中国信息通信研究院．中国 5G 发展和经济社会影响白皮书(2020 年)——逆势起飞开启变革[R]. 2020.

新时代高质量发展目标中的“共同富裕”：历史必然与现实应然

陈　燕①

（福建社会科学院）

一、高质量发展目标中的共同富裕：理论体系的科学预见

（一）马克思主义经典理论对“共同富裕”的理论阐释

马克思、恩格斯关于“共同富裕”的理论阐释。第一，“共同富裕”起源于马克思、恩格斯的科学社会主义理论有关论述。马克思、恩格斯通过对空想社会主义思想家们有关思想的批判继承，得出科学社会主义的科学论断。但由于时代的局限，马克思、恩格斯也只能是对科学社会主义的概念进行初步的论述，并没有其实也不可能构建起“共同富裕”的社会主义社会和共产主义社会的细节内容。第二，马克思、恩格斯所设想的未来社会的共同富裕具备阶段性和历史性的特征。概言之，马克思、恩格斯设想的未来社会，因生产力发展水平程度不同，需要划分为生产力不够发达的共产主义第一阶段（社会主义阶段）和生产力高度发达的共产主义高级阶段，与之相对应，共同富裕在不同社会阶段是有不同的阶段性特征的。第三，在生产力极度发达的基础上，重新建立起来的“自由人联合体”社会的“个人所有制”是未来社会实现共同富裕的制度基础。在无产阶级革命胜利之后，资本主义私有制被消灭之后资本主义财富分配上的两极分化的问题并不会立即消失。未来共产主义社会将通过重新建立“个人所有制”，一方面，由个人联合起来的联合体社会直接占有生产资料，劳动者不再进行产品交换，社会利益直接表现为个人利益，个人劳动直接表现为社会劳动；另一方面，要重建的“个人所有制”又是在劳动者联合“共同占有”的基础上的劳动者个人的所有制。概言之，马克思主张的重建“个人所有制”是对传统私

① 作者简介：陈燕，经济学博士，福建社会科学院研究员，主要研究方向为政治经济学、经济思想史。

有制个体占有的否定的基础上，重新建立起来劳动者共同占有基础上的劳动者的个人所有制，即生产资料为联合起来的个人组成的社会直接占有，同时也是为联合体内每个个体所有。即人人有份。这样，从生产关系和所有制的层面看，重建的“个人所有制”是未来社会实现“共同富裕”的制度基础。

列宁斯大林关于“共同富裕”的科学预估。列宁曾提出建立社会主义制度的目的就是要实现全体人民共同富裕。列宁指出：“要消灭人民的贫穷唯一的方法就是彻底改变全国的现存制度，建立社会主义制度”，“共同劳动的成果以及从各种技术改良和机器中所得到的好处，都将归全体劳动者、全体工人所有”①。列宁又说：“在社会主义制度下，全体工人，全体中农，人人都能在绝不掠夺他人劳动的情况下完全达到和保证达到富足的程度。”② 也即社会主义制度的确立是共同富裕的制度保证。斯大林指出：“社会主义只有在高度的劳动生产率基础上，只有在比资本主义制度更高的劳动生产率基础上，只有在产品和各种消费品丰裕的基础上，只有在社会全体成员都过着富裕而有文化的生活的基础上，才能获得胜利。”③

（二）早期中国共产党人对“共同富裕”的理论诠释

中国共产党始终坚持将马克思主义作为党的指导思想。得益于早期中国共产党人对马克思主义理论引进，早期共产党人提出要将马克思主义与中国的现实国情相结合。关于马克思主义的“共同富裕”理论思想，早期共产党人也结合中国革命的实际进行了中国化的解析。代表人物有李达、李大钊、张闻天等。

第一，李达主要论述了未来共产主义社会“生产与分配的关系”。关于共同富裕的理论，李达集中对未来共产主义社会生产和分配的关系处理问题进行了阐释。他指出：“现社会推倒之后，新社会中怎样生产、怎样分配呢？……就共产主义的分配制度说，生产力既有限制，生产出来的物质当然也有限制，我们分配这有限的物质要求其平等，就不可不行使货币经济，对于个人所收入的货币额加以限制。”④ 可以看出，李达认为，共同富裕是在有限的生产力下生产的可供社会分配的产物的范围内尽可能地公平分配。

第二，李大钊关注普通劳动者的生活状况，站在劳动群众和贫困大众的立场上，多次阐述共产主义社会的奋斗目标就是解放劳苦大众。就共同富裕的制度基础而言，李大钊认

---

① 列宁全集(第7卷)[M]. 北京:人民出版社,1986:122 - 123.

② 列宁全集(第7卷)[M]. 北京:人民出版社,1986:112.

③ 斯大林选集(上)[M]. 北京:人民出版社,1979:375 - 376.

④ 李达. 社会革命底商榷[M]//建党以来重要文献选编(一九二一—一九四九)(第1册). 北京:中央文献出版社,2011:492 - 495.

为社会主义社会才是共同富裕实现的制度保障。他指出，在社会主义社会全体劳动者的“平等”是“共同富裕”社会的显著特点。社会主义是要富的，不是要穷的，是整理生产的，不是破坏生产的。[①] 同时他也对社会主义共同富裕就是要求“平均分配”的质疑观点进行了反驳，指出：“分配平均，使生产不致过度，社会上遂现一种新的秩序。此实是整理，非为破坏。”[②] 他强调社会主义的共同富裕是要调整资本主义生产条件下社会整体生产过度而劳动者获得财富极少的分配制度，建立社会主体的新分配秩序。

第三，张闻天从公家局部利益与农民群体福利的矛盾、先富阶级的富农两个方面论述了部分关于“共同富裕”的思想。就农产品的价格问题，张闻天指出：“为改善农民生活，使工业品与农业品的价格不致相差太远，农产品价格的自然上涨或有意的酌量提高，是应该的。为了大小公家的局部利益而有意压低农产品价格的政策，是错误的。这种政策只对少数市民及小公家有利，对大多数人民、对大公家都是不利的。”[③] 在对待富农的问题上，他指出，富农作为“先富”群体对社会生产力发展有积极作用：“新富农的产生是土改后农民个体经济发展的必然现象，是社会生产力向上发展的必然结果，对于发展农村生产力有一定的进步作用，我们党不能不容许少数新富农的产生及其在多种程度的发展。”[④] 这也为我们以后的先富带后富两步走战略提供了理论支撑。

（三）国内学者对“共同富裕”理论的深度剖析

宋涛将“共同富裕”的内容概括为要大力发展生产力增加社会总产品生产。首先，宋涛认为“共同富裕”要求增加全国人民的收入和可支配的财富，要求生产力不断发展，生产力的发展需要一个艰难的过程，但最终可以实现。其次，宋涛着重讨论了“先富”与“后富”的关系。他指出先富起来的地区和先富起来的个人要积极发挥带动作用，带动落后地区和贫穷人们的致富。区域发展的差异性和个人发展的差异性同样重要。最后，宋涛指出要实现“共同富裕”不能搞两极分化。要实现共同富裕，尤其需要关注不同区域、不同民族发展的差异，知识分子和工农群众的差异，中央和地方的差异。极力避免出现资本主义社会下的贫富“两极分化”问题。

卫兴华对社会主义共同富裕的内涵进行了详细的论述。他指出：“共同富裕”是社会主义最本质的规定，并且着重强调了“共同富裕”具有阶段性、相对性的特征，不同层次的共同富裕具有不同特点、不同层次共同富裕实现路径也不尽相同，“共同富裕”包括

---

① 李大钊全集（第4卷）[M]. 北京：人民出版社，2006：354.
② 李大钊全集（第4卷）[M]. 北京：人民出版社，2006：197.
③ 张闻天选集[M]. 北京：人民出版社，1985：360－361.
④ 闻婧. 为了农民的彻底解放——张闻天的土地革命思想[J]. 党史纵横，2000（11）.

“初级共同富裕”和“高级共同富裕”两个阶段。首先，就“共同富裕”是社会主义最本质规定而言，卫兴华从历史发展的角度出发，就改革开放时期社会的热点问题如“社会主义发展的目的是什么”“什么是社会主义，怎样建设社会主义”等进行了探讨。其次，卫兴华对共同富裕的不同阶段进行了详细的论述。卫兴华指出，要正确区分共同富裕的道路和共同富裕的目标，正确认识共同富裕并不是均等富裕的“平均主义”，而且全面建成小康社会并不是共同富裕的标准，共同富裕是阶段递进的，始终贯穿社会主义社会发展全过程。刘国光对“国富”与“民富”的争论进行了评论，他认为，在现阶段我国基本上“国富”与“民富”并不是对立的关系，把“国富”与“民富”对立和并提是缺乏科学依据的，“国富”与“民富”之间并非完全互相排斥，而是矛盾统一的关系。我国从未明确宣布或实行过所谓“国富优先”的政策，倒是明确宣布并实行了“让一部分人先富起来”的政策。而“让一部分人先富起来”的政策目标很快就实现了，但是“先富起来的人带动后富，实现共同富裕”的目标进展缓慢，反而是随着市场化和部分私有化的发展，国民收入分配领域的贫富差距有不断拉大的趋势，“先富”并不能一定有效带动“后富”。究其原因，在于实行让一部分人先富起来政策的时候对于私人资本经济往往偏于片面支持刺激鼓励其发展社会生产力的积极方面，而不注意节制和限制其剥削和导致两极分化后果的消极方面。“先富”转向“共富”的思路，不仅要从收入分配领域解决收入分配本身的问题，更要从所有制结构改革层面强化公有制的主体地位，加大按劳分配的比例和力度，从而从根本上解决“先富”带“后富”的带动作用不足的问题。①②③

从国内学者的观点看，基本上国内学者们对共同富裕的概念及内涵都展开了详细论述，为共同富裕理论的进一步完善奠定了基础。同时，也指出了共同富裕蕴含阶段性及历史性特征。共同富裕既是社会主义的发展方向，也是社会主义的目标追求。侧重点不同的地方在于对于共同富裕的实现路径及可能存在的一些挑战的分析不同而已。在笔者看来，邓小平同志提出的共同富裕是社会主义本质规定，是中国共产党人在长期社会主义探索实践基础上提出的科学论断，应始终坚持。但共同富裕的实现路径在不同阶段具有不同的特点，也面对不同的具体时代性的挑战。

---

① 刘国光．谈谈国富与民富、先富与共富的一些问题[J]．中国流通经济，2012(1)．

② 刘国光．共同富裕推进艰难的原因及对策[N]．中国社会科学报，2011－07－12(004)．

③ 刘国光．是“国富优先”转向“民富优先”还是“一部分人先富起来”转向“共同富裕”？[J]．探索，2011(4)．

二、高质量发展目标中的共同富裕：社会主义新时代的现实之需

（一）高质量发展目标中的共同富裕：基本经济制度的制度之锚

党的十九届四中全会提出要坚持和完善社会主义基本经济制度，推动经济高质量发展。在相当长的一段时期内，公有制为主体、多种所有制经济并存的局面并不会改变，按劳分配还要与多种分配方式并存、社会主义市场经济体制仍需通过改革不断完善，如此便可进一步利用社会主义市场经济的效率与优势，为共同富裕创造更多的机会，将共同富裕落到实处。

（二）高质量发展目标中的共同富裕："人民中心论"的中心所需

高质量发展目标中的共同富裕不仅是社会主义新时代的远景目标，也是近期经济高质量发展的核心要义之一。实现高质量发展目标中的共同富裕，其核心要义依然是为了人民谋福利、发展为了人民、发展成果由人民共享的人民中心观。共同富裕的现实体现就在于人民切身福利的提升以及社会主体的参与感、幸福感的获取。

（三）高质量发展目标中的共同富裕：社会主义新时代的时代之需

高质量发展目标中的共同富裕是社会主要矛盾变化的时代之需。共同富裕，就是要解决社会内部的不平衡不充分发展之间的差距，虽然不可能实现同步的均富贵，但要在尽可能的范围内缩小社会内部各地区各成员的差异，实现社会主义发展成果人人共享的美好结局。

高质量发展目标下的共同富裕是构建全球治理新秩序的时代之需。中国的"共同富裕"道路是开放与包容并举的"共同富裕"，可以为全球贫困治理提供有益经验，为全球治理提供了新的思路。

三、何以实现高质量发展目标中的共同富裕

（一）科学厘定高质量发展目标中的共同富裕标准

在新发展阶段，着重要解决的问题在于先富起来的人群的带动作用不强，存在城乡发展差距、地区发展差距及个人发展差距。如何将城乡、地区及个人之间的发展差距控制在合理区间，如何实现尽可能覆盖面广的社会保障兜底及社会公共服务的均等化等问题成为实现高质量发展的共同富裕的一个主要难题；从共同富裕的阶段性标准看，共同富裕并不

是一蹴而就的，需要分阶段因时制宜、分地区因地制宜探索各种可能的有效途径和方法，并在总结经验的基础上逐步推广开来，并不存在一步到位和一劳永逸的共同富裕路线。

（二）以高质量发展为动力支撑

共同富裕要落到实处，要在新发展阶段取得实质性进展，需要依托高质量发展。要坚决贯彻习近平总书记提出的“新发展理念”，坚决贯彻创新、协调、绿色、开放和共享的新发展理念，以深化供给侧结构性改革为主线，以改革创新为根本动力，以满足人民日益增长的美好生活需要为根本目的，以国内大循环为主体、国内国际双循环相互促进的新发展格局为出发点，推进国家经济结构转型升级和产业更新换代，以构建新时代通往现代化道路的现代经济体系，实现经济的高质量发展。

（三）科学界定三次分配关系

在高质量发展中促进共同富裕，需要正确处理效率与公平的关系，构建初次分配、再分配、三次分配协调配套的基础性制度安排。正确认识和处理初次分配、再分配和三次分配的关系，是协调性配套基础性制度能否建成的关键。要积极引导社会先富群体对后面未富群体的带动作用，而不是要劫富济贫式地直接强制性要求企业家捐资支持共同富裕的建设。未来体制机制构建上，宜提倡将慈善捐款的数额与先富群体相关的社会责任相关联，结合实际进行一定的税收减免的奖励机制，从而增加先富群体自发捐献的动力，尤其鼓励对困难群体的社会保障资金补充、对困难群体的自主发展基金支持、对社会急需而财政又不足的地方的适当捐资补充。

（四）妥善处理农村相对贫困问题

2020 年我国已经正式宣布解决了绝对贫困问题，小康社会将全面建成。农村扶贫也转向农村贫困问题治理，下一步要将巩固脱贫攻坚成果和乡村振兴进行有效衔接。共同富裕的大头在农村群体的富裕，解决好农村相对贫困，解决好农村教育、医疗等社会公共服务资源的稀缺问题，实现社会公共服务的均等化，统筹好城乡融合发展大局，实现乡村振兴，可以解决高质量发展的共同富裕最薄弱环节的问题。

劳动致富与共同富裕的马克思主义政治经济学分析

高建昆[1]
（复旦大学）

一、以劳动致富推进共同富裕的所有制基础

现阶段我国经济的所有制结构为公有制为主体、多种所有制共同发展。以劳动致富推进共同富裕，需要依靠占主体地位的公有制经济。

（一）公有制经济在促进劳动致富中的功能与作用

我国宪法指出，社会主义公有制消灭人剥削人的制度，实行各尽所能、按劳分配的原则。[2] 根据唯物史观，生产资料公有制对于促进劳动致富与共同富裕具有根本性决定作用。

首先，公有制经济通过贯彻按劳分配原则消除了由生产资料的占有差异引起的剥削，从而为劳动致富与共同富裕奠定了坚实的所有制基础。包括国有企业在内的公有制经济单位通过贯彻按劳分配原则和确定积累与消费的适当比例，确保劳动报酬在初次分配中的合理比重，促进劳动报酬增长与劳动生产率等提高同步，从而为劳动致富奠定坚实的基础。可见，国有企业并不是私人消费的“抑制剂”，而是促进私人消费的强大引擎和实现劳动者共同富裕的基础性支撑力量。

其次，公有制经济通过较高的整体经济绩效来推进劳动致富。在企业性质层面，社会主义中国的国有企业是党和国家的重要依靠力量[3]，服务于以人民为中心的无产阶级专政国家，从而服务于劳动致富。可以说，人民性和计划性是社会主义国有企业的根本制度属性。[4] 新时代我国做强做优做大国有企业，需要充分借鉴不同历史时期其他国家国有企业

---

① 作者简介：高建昆，复旦大学马克思主义学院副教授，研究领域为中外马克思主义经济理论。

② 中华人民共和国宪法[N]. 人民日报，2018－03－22.

③ 解放思想锐意进取　深化改革破解矛盾　以新气象新担当新作为推进东北振兴[N]. 人民日报，2018－09－29.

④ 吴文新. 以人民为中心正确推进国企改革[J]. 海派经济学，2019(4).

发展演变的具有普遍性的经验教训，但决不能削弱国有企业或将国有企业私有化，彻底改变国有企业的根本性质。

（二）巩固促进劳动致富的所有制基础

在我国新时代经济发展中，巩固促进劳动致富的所有制基础，核心在于正确处理公有经济与非公经济之间的辩证关系，为劳动者财富与收入的不断提高奠定坚实的所有制基础。

首先，巩固促进劳动致富的所有制基础，需要正确把握公有经济主体与非公经济辅体之间的统一性。在我国社会主义市场经济中，公有经济主体与非公经济辅体是既对立又统一的统一体。笔者认为，公有经济主体和非公经济辅体的统一性体现在，两者在我国社会主义初级阶段生产力条件下共同发展与合作共赢，统一于现代化经济体系建设进程之中。这种统一性的基本前提是现有我国社会主义初级阶段生产力发展状况。在国家垄断资本主义经济中，由于私人垄断资本占支配性统治地位，国有制经济从属于资本主义国家服务于私人垄断资本总体的功能，而国家法律变化和暴力使用则服务于国有制经济的这一功能，资本主义国家为适应生产力发展要求调节经济的范围与程度都极为有限。公有制经济的经济效益不仅在于公有制经济自身的经济发展绩效，更在于为国民经济体系整体的高质量发展做出的贡献，包括为非公有制经济发展做出的基础性贡献。可以说，没有社会主义公有制经济的建立和完善，中国就不能建立完整的国民经济体系，也不能形成集中力量办大事的体制优势。① 因此，在我国社会主义经济中，公有制经济不仅不“与民争利”，而且在经济效益方面为“民”获利奠定基础，在社会效益方面直接让利于“民”。

其次，巩固促进劳动者劳动致富的所有制基础，需要正确把握公有经济主体与非公经济辅体之间的对立性。公有经济主体与非公经济辅体之间的对立性体现为两者在国民经济和宪法中的性质、地位与功能等方面存在根本性差异。在性质方面，我国社会主义公有制经济是消灭人剥削人的制度，是社会主义本质的根本体现，是国家适应社会化大生产发展要求进行经济调节的基础与手段，通过实现各尽所能、按劳分配的原则而消灭剥削、消除两极分化，为实现共同富裕奠定坚实的物质基础与制度基础②；而由于受到私有剩余价值规律的支配，非公有制经济分配中的按资本分配原则内在包含了导致贫富分化的趋势，而不利于实现人民的共同富裕和国民经济的平稳运行。在地位方面，公有经济主体是我国社会主义经济制度的基础；非公有经济辅体作为我国国民经济的重要组成部分，将长期与公

---

① 刘国光．中国政治经济学研究中的若干基本理论[J]．政治经济学研究，2020(1)．

② 中华人民共和国宪法[N]．人民日报，2018-03-22；邓小平文选（第3卷）[M]．北京：人民出版社，1993：373.

有制经济主体共同发展。与此相对应，在功能方面，公有制经济在国家整体建设、国防安全、人民生活改善等方面发挥基础性支撑作用①；非公有制经济在稳定增长、创新创业、改善民生等方面发挥重要作用。因此，公有经济主体与非公经济辅体之间的对立性并不是对抗性的，也不是表现为“国进民退”或“国退民进”的此消彼长，而是表现为两者在国民经济和宪法中的性质、地位与功能等方面的差异性。

因此，在所有制层面，我国劳动致富不能靠“民进国退”，而要靠在巩固和发展公有制为主体与国有制为主导的基础上，统筹推进多种所有制共同发展。一方面，我国要毫不动摇地巩固和发展公有制经济，巩固公有制经济的主体地位，依法保护各类公有产权，做强做优做大国有企业，充分发挥国有企业推动劳动者劳动致富的主导作用。另一方面，我国要毫不动摇地鼓励、支持和引导非公有制经济发展，依法保护非公有产权，充分发挥民营企业在稳定增长、创新创业、改善民生等方面的积极作用。

二、推进劳动致富与共同富裕的初次分配机制

在初次分配环节，按劳分配制度和国家劳动立法是推进劳动致富与共同富裕的重要分配制度条件。

（一）按劳分配制度与劳动致富

在我国社会主义初级阶段，按劳分配制度在分配领域的主体地位对于推进劳动致富与共同富裕具有直接决定性意义。

首先，在国家及时科学调控经济社会发展的条件下，劳动致富主要通过在公有制经济单位贯彻按劳分配原则来实现。在我国现阶段各类公有制经济中，按劳分配原则消除了凭借对生产资料的占有不劳而获地占有劳动产品的可能性；每个劳动者在生产中提供的劳动数量和质量是进行各项必要扣除后的劳动产品分配的基本依据，从而在生产单位内部实现劳动者之间的劳动平等与报酬平等。同时，按劳分配原则承认与区分劳动差别，从而能够较充分地反映科研劳动、管理劳动和高技能劳动在生产中的贡献。因此，按劳分配原则既能充分促进劳动致富，又能有效防止生产资料的占有差异导致的贫富分化，从而为实现共同富裕目标奠定了坚实的分配制度基础。

其次，按劳分配原则的主体地位在推进劳动致富与缩小收入差距方面对非公有制经济中的分配发挥辐射引导作用。马克思指出，“消费资料的任何一种分配，都不过是生产条

① 习近平谈治国理政（第2卷）［M］. 北京：外文出版社，2017：259.

件本身分配的结果"①。在我国现阶段非公有制经济中，由于国内私有经济和在华外资经济是具有较大影响的产权形式，按资本分配是这些非公有制经济的主要分配形式。在按资本分配原则下，资本所有者按照出资额或投入股份获取的剩余价值在生产单位内部初次分配中占据较大份额，劳动者报酬所占份额相对缩小，从而不利于推进劳动致富。但是，按劳分配在分配领域的主体地位能够在一定程度上矫正和调节按资本分配原则导致的贫富分化倾向。一是在整个国民经济中，处于主体地位的按劳分配原则能够发挥示范作用，为《公司法》《劳动法》《劳动合同法》等与收入分配相关的立法提供标准与参照，从而间接影响非公有制经济的分配，使其既能体现企业出资人的合理产权利益，又能保障企业劳动者获取合理劳动报酬与享有劳动福利的权利。二是在公有控股的混合所有制经济中，公有股份能够通过企业经营的有效参与来较为充分地贯彻按劳分配原则，从而在很大程度上矫正与缓解了按资本分配原则导致的贫富分化倾向。因此，新时代我国经济发展应当区分不同分配制度的实质，逐步扩大按劳分配原则的范围，以推进劳动致富。② 相应地，混合所有制改革应该重点发展公有控股的混合所有制经济，而不应出让国有企业的控股权。③

（二）国家劳动立法与劳动致富

在初次分配环节，我国国家劳动立法为推进劳动致富与共同富裕提供了法制保障。

在初次分配环节，我国国家劳动立法能够在法制层面体现与维护劳动者的正当权益，从而推进劳动致富，并引导初级分配朝着共同富裕方向发展。最低工资标准等收入调节相关法律法规的制定与执行，直接保障了劳动者的收入底线，是勤劳致富的底线保障。有观点认为，"把最低工资不断往上调，不是解决工人工资太低的最好办法"，因为上调后会出现"老板还愿不愿意继续做"的问题；更好的办法是"给工人更多的权利，让他们自己去跟企业平等地博弈"，因为"这种方式可让他们的工资和方方面面的待遇得到更好的提高"④。我们通过推算可知，如果最低工资标准低于工人与企业"平等博弈"形成的实际工资，则最低工资标准不会影响到老板"愿不愿意继续做"的问题，而"平等博弈"有可能使工人"工资和方方面面的待遇"得到提高；只有法律法规规定的最低工资标准高于工人与企业"平等博弈"形成的实际工资，最低工资标准才可能影响到老板"不愿意继续做"的问题，但是工人"工资和方方面面的待遇"却不可能因"平等博弈"得到提高。

---

① 马克思．哥达纲领批判[M]//马克思恩格斯文集(第3卷)．北京:人民出版社,2009:436.

② 相关观点参见:吴宣恭．五大发展理念是社会主义基本经济规律内涵的深化拓宽和高度概括[J]．马克思主义研究,2016(8).

③ 相关观点参见:卫兴华．为什么要实行和怎样实行混合所有制经济[J]．理论学习与探索,2019(4).

④ 陈志武．加薪与减税[J]．中外企业文化,2010(10).

最为根本的问题在于，私有企业工人由于没有占有公司股份或生产资料，不可能掌握与企业所有者“平等博弈”的筹码，从而不可能通过“平等博弈”得到“工资和方方面面的待遇”的提高。可见，最低工资标准等收入调节相关法律法规的制定与执行，为劳动者尤其是私有经济的劳动者实现劳动致富提供了底线保障。

因此，在初次分配环节推进劳动致富与共同富裕，既要巩固加强按劳分配制度在分配领域的主体地位，扎实推进按劳分配原则的科学化与合理化，又要充分发挥国家劳动立法对劳动者正当权益的权威保障作用。

三、推进劳动致富与共同富裕的再分配机制

在我国社会主义市场经济体制中，市场经济调节和国家经济调节有机结合，对财富和收入的分配各自发挥较大的调节作用。国家经济调节能够在初次分配环节和再分配环节矫正与调节财富与收入分配的贫富分化因素，从而系统性推进劳动者劳动致富，进而引导分配体系朝着共同富裕方向发展。

在再分配环节，国家收入调节能够矫正和调节初次分配造成的贫富过度分化趋势，从而促进劳动者劳动致富，引导收入再分配朝着共同富裕方向发展。

一是在直接调节层面，国家税收体系能够调节高收入群体的过高收入，国家转移支付体系能够提高低收入群体的收入，并通过法律手段来取缔非法收入。有论者以“从 1995 年到 2011 年，政府财政税收相对城市居民可支配收入增长了 2 倍多，比农村人口的收入多增长约 3 倍”为例，认为“不受制约的征税权”导致“太多国民收入流入政府”，主张“限制征税权”和“减税”[①]。就其例证而言，我们知道，1995—2011 年我国城镇人口和农村人口均有大幅增长[②]，税收总量与可支配收入人均量的增长速度直接对比似乎不妥。而征税数量和增长速度并不能说明征税权不受限制，因为即使征税权和征税规则没有任何变化，税收总量同样可以随着税基的数量增长而以较高速度增长。实际上，与个人可支配收入直接相联系的税种是个人所得税。我国个人所得税制度体系并未导致“太多国民收入流入政府”，而且比单纯的“减税”更能发挥对收入的科学调节作用。从税收性质看，任何国家的征税权在客观上均受到生产力发展水平的限制；我国征税权的赋予、税法规则的制定都是依法进行的，并不存在征税权不受限制的问题。税法规则的制定与完善能够越来越

① 陈志武．中国最大的收入差距在政府和民间[N]．第一财经日报，2012-03-30.

② 根据国家统计局数据，1995 年城镇和农村人口分别为 35174 万人和 85947 万人，2011 年城镇和农村人口分别为 69927 万人和 64989 万人（https://data.stats.gov.cn/easyquery.htm?cn=C01）；按照该论者提供的数据，1995 年城镇和农村人口分别为 1.5 亿人和 3.8 亿人，2011 年城镇和农村人口分别为 4.71 亿人和 15 亿人。参见陈志武．中国最大的收入差距在政府和民间[N]．第一财经日报，2012-03-30.

充分贯彻以人民为中心（尤其是以劳动人民为中心）的原则，从而为推进劳动致富从而促进共同富裕奠定坚实的制度基础。

二是在间接调节层面，国家在基础设施领域和就业、医疗、住房、教育、社会保障等民生领域持续、系统的投入，能够从整体上提高国民经济效能和居民生活质量，以矫正和缓解初次分配造成的收入差距扩大带来的负面影响，从而为逐步缩小收入分配差距与劳动者劳动致富提供了底线保障。相对于民生领域的投入，基础设施建设由于投资规模大、建设周期长、发挥成效慢，项目的经济效益和社会效益反而不能“立竿见影”地显现，似乎不易形成短期“政绩”。而用教育等领域支出占 GDP 的百分比来说明“第二次分配”或“共同富裕”问题似乎不够准确，这些支出占财政总支出的比例应更能说明问题。即使民生领域的支出比例偏低，也应该通过加大这些领域的财政支出才能解决，而不是通过国有资产注入“国民权益基金”来解决。我们认为，基础设施领域的硬件建设和民生领域的软件建设都是从整体上提高国民经济效能和居民生活质量的国家收入调节方式，因此两者不可偏废。两者的投入规模和投入结构需要像三峡工程建设一样在充分科学论证的基础上根据我国经济社会发展实际状况由国家依宪依法组织有关部门机构来统筹确定和实施。

可见，社会主义市场经济体制中的国家经济调节全面促进了劳动致富，从而系统性引导收入分配体系朝着共同富裕方向发展。

新发展格局下构建开放型经济新体制的理论内涵与路径探索

王春丽[①]

（福建社会科学院）

一、新发展格局下构建开放型经济新体制的理论内涵

从理论逻辑来看，习近平总书记关于对外开放的重要论述是我国构建开放型经济新体制的理论指导。2013 年 11 月，党的十八届三中全会《中共中央关于全面深化改革若干重大问题的决定》首次提出“构建开放型经济新体制”。2014 年 12 月，习近平总书记再次强调：“以更加积极有为的行动，推进更高水平的对外开放，加快实施自由贸易区战略，加快构建开放型经济新体制。”[②] 2015 年 5 月，中共中央、国务院发布了《关于构建开放型经济新体制的若干意见》，自此，构建开放型经济新体制进程加快。2019 年 10 月，党的十九届四中全会《中共中央关于坚持和完善中国特色社会主义制度、推进国家治理体系和治理能力现代化若干重大问题的决定》提出建设更高水平开放型经济新体制，实施更大范围、更宽领域、更深层次的全面开放。2020 年 10 月，党的十九届五中全会提出了“十四五”时期经济社会发展主要目标，“更高水平开放型经济新体制基本形成”列入其中，并要求“全面提高对外开放水平，推动贸易和投资自由化便利化，推进贸易创新发展，推动共建‘一带一路’高质量发展，积极参与全球经济治理体系改革”，这不仅彰显了我国进一步扩大开放、维护经济全球化的立场和决心，也回应了当下外部质疑、坚定各方信心。2021 年 10 月，习近平总书记重申：“中国构建更高水平开放型经济新体制的方向不会变，促进贸易和投资自由化便利化的决心不会变。”[③] 从内涵来看，构建开放型经济新体制即构建一种能促进国际国内要素有序自由流动、资源高效配置、市场深度融合的具体方式或制度模

---

① 作者简介：王春丽，福建社会科学院研究员，经济学博士。

② 习近平．加快构建开放型经济新体制［N］．中国青年报，2014－12－07（02）．

③ 习近平．与世界相交与时代相通，在可持续发展道路上阔步前行——在第二届联合国全球可持续交通大会开幕式上的主旨讲话［EB/OL］．新华网，2021－10－14．

式。更高水平的界定则是为了有效适应我国经济发展新阶段和复杂多变的国际形势，要求对标已有高标准和最先进的国际经贸规则体系来完善自身的规则等制度设计和安排。而新发展格局的提出也无疑给建设更高水平开放型经济新体制赋予了更加丰富的内涵。[①]

（一）新发展格局赋予开放型经济新体制更明确的时代内涵

为了适应经济全球化新形势，党的十八届三中全会首次提出“构建开放型经济新体制”的时代命题。面对世界经济格局深刻变革，党的十九届四中全会又提出“构建更高水平开放型经济新体制”。应对日趋严峻的国际经贸环境，党的十九届五中全会又进一步明确提出“建设更高水平开放型经济新体制”。由此可见，无论是开放型经济新体制还是更高水平开放型经济新体制的提出，都是建立在对国内外形势科学研判基础之上的。另外，新一轮科技革命和产业变革深入发展，多极化趋势不断深入，新兴经济体成为全球贸易自由化的主要推动力，伴随“一带一路”建设的加快推进，中国参与国际经贸合作的版图不断扩大。在此背景下，我国提出了加快构建以国内大循环为主体、国内国际双循环相互促进的新发展格局。这也就赋予了建设开放型经济新体制新的时代内涵，即开放型经济新体制建设要适应时代要求，要以服务构建新发展格局为目标，提高开放的层次、水平和质量，培育新形势下参与国际合作竞争新优势，加快推动外向型经济模式走向开放型大国模式。

（二）新发展格局赋予开放型经济新体制更广阔的空间内涵

从改革开放到加入 WTO，在政府政策主导模式的推动下，我国对外开放体制日臻完善，逐渐形成由沿海、沿江、沿边到内地全方位、多层次、宽领域的对外开放格局，但由于沿海地区的开放先于内陆地区，竞争力强的地区开放快于竞争力弱的地区，使得我国的对外开放仍然表现出明显的区域不平衡性。在国内市场，区域差距、城乡差距、行业差距等不平衡问题长期存在，这不仅导致国内循环的成本较高、循环通道受阻，还限制了消费升级和产业转型。在国际市场，我国产业多数处于世界产业链的中低端，在高端产业等国际科技竞争中“卡脖子”现象越来越无法回避。为此，在新发展格局的指引下，我们就要将开放型经济新体制的空间内涵从侧重于扩大对外开放拓展至对内对外的全面开放，从空间布局的调整上解决开放中的梗阻问题。

---

① 王春丽，宣凯．从外向型到开放型的经济体制跃迁与实践进路[J]．江汉论坛，2021(10)：34－40.

（三）新发展格局赋予开放型经济新体制更先进的制度内涵

当前，随着我国经济发展水平不断提高，经济由高速增长阶段转向高质量发展阶段，发展中存在的不均衡不充分问题也日益凸显。新发展格局下建设更高水平开放型经济新体制，就是要从制度层面着手来改变这种现状，更大程度上发挥市场在资源配置中的决定性作用，破除部门之间的行政壁垒和地区之间的保护主义，以此促进商品和要素在各行业、各地区间自由流通。

二、新发展格局下构建开放型经济新体制的方向指引

为了有序推动开放型经济新体制建设，党的十八届三中全会到十九届五中全会都一直强调顶层设计和战略部署，党的十九届六中全会又基于新时代的新特征提出了许多新思想和新理念。面对新时代构建新发展格局的新要求，建设更高水平开放型经济新体制有了更加明确的目标，即要立足国内国际两个大循环体系，实行更加积极主动的开放战略，坚持以开放促改革促发展，推动实现更大范围、更宽领域、更深层次对外开放。

（一）立足国内和国际两个大循环体系，推动实现更大范围的全面开放

从内在逻辑来看，新发展格局的核心在于国内大循环，只有国内循环畅通了，才能有效吸引国际循环，并推动国内循环向国际循环拓展。正如习近平总书记指出的，“国内循环越顺畅，越能形成对全球资源要素的引力场，越有利于构建以国内大循环为主体、国内国际双循环相互促进的新发展格局，越有利于形成参与国际竞争和合作新优势”。[①] 对此，在更高水平开放型经济新体制建设过程中，要加快改善我国生产要素质量和配置水平，更大程度上发挥市场在资源配置中的决定性作用，以此来协调和促进对内对外开放。就对内开放来说，要通过国内统一大市场建设，加快拓展和优化开放空间，形成陆海内外联动、东西双向互济的全面开放格局。当前，我国改革已经进入深水区，内陆地区的基础设施逐步完善，国内互联互通的局面基本形成，此时，限制对外开放的主要因素为影响生产力布局的体制机制壁垒，只有通过国内统一大市场建设，破除制约要素流动的一切体制机制障碍，实现资源在全国范围内顺畅流动和优化配置，才能真正实现沿海、沿江、沿边、内地的全面开放。就对外开放来说，要通过统筹双边、多边、区域次区域开放合作，形成面向发达国家、新兴市场和发展中国家并重的全面开放格局。从国际市场的区域布局来看，我国对外开放对象仍以美日欧等发达经济体为主，一旦这些国家形成贸易联盟，在国际经贸

① 习近平．国家中长期经济社会发展战略若干重大问题[J]．求是，2020(21)．

规则重构中强势推动对我国不利的方案，势必会对我国的对外开放造成严重威胁。对此，我国要通过统筹双边、多边、区域和次区域开放合作，在继续深耕与发达国家等传统市场合作的基础上，积极开拓海外新市场，尤其是拓展新兴市场和发展中国家市场，着力深化与共建“一带一路”国家的贸易合作，逐步形成面向发达国家、新兴市场和发展中国家并重的全面开放格局。

（二）实行更加积极主动的开放战略，推动实现更宽领域的全面开放

从循环系统角度看，双循环的关键在于国内国际双循环的相互促进，虽然现有国际经贸规则呈现自由化、便利化与保护主义并行发展态势，但随着全球经济一体化通过产业链、供应链、价值链等向纵深推进，以促进国内外要素有序自由流动、降低交易成本为核心的体制机制仍是建设更高水平开放型经济新体制的应有之义。这就要求我国在继续开放投资领域的同时，进一步改变投资方式，以更好地利用国内国际两个市场、两种资源，为推动实现更宽领域的全面开放保驾护航。在开放投资领域方面，要突破传统以贸易保护主义为主导的思维模式，加快推动先进制造业、服务业领域的扩大开放。当前中国正处于加快推进工业化进程中，既是全球制造业产业链中不可分割的组成部分，也是巨大的制造业产品消费市场。要推动先进制造业领域的扩大开放，就要继续扩大高技术制造业的开放领域，通过构筑更加开放的先进制造业产业体系，鼓励外资投资先进制造业，支持外资通过搭建创新平台、推进智能工厂建设、提供系统化解决方案，投资进入高端制造、智能制造和绿色制造领域。在转变投资方式方面，要坚持“引进来”和“走出去”并重，通过营造良好的投资环境，创新对外投资体制机制，为我国企业“走出去”营造公平竞争的制度环境。要用好“一带一路”合作平台，立足于与“一带一路”沿线国家的比较优势，着重于与“一带一路”沿线国家进行联合科技研发，推动我国企业以资本、技术合作为重点到境外开展投资合作。

（三）更加注重规则等制度型开放，推动实现更深层次的全面开放

我国在继续深化与经贸领域有关的对外贸易体制、外资管理体制、对外投资管理体制、涉外金融体制以及行政管理体制等改革的同时，还要通过改革市场准入、营商环境、产业政策、竞争政策、法律法规等内容，建立公平开放透明的市场规则，营造适应各类投资者平等准入的市场环境，以此扩大开放的力度和深度。从另一层面看，注重规则等制度型开放，还要求我国积极参与国际经贸规则谈判，为“中国方案”寻求更大空间。虽然美欧等发达经济体趋向以高标准严要求的自由贸易协定来替代多边贸易体制，但对我国和其他新兴经济体、发展中国家而言，维护以非歧视和自由公正为核心的多边贸易体制仍是当

前要坚持的方向，对此，我国要发挥贸易大国优势，联合其他新兴市场经济体和发展中国家，在坚持自由贸易和维护多边贸易体制的框架内积极参与并推动 WTO 改革。当然，从大环境来看，考虑到一些谈判内容很难在上百个成员国之间进行协商并有效达成协议，区域和双边贸易协定以其相对灵活高效的优势在国际经贸合作中仍然占据主导地位，为此，我国也要顺应国际经贸规则发展趋势，在 RCEP 成功签署的基础上更进一步，加快实施 FTAPP 自由贸易区战略，并同步推动与主要贸易伙伴间的自贸协定谈判，以此来争取在国际经贸规则制定方面的主动权。

三、新发展格局下构建开放型经济新体制的路径探索

（一）进一步发挥自贸区改革创新优势，推进规则等制度型开放

近年来，鉴于日益复杂的国际环境和加速重构的规则体系，我国推出新一轮自贸区深化改革方案，该方案更突出与国际先进规则的接轨并形成全面开放新格局，这与更高水平开放型经济新体制的构建目标相统一。接下来，我国要进一步发挥自贸区改革创新优势，深化自贸区与国际先进规则接轨，推进规则等制度型开放，将自贸区建设成为更高水平开放型经济新体制示范区。① 具体内容包括：先行先试高标准的国际经贸规则体系，打造与国际先进规则接轨的营商环境，推动服务业重点领域扩大对外开放等。

（二）持续扩大内陆沿边地区开放，加快促进要素流动的体制机制改革

在更高水平开放型经济新体制建设过程中，要坚持内陆沿边地区体制机制改革，加快改善我国生产要素质量和配置水平，以发挥要素资源优势来助推区域协调发展，通过构筑“双向开放”新格局，促进更多中西部省份从内陆腹地转变为开放高地，助推内陆地区更好融入全国乃至全球经济贸易体系，为更好地融入世界打开窗口、架设桥梁。② 具体内容包括：继续加大内陆开放力度，形成有利于推动内陆产业集群发展的体制机制；加快沿边地区开放步伐，将沿边地区打造成为我国与周边国家经贸交流合作的大平台等。

（三）加快实施“一带一路”倡议，探索开放型经济建设新思路

为了满足更高水平开放型经济新体制的构建要求，接下来，“一带一路”倡议还要向纵深推进，从深化合作领域和创新合作方式方面着手，从强化有效投资和细化合作方向出

---

① 王晓红. 把自贸试验区建成高水平开放型经济新体制示范区[J]. 中国国情国力,2020(7):38 - 40.

② 郑少忠. 变内陆腹地为开放高地[N]. 人民日报,2020 - 06 - 04.

发，以完善法律支持和人才输送机制为重点，充分挖掘“一带一路”沿线国家的发展潜力，着重于与“一带一路”沿线国家在制造业和高科技领域的合作，推动传统商品贸易向高技术商品贸易推进①。对此，要加强以下体制机制建设，为“一带一路”倡议提供制度保障。主要包括：探索推动与“一带一路”沿线国家互联互通建设合作新模式，加快建设与“一带一路”倡议相适应的货币与投融资等金融支持体系，推动构建覆盖“一带一路”沿线国家的自由贸易协定网络等。

（四）积极参与全球经济治理，为“中国方案”寻求更大空间

目前，国际经贸规则开始进入变革与重构期，以美日欧为代表的发达经济体认为WTO规则损害了它们的利益，开始纷纷参与到双边和区域贸易协定谈判中来。区域和双边贸易协议的成功签订不仅给多边贸易体制带来了严重挑战，也对WTO改革产生了示范效应，新一轮国际经贸规则体系逐步成形。注重规则等制度型开放，就要求我国积极参与全球经济治理，同步推动多边、区域和双边贸易协定谈判，为“中国方案”寻求更大空间。具体内容包括：继续维护并推动以WTO规则为核心的多边贸易体制发展，加快实施自由贸易区战略、推动区域自贸协定谈判进程，加快推动与主要贸易伙伴间的双边自贸协定谈判。

① 杨荣珍，贾瑞哲．“一带一路”贸易合作的机遇与挑战[N]．光明日报，2017-08-01(14).

包容性绿色增长目标下产业高质量发展：文献解读与研究框架

周小亮①

（福州大学）

一、包容性绿色增长目标导向下产业高质量发展的不同文献解读

（一）产业高质量发展的内涵特征及实践要求

产业高质量发展被界定为在新发展理念指导下，依据第四次工业革命下社会生产力智能化与绿色化发展态势，并结合包容性绿色增长的目标导向要求，通过产业生产方式和以社会生产关系为中心的制度治理体系的变革与优化，以提供更高程度满足社会需求的高品质产品，并具有产业结构高级化、产业组织结构合理化、产业链智能现代化、产业生产方式与生产过程绿色民生化等一系列特点的产业发展新方式、新动能与新体系。产业高质量发展应更自觉地主攻能够更直接体现人民向往目标和经济发展本真目的的包容性绿色发展战略目标导向要求，科学处理产业发展中的自然、经济和社会之间的相互协调与共生包容关系。产业高质量发展是一个动态的、与时俱进的包含价值判断的综合性概念，具有内涵多维性、表现形式多样性、判断标准复杂性、发展目标多元性、发展路径多样性和战略选择灵活性等特征。

（二）产业高质量发展动能源泉的探讨

从驱动产业高质量发展新动能来看，我们认为主要有创新、制度和结构新动能。围绕这三大新动能，国内外相关研究主要有：①创新新动能；②制度新动能；③结构新动能。

有关产业高质量发展的技术、制度、结构新动能的研究，为我们研究包容性绿色增长

① 作者简介：周小亮，福州大学民建经济研究院院长，福州大学创新与高质量发展研究中心主任、教授、博士生导师。

视角下产业高质量发展的动能来源提供了有益参照。但是，如何紧扣包容性绿色增长方式的价值取向和目标要求，并依据第四次工业革命下社会生产力智能化与绿色化发展态势，从生产力、生产方式与生产关系的整体系统结构中去探寻能够体现产业结构高级化、产业组织结构合理化、产业链智能现代化、产业生产方式与生产过程绿色民生化等特征，从而有利于推动产业高质量发展的动能转换机制及其新动能体系的特征、结构及内在逻辑关系，尚未作出系统的理论解读。

（三）产业高质量发展的基本内容及衡量标准分析

在我国由高速增长阶段转向高质量发展的关键时期，探讨产业高质量发展，一方面需要强调应紧扣第四次工业革命的特征与发展态势，强化产业技术创新特别是产业自主性技术，推进现代生产性服务业和制造业深度融合，加快以农业与工业为主体的实体经济和传统制造业的数字化和智能化改造，着力提升产业链现代化水平；另一方面更应当树立包容性绿色发展理念，以纠正经济系统的非包容性、非绿色发展现象为目标导向，将绿色民生化纳入产业高质量发展的基本内容与衡量标准框架体系中，以克服自然、经济和社会的非包容性、非绿色增长即广义失衡现象，从而实现经济、社会与自然三大系统包容性绿色发展，最终推动产业高质量可持续发展。

（四）产业高质量发展体系的实践构建探讨

目前对产业高质量发展体系的实践构建的研究主要从高质量发展目标导向下构建现代产业体系的视角开展，但既没有依据推动产业高质量发展动能转换机制及新动能体系特征，紧扣产业结构高级化、产业组织结构合理化、产业链智能现代化、产业生产方式与生产过程绿色民生化等产业高质量发展的特征，去探讨产业高质量发展体系的实践路径，更没有依据包容性绿色增长的目标导向去探索如何构建产业高质量发展体系。

二、包容性绿色增长目标下产业高质量发展研究的方向、重点及框架设计

其一，从研究视角来看，在人类社会工业文明向生态文明转型背景下，中国必须践行既能促进公平性经济增长，又能优化自然生态系统这一包容性绿色增长方式和可持续发展模式，以推动经济高质量发展。为此，在发展新的历史方位和社会主要矛盾发生了变化的新时代，对产业高质量发展的研究，有必要以包容性绿色增长为研究视角，体现包容性绿色增长的目标导向，以有效解决产业转型与发展中的各种“包容性”与“绿色化”缺失问题，进而揭示新时代赋予产业高质量发展的新内涵与新要求，并找准产业高质量发展的新动能、新标准和新路径。

其二，从研究的理论分析架构与分析范式来看，综观目前有关产业高质量发展的现有研究，我们认为：对包容性绿色发展目标导向下产业高质量发展问题的研究，不能简单地套用现有西方产业经济理论的研究范式，需要紧扣第四次工业革命下社会生产力智能化与绿色化发展态势，以及包容性绿色增长方式的本质特征及目标导向，以唯物史观下政治经济学生产力—生产方式—生产关系的整体分析范式为基础，以产业生产方式的变革为逻辑主线，将微观企业行为—中观产业转型与优化—宏观经济增长范式转变有机统一起来，去研究更高程度满足社会需求的发展，并体现产业结构高级化、产业组织结构合理化、产业链智能现代化、产业生产方式与生产过程绿色民生化等特征的产业高质量的新方式、新动能与新体系。

其三，从利益协调与研究的广度来看，我们研究产业高质量发展应将经济发展的包容性共享理念和生态系统的可持续理念相互结合起来，探讨如何有效解决产业发展过程中生态、经济和社会之间的相互协调与兼容问题，这是发展新的历史方位和社会主要矛盾发生了变化的新时代下，完整求解产业高质量发展问题的内在要求和必然选择，也是包容性绿色增长目标导向下推动产业高质量发展的一个中心议题。

其四，研究包容性绿色增长目标下产业高质量发展理论与实践，在指导思想上必须将马克思主义人的全面自由发展理论和马克思主义生态经济学、中国特色社会主义政治经济学及其驱动中国包容性绿色增长目标导向下产业高质量发展的一系列战略规划与部署结合起来，创新分析范式与理论分析框架，以习近平新时代中国特色社会主义思想为指导，借鉴西方现代产业经济学和林毅夫的新结构经济学的理论与方法，以及近年来推进产业高质量发展的理论与实践的探索，去研究中国践行包容性绿色发展目标下产业高质量发展的理论基础与实践问题。

基于以上综述与评价，我们认为在包容性绿色增长目标下，研究产业高质量发展需要思考的重点问题是：①包容性绿色增长目标下产业高质量发展的研究范式及框架设计。②包容性绿色增长目标下产业高质量发展的动能机制设计。③包容性绿色增长目标下产业高质量发展的实践路径探索。④包容性绿色增长目标下产业高质量发展绩效测度体系构建及应用研究。

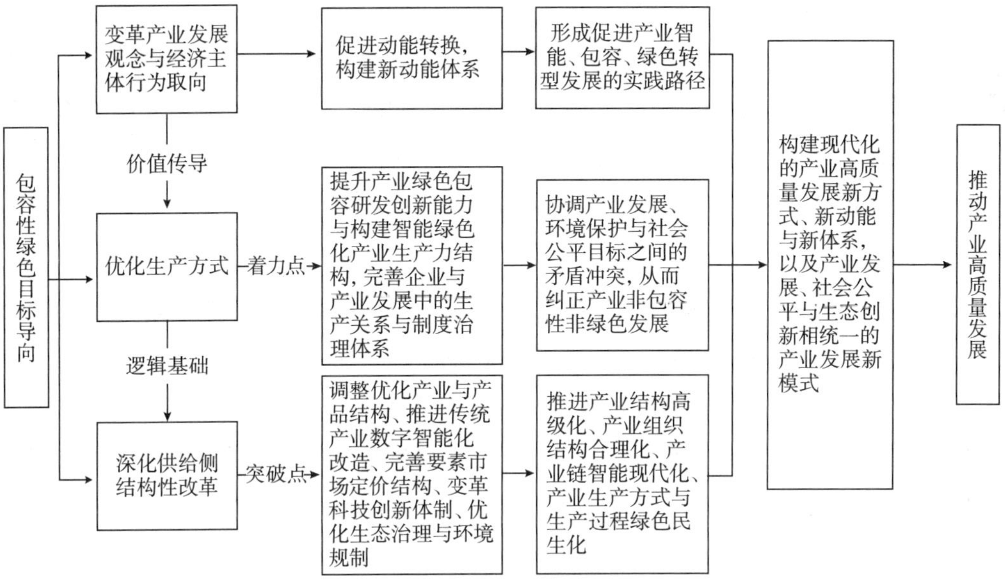

图 1　课题中心问题

图 1 为课题中心问题。依据图中所示需要破解的中心问题，我们认为包容性绿色增长目标下产业高质量发展的总体研究框架可以设计为图 2。

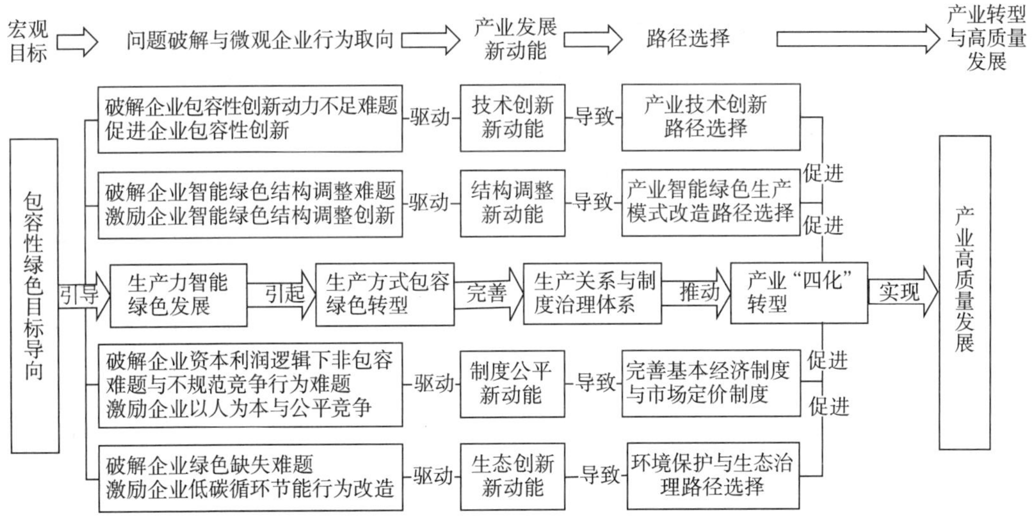

图 2　课题研究的总体逻辑框架

依据此分析框架，首先，在理论上，不仅需要基于推动产业高质量发展进一步提升生产力水平，还要协同推动生产方式演进和生产关系变革这一基本实践逻辑，以习近平经济思想为指导，依据生产力、生产方式与生产关系这一唯物史观整体分析范式，融合“包容性”与“绿色化”的发展目标导向，厘清包容性绿色增长目标下产业高质量发展的内涵特征，阐释包容性绿色增长导向下产业高质量发展的核心问题、影响因素、形成机制等基本理论问题，进而探索如何构建一个包容性绿色目标导向下产业高质量发展的理论分析框架。具体需要研究的主要问题有：①包容性绿色增长的内涵特征及其对产业高质量发展的目标导向要求。②包容性绿色增长目标导向下产业高质量发展基本问题的理论阐释。③包容性绿色增长目标下产业高质量发展的理论基础阐释。④包容性绿色增长目标下产业高质量发展的理论分析框架探索。

其次，应紧扣包容性绿色增长方式的目标要求、制约产业高质量发展动能转换的突出问题，结合构建以国内大循环为主体、国内国际双循环相互促进新发展格局的新要求、新任务，以及就业、分配、消费和生态环境等方面的民生诉求，特别是结合深化供给侧结构性改革的主攻方向，促进企业经济行为与产业发展绿色民生化转型的重点任务，依据第四次工业革命下社会生产力智能化与绿色化发展态势，从生产力、生产方式与生产关系的整体系统结构中，侧重从优化结构、创新驱动、制度公平、生态治理四大维度去探寻能够体现产业结构高级化、产业组织结构合理化、产业链智能现代化、产业生产方式与生产过程绿色民生化等特征，从而有利于推动产业高质量发展的动能机制设计及解决新动能体系问题。具体需要研究的问题有：①产业高质量发展新旧动能转换的内在矛盾与瓶颈机制。②包容性绿色增长目标导向、产业转型发展动能转换取向与产业高质量发展之间的因果逻辑关系。③包容性绿色增长目标下推动产业高质量发展动能转换的实现机制及条件。④包容性绿色增长目标下产业高质量发展的新动能体系的构成及其内在逻辑关系。⑤促进产业高质量发展新旧动能转换的基本方向、基本原则和重要战略。

再次，需要结合包容性绿色增长的人本目标导向，以及推动产业高质量发展动能机制设计的研究，以深化供给侧结构性改革为主线，探索包容性绿色增长目标下产业高质量发展的实践路径，并对实践绩效进行科学评估。主要研究的问题有：①包容性绿色增长目标下产业高质量发展的主要任务与关键问题。②包容性绿色增长目标下产业高质量发展实践路径的设计思路。③包容性绿色增长目标下产业高质量发展实践绩效测度评价。

最后，应综合上述有关包容性绿色增长目标导向下产业高质量发展的理论基础、动能设计、实践选择及绩效测评研究，聚焦第四次工业革命下社会生产力智能化与绿色化发展态势，以深化供给侧结构性改革为主线，以包容性绿色制度的系统、配套、互补建设与创新，提升产业治理体系与治理能力现代化为方向，探索如何以人为中心来构建包容性绿色增长目标下产业高质量发展的制度治理与政策支撑体系。主要需要研究的问题有：①包容性绿色增长目标下产业高质量发展的制度基础与制度环境。②包容性绿色增长目标下产业高质量发展制度治理体系的主要内容构成及其相互关系。③包容性绿色增长目标下产业高质量发展制度治理体系的设计原则及构建思路。④包容性绿色增长目标下推动产业高质量发展的政策设计。

三、包容性绿色增长目标下产业高质量发展需要破解的关键及重点问题

从关键问题来看，主要有：①如何构建一个包容性绿色增长目标下产业高质量发展的研究范式及框架设计；②如何依据我国发展新的历史方位与新发展格局的时代要求，科学设计包容性绿色增长目标下产业高质量发展的动能机制，并有效构建新动能体系；③如何厘清并选准中国推进包容性绿色增长目标下产业高质量发展的实践路径；④如何构建一个包容性绿色增长目标下产业高质量发展的测评体系；⑤如何完善包容性绿色增长目标下产业高质量发展的制度与政策体系。

从重点问题来看，主要有：①如何结合工业文明向生态文明转型、我国发展新的历史方位与新发展格局的时代背景要求，并依据包容性绿色增长的目标导向，探索激励企业转变经济行为取向、优化生产方式、深化供给侧结构性改革的方式，从而驱动产业高质量发展，提高产业发展的平衡性、包容性和绿色生态性，进而构建产业发展、环境保护、资源节约与民生福利相统一的产业高质量发展模式。②如何以促进经济、社会与自然三大系统相辅相成、协同发展为问题导向，科学阐释包容性绿色增长、产业高质量发展的内涵特征及其辩证关系，进而厘清、阐释包容性绿色增长目标下产业高质量发展的核心问题、影响因素、形成机制、动能体系、主攻方向、约束条件等基本理论问题。③如何依据对粗放型产业发展方式下非包容与绿色缺失问题及其成因的实证研判与剖析，科学总结产业包容性绿色转型发展的典型实践经验，找准包容性绿色增长目标下产业高质量发展的主要任务与实践路径。④如何依据包容性绿色增长的目标导向要求，结合我国产业发展中的突出问题，科学设计有利于促进产业呈现“四化”特征转型发展的绩效评价体系，并通过产业发展方式转变与推动高质量过程中的实践绩效的实证评价，找出我国产业宏观调控政策中的偏差问题与完善方向。⑤如何依据“五位一体”战略部署与推动中国经济增长绿色化与包容性转型的目标要求，侧重从实践实施层面，剖析并科学设计推进产业高质量发展的制度治理与政策支撑体系。

新型举国扶贫体制的内涵与特性

周志太　翟文华①
（淮北师范大学）

一、新型举国扶贫体制性质

在中国共产党领导下，拥有社会主义扶贫的共同目标、价值认同与导向，发挥社会主义的制度优势，夯实多主体互动扶贫的政治基础和思想认识基础，在全面建设小康社会的攻坚期，对各项扶贫政策进行顶层设计、发挥合法化和元治理的作用，让制度优势转变为治理效能。我国政府基于“政治权威”“绝对优势”，遵循贫困者利益最大化的原则，一直是“强政府”，以制度化的组织和激励，对多元的主体、机制和资源进行整合，从资源整合方案的提出到资源集成都是由政府强力参与和推动完成的，成为消除绝对贫困问题的突出政治优势和主要手段，即“举国扶贫体制”。

现代社会中，网络是与政府和市场平行、第三种重要的组织形式，网络结构是最适应复杂外部环境的扶贫治理组织：一是网络具有多节点，对外部环境变化更敏感，探测外部环境的变化更快；二是网络具有“疏耦合”，因而具有抗灾韧性，更容易根据组织间的信息交互进行调整以便相互适应。新型举国扶贫体制或扶贫协同网络是在中国共产党的领导下，运用协同方法和网络性思维，以共同利益为基础、统筹多种资源并有机衔接，多主体跨所有制、跨部门、跨层级、跨地区，超越简单市场、简单契约关系和简单科层，通过竞合机制大跨度灵活整合、互补互动互惠与激发、共生共创共享共赢的利益链条耦合，所有扶贫的动力要素和协同要素的经济关系总和。此为扶贫治理 4.0 阶段。

新型举国扶贫体制由扶贫理论、协同理论、网络理论融合而成，强调扶贫主体的多元

---

① 作者简介：周志太，三级教授，经济学博士，中华外国经济学说研究会常务理事，中国经济规律研究会理事，国家社科基金项目评审专家、认真负责鉴定专家，教育部人文社会科学重点研究基地——吉林大学国有经济研究中心研究员，硕士生导师；翟文华，淮北师范大学经管学院副教授、经济学博士，安徽省中国特色社会主义研究中心研究员。

化、扶贫目标的一致性、扶贫行动的协同性、扶贫网络的开放性、扶贫过程的动态性，在资源有限性的条件下扩大扶贫资源，在高度不确定的环境中大幅度降低不确定风险，将设计系统、制定政策、编制规划、统筹试验、分配资金、安排和实施项目的各个过程互补互动互惠，各扶贫资源由“条”到“块”再到“点（户）”，形成特定属性间的匹配性协调关系。新型举国扶贫体制是围绕平台来整合扶贫者、由相互连接的组织构成，其演化过程受到地方政府的异质性、网络演化、路径依赖和制度环境等因素影响，随着扶贫伙伴不断增加，异质性、嵌入性和互惠性逐渐增强，使其具有更强的适应能力和放大效应，实现扶贫因子共生、共荣和再生。互联网下，扶贫协同网络与参与式扶贫相比，有其长处与优点，扶贫主体可以突破空间局限，广泛动员多主体以各种方式扶贫。网络与市场相比，更多地体现社会资本具有的非营利性和自发性。社会资本是社会成员的相互关系，将单个个体连接起来形成一定的社会群体，包括非正式的制度、人们的情感联系和信任关系。这使得个体与其他成员紧密联系在一起，且由于每个人所处的网络及其节点不同而产生不同的关系，形成具有不同功能的社会网络，保障和增强每一个成员在网络中的归属感、安全感、幸福感和成就感，使其获得情感慰藉和彼此信任。

二、新型举国扶贫体制特性

（一）治理主体由一元转向多元

改革开放以来，在政府、市场、社会三种机制中，政府逐渐由拥有充分话语权和支配权、包办一切的扶贫一元化强势主体转为超越自身、整合多元化的扶贫主体，转向强化民主程序。政府主导不再依靠强制力，而是基于目标一致、利益一致，综合运用经济、行政、法律手段，各扶贫主体共同制定扶贫规则，通过与扶贫利益相关的多主体平等参与、协商与互动的资源使用决策与实施，形成具有整体性、开放性的自组织体系，增进包括相对贫困者在内的社会大众对扶贫政策的认知和认可程度。政府即便拥有强大的国家机器和举国巨额资源，也要由“命令型”向“引导型”过渡，由扶贫集权的一元化治理转变为扶贫制度的创造者、扶贫的组织协调者和行动召集者、扶贫机会的提供者，再转向“多元协同治理”，弥补单方供给失衡和公共资源溢出效应的缺陷，即新型举国扶贫体制。

治理结构由政府集权转向与其他扶贫者分权。加强沟通交流，充分表达贫困者的所为所想，充分理解其困难，急其所急，提高贫困者对扶贫的满意度。尤其是将包括扶贫资源分配的决策和执行在内的发展自主权理性地返还给扶贫者，在外部条件的支持下，扶贫者与扶贫对象目标一致，会形成由合作到协同的行为。这是扶贫治理现代化所具备的基本特征和重要内容，是考察与推进扶贫治理现代化的重要路径。

（二）治理方式由传统的“管理”转向“治理机制协同”：多主体平等共建共治共享社会资本

治理目标的一致性是多主体扶贫协同治理的重要因素和出发点。国家要担负起让相对贫困者分享改革发展成果的可持续性、共享机制长效性的重任，就必须通过目标精准、环节精准、手段精准、考核精准这些互补互动的扶贫活动和政策设计，积极寻求和促进扶贫协同，实现脱贫增收。政府对扶贫的管理虽是全局的，但要转向高效指导与服务市场经济、建设扶贫协同网络，发挥市场难以替代的新型举国扶贫体制的优势，即统领与集成扶贫的协同优势和信息优势，以委托代理关系为基本框架，以契约制为治理机制，以跨部门整合、互动互惠与反馈调适为表征，提供比单纯科层组织更广阔、环节更多的接口，促使扶贫者积极接入、主动融入市场机制。协同精神和原则在两个方面发生作用：既积极保护个人权利，又促进共同体内在公共利益基础上对共同目标的努力和认可，实现公平的扶贫价值理念。资源配置优化与治理主体独立性互补互动互惠，只有各个主体才最了解自己的情况，并作出充分发挥自身扶贫优势的决策。但是，囿于信息不对称，个体决策可能有悖于社会利益，需要政府通过制度化方式调控，健全扶贫机制，为其他主体平等利用扶贫资源提供公平、有效、开放的渠道，预防在获取扶贫资源过程中的恶性竞争。政府在转变自身理念与职能的前提下，开放治理结构，借助社会力量，合理分配社会资本，形成合理的利益分配格局，重塑主体结构，动员多主体打造多层次治理集成系统，塑造扶贫协同治理网络。

三、新型举国扶贫体制中政府与市场的关系

这是新型举国扶贫体制中最重要的关系。扶贫的本质是充分发挥社会主义的制度优势，充分发挥市场资源配置的决定性作用，并与市场体制有机融合，以举国之力的宏观调控与微观主体活力的市场机制协同推进扶贫，发挥这两者的协同优势，使扶贫效率最大化。政府与市场都是扶贫协同网络的重要组成部分，政府要完善市场，又要利用市场体制机制。在转轨时期，政府负有完善市场体制的历史使命，完善市场化扶贫机制，改变扶贫过分依赖计划体制和行政系统来传递和管理扶贫资源的状况，破除片面依靠行政手段的弊端，打破扶贫资源在各级政府垄断下传递和使用的格局，充分发挥市场机制在扶贫中的积极作用，充分发挥市场主体和行业组织带动农户、配置资源的协同作用，向市场要动力、要潜力、要活力、要协同力，拓宽扶贫资源，提高扶贫效率。充分调动广大扶贫者的积极性，通过任务分解、多元参与、知识管理、资源协同方式整体上拟合脱贫增收战略，促进在相对贫困者的确认、需求评估、项目选择、实施和监测各个环节协同推进，提高扶贫效益。

四、新型举国扶贫体制的实现形式

（一）扶贫体制协同

扶贫政策的制定和实施必然涉及利益分配的政治过程，资源的供给与分配，始终处于多主体互动与扶贫共同体行动过程中，扶贫政策与其他各项政策、政策与法制协同推进，以利益导向和荣誉激励，全力破解扶贫动力不足尤其是协同不力的深层次矛盾，打造激励扶贫效应最强的制度体系。完善脱贫增收的制度，促进许多个体意志以一个意志联结起来，而这个意志又允许许多个体意志持续存在。政府充分吸纳整合全球制度资源，依靠自身雄厚的政治资源和强有力的行政执行力释放出巨大的组织与效率能量，精心打造促进扶贫进步的市场体制与行政、法律体制协同的制度体系。搭建产权交易和资本市场平台，紧紧抓住确权颁证、产权交易、平台运行三大重点，完善产权交易市场，让各类资源充分流动、集聚协同扶贫。政府转变职能，深化改革，加快“放管服”改革步伐、加快修订不适合脱贫增收发展要求的政策法规，破除弊端、降低门槛、简化流程，少管精管、管好基础的和长远的，在实践中逐步建立起“自我调适”型的政策冲突预控机制。奖励守信者和奉献者，惩戒失信的行为主体。建立促进多主体间由相知到平等互信、互学互鉴、增信释疑、利益分享的行为规则体系，促进扶贫行动协同。运用一切手段，营造全社会积极扶贫的环境，以政策优惠和道义吸引，广泛鼓励、动员、撬动更大规模的社会资源投入扶贫，组织财政、国企等一切资源，引导民企等一切非政府组织、扶贫创业成功人士等社会力量通过多种直接或间接方式积极参与扶贫攻坚。打破地方结盟关系对于扶贫话语权等资源的垄断，建立一套有助于各利益主体间权力分配的再平衡体系。

（二）扶贫“供”“求”协同

发挥新型举国扶贫体制的优势，找准农户和企业的共同利益点，充分利用和整合不同主体的特色资源、优势资源和闲置资源，尤其是立足当地的产业禀赋，将更多的帮扶资源纳入统筹范围中来，实行跨部门、跨年度、跨层级、大类间统筹和打通使用，与时俱进、灵活配置；准确了解不同扶贫者的各自专长，指导和明确规定各类主体在扶贫开发中的参与方式和承担责任，准确把脉各个相对贫困者意愿，促进扶贫的资源与计划紧密对接，因地因时因人制宜，对症下药、靶向治疗，分类施策、一户一策，满足他们之间千差万别的要求，在订单、劳务、搬迁等扶贫方式中择优选择、协同推进。

（三）扶贫资金协同

扶贫攻坚的主要瓶颈是资金。财政对农民收入增长的影响一直以来均显著为正，促进农民增收的效应在逐渐加大；而金融对农民收入增长的影响在第一和第三阶段显著为正，已从农村资金的“抽水机”向带动农民增收的角色转变。扶贫资金由条块分割向财政“一条线”转变，并探索扶贫资源竞争性分配等有效方法。建立“统一规划、统一实施、统一验收、统一报账”的资金整合领导小组，以行政首长任组长，财政局、乡村振兴局等职能部门负责人为成员，完善财政、企业和社会“三位一体”的扶贫资金协同体系，提高资金使用率。财政与金融联动，放大财政资金的杠杆和种子效应，财政投入由偏重拨款向拨款与补贴、服务购买、股权投资、分红激励、效率提成、绩效奖励、以奖代拨、拨改贷和税式支出等多种扶贫方式协同转变，政策性扶贫投资与商业性投资协同，扶贫资金、捐款与资本协同，事前、事中扶持与事后奖励协同，构建以财政投入和贷款为主力、社会资金为补充、多元化协同的扶贫资金循环机制和高效的扶贫投入体系，提高全社会扶贫投入的积极性，破解长期以来扶贫资金短缺的问题，实现投入最多、扶贫效率最佳。

扶贫财政与扶贫金融协同，政策性担保机构先行，政策性担保与商业性担保协同，确保贷款安全，发挥扶贫资金担保的“杠杆”撬动作用，探索和实施多种担保形式，大力实施税款返还担保和土地承包权质押，完善扶贫金融风险的有效控制和分散机制，贴息贷款与商业贷款协同，卖方贷款与买方贷款协同，成倍扩大贷款规模。

提高互联网普及率、利用率和网速，探索推广“互联网＋金融帮扶/旅游/电子商务等”结对帮扶形式，利用“匹配”“渗透”“寄生”“融合”等关联方式，整合多主体资源，提供多种支持服务，促进知识互动和资源交换，充分调动相对贫困者利用信息技术的主动性、积极性，使他们在现代技术方面收获更多。

优化扶贫绩效评价。作为调节收入分配政策的一部分，扶贫旨在让整个社会中最不利者的生活水平得到提高，把相对贫困者的收入增加作为重要考核指标，将扶贫绩效与干部的奖惩机制挂钩，使其权力行使始终处于一种负责任的状态，有效抑制扶贫形式化、异化及各种腐败问题。不断总结完善，使决策符合市场导向和社会需求，改变地方政府在扶贫工作中既当“运动员”又当“裁判员”的现象，把监督权、评估权交给社会力量，引入相对贫困者参与到对扶贫结果的考核评估中，保障其表达权与监督权；政府考核、第三方评估、社会组织和公众的评价协同推进脱贫增收。

中国的脱贫实践如何破解效率与公平的两难选择

刘江会　谭黎阳　尹伯成[①]
(上海师范大学；复旦大学)

一、中国的减贫经验

经过规模最大、力度最强的脱贫攻坚实践，中国不断深化了对减贫工作规律的认识，形成了特色的“中国减贫学”。其核心要义是：锚定共同富裕目标，依托精准手段，构建政府、市场和社会协同发力的“益贫市场”，解放贫困者的生产力，使他们不仅成为分配的受益者，也成为增长的贡献者，推动实现整个社会更加均衡、更加公平的发展。[②]

中国智库报告解读中国特色减贫理论时指出，习近平总书记有关扶贫工作的重要论述是“中国减贫学”的思想基础和理论内核，系统回答了“扶持谁、谁来扶、怎么扶、如何退”等重大问题，为中国消除绝对贫困提出了科学指引和行动纲领。报告围绕“七个坚持”总结分析了习近平总书记重要论述对中国减贫实践的重要指导作用。这“七个坚持”是：坚持党的领导；坚持人民至上；坚持合力攻坚；坚持精准方略；坚持自立自强；坚持共享发展；坚持求真务实。

减贫从空间上来说是一个世界性难题，从时间上来说是一个千年历史性难题。“中国减贫学”确实值得世界各国思考与交流，以共同探索世界均衡包容发展之道。

二、效率与公平的两难选择

减贫要靠经济发展，发展依靠经济效率。所谓效率无非是指人类社会有效地改造自然以满足人类需要的能力和程度。判断一个经济体制好不好，关键要看这种经济成果的效率

---

① 作者简介：刘江会，经济学博士，上海师范大学商学院教授、研究生导师；谭黎阳，经济学博士，上海师范大学商学院副教授、研究生导师；尹伯成，复旦大学经济学院教授、博士生导师。

② 政治经济学视野下的中国减贫理论[N]//从中国减贫学智库报告解读中国特色反贫理论. 新华每日电讯，2021－02－28(4).

如何。公平和效率间似乎存在一个替代关系，于是就产生了一个问题：作为目标，公平和效率哪一个更为重要而应该予以优先？

一些经济学家认为，效率应当优先，理由是效率来自个人的努力和勤奋，不重视效率就是鼓励懒惰、鼓励奢侈浪费，社会经济就难以发展，公平只能导致普遍贫穷。另一些经济学家则认为，公平应该放在优先地位，理由是：公平本来就是人们的天赋权利，竞争引起收入差别是对这种权利的侵蚀。

关于公平和效率关系，思想家有过许多论述。

先看马克思主义者的观点。马克思主义者都追求人类的公平正义。马克思在深刻揭露与批评资本主义私有制的不公正性的同时，积极探索自由与公平的未来社会，认为只有共产主义才是实现公平正义的条件。他说，“真正的自由和真正的公平只有在共产主义制度下才有可能实现；而这样的制度是正义所要求的”。[①] 可是，这必须到共产主义阶段才会实现，因为那时候“生产发展则能够满足所有人的需要的规模；结束牺牲一些人的利益来满足另一些人的需要的状况，彻底消灭阶级和阶级对立；通过消除旧的分工，通过产业教育、变换工种，所有人共同享受大家创造出来的福利，通过城乡的融合，使社会全体成员的才能得到全面发展”，[②] 从而真正实现人与人之间的公平。

公平正义当然是中国共产党人的一贯主张，现在来看一下他们的一些论述。毛泽东的公平主义观点主要有：第一，建立社会主义制度是实现社会公平正义的必由之路；第二，维护和扩展人民群众的权力与利益是实现社会公平正义的主旨；第三，实现社会关系的公平和收入分配的公平是社会公平正义的主题；第四，维护民族独立、国家主权是公平正义的重要内容。

中共第二代领导集体代表邓小平的观点主要有：第一，大力发展生产力是社会公平正义的基本前提。他说“搞社会主义，一定要使生产力发达，贫穷不是社会主义”。第二，实现共同富裕是社会公平正义的基本内涵和目标。他指出，“社会主义的本质是，解放生产力，发展生产力，消灭剥削，消除两极分化，最终达到共同富裕”。第三，制度正义是实现社会公平正义的基本保障。第四，切实保障人民民主权利、反对腐败和特权是实现社会公平正义面临的重要任务。第五，坚持独立自主、反对霸权主义和强权政治是维护世界和平、促进国际主义的基本原则。

江泽民的“三个代表”和胡锦涛的“科学发展观”中对社会公平正义问题同样提出了许多重要的思想观点。这些观点和马克思、毛泽东、邓小平的观点都是一脉相承的，其

---

① 马克思恩格斯全集[M]. 北京：人民出版社，1956：582.

② 马克思恩格斯全集[M]. 北京：人民出版社，1956：432.

基本精神都是要实现社会公平正义，必须发展社会生产力，必须实现共同富裕，必须解决贫富两极分化问题。[①] 然而，如何实现这些，一个重要问题即正确处理公平或者说公平和效率的关系。

什么是效率？这里是指经济上的效率，通常表现为经济活动中投入和产出的比较。美国经济学家奥肯说：效率意味着从一个给定的投入量中获得最大的产出。生产中的投入包括人的努力、机器、厂房等实物资本的服务以及土地、矿产等自然资源的贡献。产出则是成千上万不同种类的商品和劳务。一旦社会发现一种以同样的投入可以得到更多的产品（当然其他产品并不减少）的途径，那它便提高了效率[②]。至于公平，那是一个十分广泛的概念，包括经济、政治、社会等各方面。这里主要讲经济方面，是指贫富差距、收入差别。前面说到的公平和效率的矛盾问题也是从这个角度说的。

理论和实践告诉人们，公平和效率之间似乎确实存在对立统一关系，这种关系的存在也是市场经济运行机制所决定的。在市场经济中，效率的发挥是建立在社会不公平的基础上的。不公平就是有差别，有差别才有运动，才有发展变化，才有效率。允许有差别，有物质利益上的差别，你追我赶，相互竞争，才会有进步。可见，不公平的存在对效率起着重要的经济作用。但是，不公平的经济作用又存在上下两条界限：上限是不公平的差别过小，下限是不公平的差距过大。效率赖以发挥的不公平须保持在这上下限之内。公平和效率难以兼得，但要兼顾，兼顾原则可能有以下三条：

第一，在效率优先原则下兼顾公平；

第二，要善于抓住公平和效率这对矛盾在不同阶段所存在的不同的、矛盾的主要方面，抓住问题的主要倾向来协调两者关系；

第三，要寻找一些能以尽可能小的不公平牺牲换取尽可能高的效率，或以尽可能小的效率损失换取尽可能大的公平的途径，以降低效率与公平替代的成本。

我国收入分配上存在的问题，将成为影响经济发展和社会稳定的重大隐患。现在中央政府已认识到解决收入分配问题的重要性和迫切性。公众对于收入分配改革有三大期盼：一盼从“藏富于国”到“藏富于民”，二盼缩小贫富差距，三盼在医疗、教育、社保等公共福利方面体现出更多向中低收入家庭倾斜的倾向性。预期我国下一阶段在收入分配改革中会在以下几方面做出努力：

第一，坚持和完善按劳分配为主体、多种收入分配方式并存的分配制度，鼓励一部分人通过诚实劳动和积极创造先富起来，切实保护公民合法收入和私人财产；第二，坚持走

---

① 何建华．马克思的公平正义理论与实践[M]．北京：中共中央党校出版社，2016：176－198.

② [美]阿瑟·奥肯．公平与效率[M]．王奔洲，等，译．北京：华夏出版社，1999：1.

共同富裕道路，尽快扭转城乡间、地区间、行业间和不同社会成员间收入差距过大趋势，防止和克服贫富两极分化。①

三、人类经济学宝库中新的一页

在公平与效率关系问题上，最有名的要数美国经济学家阿瑟·奥肯的《公平与效率——重大的抉择》一书。他在该书第一章就写道："美国社会弘扬的价值，保障所有公民都享有法律和政治上的公平权利。"同时"又驱使人们在竞争中出人头地，由它所颁发的各种奖励，使成功者喂养猫狗的食物，甚至胜过了失败者哺育他后代的食物"。"这就是资本主义民主的双重标准，一方面宣扬和追求一种公平正义的社会政治制度；另一方面又刺激经济发展中的两极分化。这种公平与不公平的混合，时常给人矛盾甚至是虚伪的感觉"。②

即使江泽民同志在论述这个问题时也只能这样说："初次分配注重效率，发挥市场的作用，鼓励一部分人通过诚实劳动与合法经营先富起来。再分配注重公平，加强政府对收入分配的调节职能，调节差距过大的收入。"③

然而，近几年来，中国在脱贫攻坚上所取得的巨大成就不仅书写了人类减贫史上的中国奇迹，也为人类经济学宝库增添了光辉的一页，应当说，中国的脱贫攻坚的人间奇迹确实为破解效率与公平之间关系的难题交出了一份亮丽的答卷。

第一，中国的扶贫脱贫增进了效率。具体来说，渠道可能有三：一是发展产业减贫。财富不能由天上掉下来，财富要由生产创造，没有产业的发展，不可能摆脱贫困。二是资源开发利用减贫。我国脱贫的攻坚实践告诉我们，除极少数地区不适宜人们生存需移民搬迁外，多数地区原来不是没有资源，只是没有发现、开发、利用和优化配置而已。三是扶志扶智减贫。众所周知，钱少穷一时，志短穷一世；人穷志不短，总有翻身时。这就是说，激发人改变命运的内在动力和潜力是改变贫穷落后面貌的重中之重。内生动力就是志，内生潜力就是智。中国减贫脱贫的重要经验远不止这三条，但这三条中蕴含着一个道理——脱贫致富不是靠财富再分配，创造公平并没有妨碍而是提高了效率。

第二，中国的脱贫实践增进了公平。当前，我国社会主要矛盾已经从"人民日益增长的物质文化需要同落后的社会生产力之间的矛盾"转化为"人民日益增长的美好生活需要和不平衡不充分发展之间的矛盾"。坚决打胜脱贫攻坚战是解决不平衡发展的重要举措之一，因为绝对贫困地区的存在正是我国社会发展不平衡中突出的一大矛盾。尽管我们不能

① 何建华．马克思的公平正义理论与实践[M]．北京：中共中央党校出版社，2016：84－186.

② 何建华．马克思的公平正义理论与实践[M]．北京：中共中央党校出版社，2016：1.

③ 何建华．马克思的公平正义理论与实践[M]．北京：中共中央党校出版社，2016：187.

说目前取得的减贫成就已彻底解决了这一矛盾，但无疑在解决这一矛盾的道路上迈进了一大步。一是脱贫成就缩小了贫富差距。二是缩小了城乡差别、工农差别和脑力劳动与体力劳动这三大差别。三是大大促进了民族公平。

第三，从交替选择到交融互动。一是脱贫带来的公平并没有减弱而是增进了效率；二是中国脱贫实践中的效率增进没有削弱公平而是促进了公平；三是中国脱贫实践实现了效率和公平的良性循环互动。

在贫困地区大力发展了义务教育，使原来的弱势群体子女能够和经济发达地区广大青少年在同一条起跑线上努力向上。获得了公平竞争机会，就会大大推动效率和公平的良性互动循环，促进经济更好更快高质量发展。

为什么别的国家以及传统观念都难以做到效率和公平兼得，效率和公平总是两难选择，而中国却为什么偏偏做到了？可能主要有这几个原因：一是坚持开发式扶贫方针，贫困治理不能仅重国民收入再分配，更重要的是国民收入再生产再创造；二是坚持因地制宜，精准施策基本方略，切忌搞“大水漫灌”，真正精准识别哪些是贫困地区、贫困户，贫困在哪里，这样才能精准帮扶、精准投入，把国家扶贫资源精准“滴灌”到每家每户；三是坚持合力攻坚，充分发挥社会主义制度的政治优势，集中全国社会资源，举国同心，绝不能将政府与市场分割开来，而是要形成政府、市场、社会各方面力量，创造一个各个行为主体积极参与和互动的“益贫市场”；四是坚持自立自强，激发贫困群众自身的内生动力，让他们心热起来，手动起来，形成“社会动员 + 自我发展”新格局；五是坚持和加强党的全面领导，这是最重要一条，没有中国共产党的坚强领导，就不可能有中国的脱贫攻坚战。中国共产党是全心全意为人民服务的政党，人民性是中国共产党最本质、最鲜明的特性。这个党坚持“以人民为中心”的发展理念，致力于实现中国最广大劳动人民的翻身解放，贫困人口的绝对贫困问题始终是中国共产党的一大心病。正因如此，在这场脱贫攻坚战中，由习近平总书记直接指挥部署，中国形成了“五级书记”抓扶贫的管理体制，大量驻村工作队和驻村干部同广大乡村干部一道奋斗，才书写出如此彪炳史册的人类脱贫奇迹。

综上，有几点需要说明：

一是中国脱贫攻坚战的人间奇迹创造，并不等于中国已经彻底摆脱了贫困，而只是说短短几年使几亿贫困人口摆脱了绝对贫困境地。目前，中国人民生活是大大改善了，但家庭的人均月可支配收入与发达国家相比还是有很大差距。中国目前的制造业在世界上还处于第三梯队，大而不强、全而不优。因此，中国还是一个发展中国家的历史地位没有变。

二是中国脱贫攻坚战的人间奇迹创造确实使中国人民在共同富裕道路上迈进了一步，

一定程度上缩小了贫富差距，但远远没有消除贫富差距和工农、城乡以及体力和脑力劳动差别。这些差距和差别不但还存在，而且还比较大。因此，一方面要再接再厉，继续努力，巩固脱贫攻坚战成果，切实防止脱贫又返贫，做好振兴乡村这篇大文章；另一方面要做好包括收入分配改革在内的各方面改革工作。

三是中国脱贫攻坚战的人间奇迹创造确实是对于传统观念关于效率和公平只能是互相替代的两难选择理论的一个突破，但并不是根本颠覆，是对效率和公平之间只能是矛盾两侧观点的一个破解，但并不是对两侧有矛盾的消除。中国的减贫经济学只证明，效率与公平并不是无法解开的死结。

中国的脱贫经验确实具有重大世界意义，值得不少国家学习与借鉴，但并非各个国家可以照搬的放之四海而皆准的普遍真理，因为各国有各国的情况。中国有坚强而正确的党的领导，其他国家不一定有；中国有举大国之力办大事的制度优势，其他国家不一定有；中国能举国上下合力同心来脱贫，其他国家不一定能。总之。正如革命不能输出一样，中国的脱贫经验值得其他国家参考，但如何解决贫困问题，还是要根据各国自己的实际情况进行规划，才能走好减贫之路。

疫情背景下我国社会制度优越性的自然维度解读
——基于马克思恩格斯人与自然关系思想[①]

张嘉昕 于 珊
(哈尔滨工业大学；吉林大学)

一、马克思恩格斯人与自然关系思想的三重内涵

（一）人客观存在于自然界具有普遍性和特殊性

马克思在《1844 年经济学哲学手稿》中写道："人直接地是自然存在物。人作为自然存在物，而且作为有生命的自然存在物，一方面具有自然力、生命力，是能动的自然存在物，这些力量作为天赋和才能、作为欲望存在于人身上；另一方面人作为自然的、肉体的、感性的、对象性的存在物，同动植物一样，是受动的。"[②] 马克思和恩格斯在《德意志意识形态》中说："全部人类历史的第一个前提无疑是有生命的个人的存在。……人靠自然界生活。这就是说，自然界是人为了不致死亡而必须与之处于持续不断的交互作用过程的、人的身体。所谓人的肉体生活和精神生活同自然界相联系，不外是说自然界同自身相联系，因为人是自然界的一部分。"[③] 正如马克思和恩格斯所论述，人类生命生于自然是客观事实。

马克思认为："从理论领域来说，植物、动物、石头、空气、光等等，一方面作为自然科学的对象，一方面作为艺术的对象，都是人的意识的一部分，是人的精神的无机界，是人必须事先进行加工以便享用和消化的精神食粮。"[④] 马克思的观点解释了人类的精神世界来源，其来源于自然界，自然的一草一木正是人类的意识源泉。恩格斯阐述了诸如神、宗教等是自然力人格化的表现。在人未了解和掌握自然规律前，更多地将自然力进行

---

① 基金项目：哈尔滨工业大学引进人才科研经费（AUGA5710001620）。作者简介：张嘉昕，哈尔滨工业大学马克思主义学院教授、博士生导师；于珊，吉林大学经济学院博士研究生。

② 马克思恩格斯文集（第 1 卷）[M]. 北京：人民出版社，2009：207.

③④ 马克思恩格斯文集（第 1 卷）[M]. 北京：人民出版社，2009：161.

人格化，虚拟出想象的神。人是真实的自然界的产物，不单单指个体人而言，整个人类的生存和发展都与自然界休戚相关，更确切地说是自然界与自身的相互联系，因为人也是自然界的一部分。

人类能通过生产对自然资源进行再加工。因而，马克思也称人类为类存在物。

（二）劳动作为媒介使人与自然互相影响

马克思认为："整个所谓世界历史不外是人通过人的劳动而诞生的过程，是自然界对人来说的生成过程。"① 可以理解为正是因为有了劳动人与自然之间才建立了联系，从而形成了人类世界的历史。马克思曾说："劳动首先是人和自然之间的过程，是人以自身的活动来中介、调整和控制人和自然之间的物质变换的过程。人自身作为一种自然力与自然物质相对立。为了在对自身生活有用的形式上占有自然物质，人就使他身上的自然力——臂和腿、头和手运动起来。"② 因此，正因为人类能进行有意识的劳动生产创造，才将人与除人类以外的自然界区分开来，从而劳动才是真正意义上联系人与自然的媒介。正如马克思所说："当人开始生产自己的生活资料，即迈出由他们的肉体组织所决定的这一步的时候，人本身就开始把自己和动物区别开来。"③

恩格斯说："如果说人靠科学和创造性天才征服了自然力，那么自然力也对人进行报复，按人利用自然力的程度使人服从一种真正的专制，而不管社会组织怎样。"④ 因此，人与自然界之间既存在"斗争"也存在和谐，人类尊重自然，但不"屈服"于自然。马克思指出："人类支配的生产力是无法估量的。资本、劳动和科学的应用，可以使土地的生产能力无限地提高。"⑤ 而除去资本的增加和人口的增长，科学地应用自然力是生产力提高的决定性因素。马克思说："如果说大工业把巨大的自然力和自然科学并入生产过程，必然大大提高劳动生产率，这一点是一目了然的。"⑥ 随着科学技术的发展，人与自然之间原始状态被打破，人们认为自己正在逐步"征服自然"。恩格斯说："但是我们不要过分陶醉于我们人类对自然界的胜利。对于每一次这样的胜利，自然界都对我们进行报复。……我们对自然界的整个支配作用，就在于我们比其他一切生物强，能够认识和正确运用自然规律。"⑦ 马克思和恩格斯指出人类对自然界的"征服"是通过认识和了解自然

① 马克思恩格斯文集（第1卷）[M]. 北京：人民出版社，2009：196.
② 马克思恩格斯文集（第5卷）[M]. 北京：人民出版社，2009：207－208.
③ 马克思恩格斯文集（第1卷）[M]. 北京：人民出版社，2009：519.
④ 马克思恩格斯文集（第3卷）[M]. 北京：人民出版社，2009：336.
⑤ 马克思恩格斯文集（第1卷）[M]. 北京：人民出版社，2009：77.
⑥ 马克思恩格斯文集（第5卷）[M]. 北京：人民出版社，2009：444.
⑦ 马克思恩格斯文集（第9卷）[M]. 北京：人民出版社，2009：559－560.

规律开始的，同时，人类不能够脱离自然创造物质和规律，所谓的“征服自然”可能会引起自然界的报复。

马克思和恩格斯人与自然关系思想论述了人与自然关系最基本的问题：人与自然的基本关系——既普遍又特殊的、既相互联系又相互作用，以及人类发展的核心问题——掌握自然规律发展生产力。而且，马克思通过对人类与自然的相关研究指出：“自然界的人的本质只有对社会的人来说才是存在的，因为只有在社会中，自然界对人来说才是人与人联系的纽带，才是他为别人的存在和别人为他的存在，只有在社会中，自然界才是人自己的合乎人性的存在的基础，才是人的现实的生活要素。只有在社会中，人的自然的存在对他来说才是人的合乎人性的存在，并且自然界对他来说才成为人。因此，社会是人同自然界的完成了的本质的统一，是自然界的真正复活，是人的实现了的自然主义和自然界的实现了的人道主义。”①

二、马克思恩格斯关于自然同人异化的根源及其解决路径

（一）根源：资本主义生产方式

马克思说：“正是在改造对象世界的过程中，人才真正地证明自己是类存在物。这种生产是人的能动的类生活。”② 因而，劳动才是人的类本质，是人成为类存在物的关键。当人类社会由传统的农业和手工业向资本主义大生产过渡后，此时人类劳动出现异化。马克思指出：“异化劳动把这种关系颠倒过来，以致人正因为是有意识的存在物，才把自己的生命活动、自己的本质变成仅仅维持自己生存的手段。”③ 资本主义生产方式下的异化劳动打破了人类天然的认知，即马克思说的：“他不可避免地碰到与他的意识和他的感觉相矛盾的东西，这些东西扰乱了他所假定的感性世界的一切部分的和谐，特别是人与自然界的和谐。”④ 马克思说：“人的类本质，无论是自然界，还是人的精神的类能力，都变成了对人来说是异己的本质，变成了维持他的个人生存的手段。异化劳动使人自己的身体同人相异化，同样也使在人之外的自然界同人相异化，使他的精神本质、他的人的本质同人相异化。”总之，异化劳动打破了人与自然的和谐，使自然同人异化。

马克思认为：“如果劳动产品不是属于工人，而是作为一种异己的力量同工人相对立，那么这只能是由于产品属于工人之外的他人。如果工人的活动对他本身来说是一种痛苦，

---

① 马克思恩格斯文集(第1卷)[M]. 北京:人民出版社,2009:187.
② 马克思恩格斯文集(第1卷)[M]. 北京:人民出版社,2009:163.
③ 马克思恩格斯文集(第1卷)[M]. 北京:人民出版社,2009:162.
④ 马克思恩格斯文集(第1卷)[M]. 北京:人民出版社,2009:528.

那么这种活动就必然给其他人带来享受和生活乐趣。”① 这个人就是资本家，资本主义生产极大地提高了劳动生产率，财富大量私有化，一方面降低了土地的肥沃程度，另一方面破坏了工人的身体健康和精神生活。马克思说：“资本主义生产发展了社会生产过程的技术和结合，只是由于它同时破坏了一切财富的源泉——土地和工人。”② 随着资本家对利益的追逐，土地污染等环境问题屡见不鲜，工人的生存状态和身心健康始终无法改善。马克思对生产力的构成进行了科学的分析，指出生产力不仅包括生产工具，而且包括劳动者本身。③ 资本主义社会生产力的提高是建立在劳动者自身痛苦的基础上的伪科学。

（二）解放人与自然的现实路径

正如恩格斯所说：“我们在最先进的工业国家中已经降伏了自然力，迫使它为人们服务，这样我们就无限地增加了生产，现在一个小孩所生产的东西，比以前的 100 个成年人所生产的还要多。而结果又怎样呢？过度劳动日益增加，群众日益贫困，每十年发生一次大崩溃。”④ 资本主义社会体制下生产力的不断发展和人们现实的生活状况强烈的对比使马克思和恩格斯看到了资本主义生产方式和资本主义制度的弊端。马克思写道：“大量的工人在同一个工场里集中，一方面是资本家利润增长的源泉，另一方面如果没有劳动时间的缩短和特别的预防措施作为补偿，也是造成生命和健康浪费的原因。”⑤ 马克思曾形容工人阶级生活的悲惨，他说：“最勤劳的工人阶层的饥饿痛苦和富人建立在资本主义积累基础上的粗野的或高雅的奢侈浪费之间的内在联系……生产资料越是大量集中，工人就相应地越要聚集在同一个空间，因此资本主义的积累越迅速，工人的居住状况就越悲惨。”⑥ 因此，只有将劳动产品完全归还给劳动者，人自身才能成为统治人的异己力量，人与自然才能实现和谐。而彻底推翻资本主义制度只有进行革命，无产阶级劳动者才能改变现状。马克思说：“只有在伟大的社会革命支配了资产阶级时代的成果，支配了世界市场和现代生产力，并且使这一切都服从于最先进的民族的共同监督的时候，人类的进步才会不再像可怕的异教神怪那样。”⑦ 恩格斯说：“从现在起，可以把所有这些弊病完全归咎于已经不适应当前情况的社会制度”，“通过建立新的社会制度来彻底铲除这些弊病的手段已经具

---

① 马克思恩格斯文集（第 1 卷）［M］. 北京：人民出版社，2009：165.
② 马克思恩格斯文集（第 5 卷）［M］. 北京：人民出版社，2009：580.
③ 马克思恩格斯文集（第 1 卷）［M］. 北京：人民出版社，2009：812.
④ 马克思恩格斯文集（第 9 卷）［M］. 北京：人民出版社，2009：422.
⑤ 马克思恩格斯文集（第 5 卷）［M］. 北京：人民出版社，2009：106.
⑥ 马克思恩格斯文集（第 5 卷）［M］. 北京：人民出版社，2009：757.
⑦ 马克思恩格斯文集（第 2 卷）［M］. 北京：人民出版社，2009：691.

备”[①]。因此，马克思认为只有在共产主义社会才是“人同自然界的完成了的本质的统一，是自然界的真正复活，是人的实现了的自然主义和自然界的实现了的人道主义”。[②]

马克思恩格斯深刻地批判了资本主义生产方式，认为本质是资产阶级为了达到资本私有化从而不断地剥削工人阶级，这种违背自然运行规律的社会制度终将走向灭亡。而革命才是推翻压迫的必由之路，只有让无产阶级掌握自己的劳动果实，人与自然才能回归和谐统一，人类才能自由地决定自我的发展，人才能回归到人类的本质。

三、中国特色社会主义制度优越性的自然维度解读

（一）新冠疫情展现“人民至上、生命至上”

回顾疫情的发展，资本主义制度的弊端暴露，也印证了马克思和恩格斯对资本主义制度的科学判断。习近平总书记强调：“我国疫情防控和复工复产之所以能够有力推进，根本原因是党的领导和我国社会主义制度的优势发挥了无可比拟的重要作用。”[③] 疫情期间，我国政府制定应急响应机制，为确保疫情不再蔓延，全国进行封锁隔离并确保居民居家正常生活。习近平总书记多次强调“人民至上、生命至上”。因此，无论人与自然产生何种“斗争”，都能迎刃而解，中国社会主义制度下人民至上。

（二）以人为本，顺应国情的发展方式

人类的历史是人与自然相互作用的结果，我国社会发展是在党的领导下、在与自然的不断“斗争”中进步的。新中国成立不久，毛泽东在《关于正确处理人民内部矛盾的问题》一文中指出：“团结全国各族人民进行一场新的战争——向自然界开战，发展我们的经济，发展我们的文化，使全体人民比较顺利地走过目前的过渡时期，巩固我们的新制度，建设我们的新国家。”[④] 此处的“向自然开战”并非征服自然、掠夺自然，实为传达出一种决心和力量。正如马克思所说：“而在极端贫困的情况下，必须重新开始争取必需品的斗争。”[⑤] 同时，毛泽东深刻认识到自然规律和科学技术的重要性，他主张虚心学习他国经验，不骄不躁，努力发展改变贫穷落后的面貌。他提出：“一切国家的好经验我们

---

① 马克思恩格斯文集（第 1 卷）[M]. 北京：人民出版社，2009：683.

② 马克思恩格斯文集（第 1 卷）[M]. 北京：人民出版社，2009：187.

③ 习近平. 习近平主持召开中央全面深化改革委员会第十三次会议强调：深化改革健全制度完善治理体系善于运用制度优势应对风险挑战冲击[N]. 人民日报，2020－04－28（1）.

④ 毛泽东文集（第 7 卷）[M]. 北京：人民出版社，1999.

⑤ 毛泽东. 关于正确处理人民内部矛盾的问题[M]//毛泽东文集（第 7 卷）. 北京：人民出版社，2009：187.

都要学，不管是社会主义国家的，还是资本主义国家的，这一点是肯定的。”①

党的十九大报告提出人与自然和谐共生的现代化新理念，习近平总书记强调：“我们要建设的现代化是人与自然和谐共生的现代化。”② 人类进入工业文明时代以来，在创造巨大物质财富的同时也加速了对自然资源的攫取，打破了地球生态系统原有的循环和平衡。习近平总书记在全国生态环境保护大会上指出：“坚持人与自然和谐共生。”③

四、启示

依据马克思恩格斯人与自然思想，通过对比资本主义制度和社会主义制度，结合现实疫情发展，人们应该积极探究自然，掌握自然规律，发展科学技术。科学技术的发展是人类进步的动力，马克思指出：“这种‘异化’当然只有在具备了两个实际前提之后才会消灭。要使这种异化成为一种‘不堪忍受的’力量，即成为革命所要反对的力量，就必须让它把人类的大多数变成完全‘没有财产的’人，同时这些人又同现存的有钱有教养的世界相对立，而这两个条件都是以生产力的巨大增长和高度发展为前提的。”④ 马克思认为消除异化劳动的前提是极大地提高生产力，因而共产主义的实现是以生产力的极大提高为前提的。习近平总书记说：“科技兴则民族兴，科技强则国家强。”

习近平总书记指出：“自然是生命之母，人与自然是生命共同体，人类必须敬畏自然、尊重自然、顺应自然、保护自然。”⑤ 尽管新冠疫情暂时打破了人与自然的和谐关系，但是我们应坚持道路自信，在中国共产党的领导下，采取积极的应对措施，艰苦奋斗抗击疫情，最终人们会回归正常生活。面对疫情的全球性蔓延，习近平总书记呼吁：“坚定信心、齐心协力、团结应对。”⑥ 随着经济全球化，世界紧密相连，在面临自然危机时，任何一个国家都不能独善其身。习近平总书记多次强调人类命运共同体概念，人类命运共同体也是人与自然的命运共同体，人类文明的延续需要人与自然和谐共处。新冠疫情的世界性蔓延也印证了自然灾害没有国界，全世界人民、世界各国是休戚与共的命运共同体，只有各国团结一致才能共渡难关。

---

① 毛泽东．关于正确处理人民内部矛盾的问题[M]//毛泽东文集(第7卷)．北京:人民出版社,1999:242.

② 习近平．决胜全面建成小康社会,夺取新时代中国特色社会主义伟大胜利[M]．北京:人民出版社,2017:50．

③ 习近平．推动我国生态文明建设迈上新台阶[J]．求是,2019(3)．

④ 马克思恩格斯文集(第1卷)[M]．北京:人民出版社,2009:538.

⑤ 中共中央宣传部．习近平新时代中国特色社会主义思想学习纲要[M]．北京:学习出版社,人民出版社,2019:167－168.

⑥ 习近平．习近平出席二十国集团领导人应对新冠肺炎特别峰会并发表重要讲话[N]．人民日报,2020－05－04(1).

金融科技能否促进企业创新？

——来自战略性新兴产业的证据①

刘元雏　华桂宏

（南京师范大学；江苏师范大学）

一、影响机理分析

金融科技在不断推动着金融产品及业务模式丰富高效的同时，对企业在创新过程中信息环境的改善更为彰明昭著，进一步为企业营造了更加优质的创新环境。图 1 为金融科技影响企业创新的作用机制，基于此，本文提出如下假设：

假设 1：在其他情况已定下，金融科技发展能够促进企业创新产出。

假设 2：在其他情况已定下，金融科技发展能够通过缓解企业融资约束进而促进企业创新总产出，且对高质量创新产出的促进作用更为明显。

假设 3：在其他情况已定下，金融科技发展能够通过减少企业信贷寻租支出进而促进企业创新。

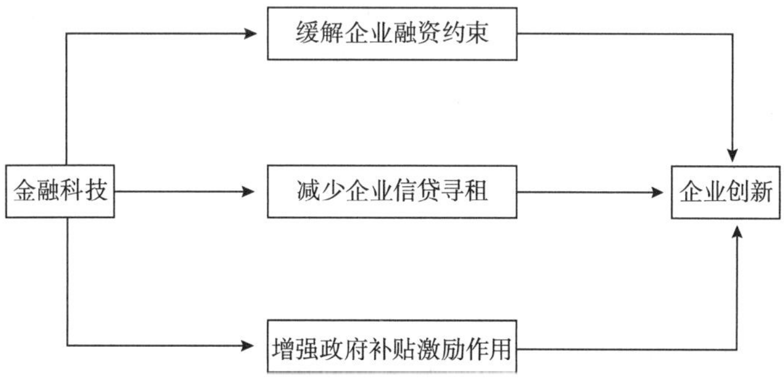

图 1　金融科技影响企业创新的作用机制

①　基金项目：国家社会科学基金项目（19BJL033）、国家社会科学基金项目（20BJY001）、江苏省研究生科研与实践创新计划项目（KYCX20_1134）。作者简介：刘元雏，博士研究生，研究方向为产业经济与创新；华桂宏，教授、博士生导师，研究方向为金融发展理论。

假设 4：在其他情况已定下，金融科技发展能够提高政府补贴对企业创新总产出的激励作用，在高质量创新产出方面对政府补贴的激励作用促进效应更为明显。

二、研究设计

（一）样本选择和数据来源

金融科技发展水平由每一年度金融科技关键词与地级行政区在百度新闻中共同出现的次数总量来进行衡量。企业创新产出的专利申请数量来源于国泰安数据库和巨潮资讯网的上市公司年报。地级市年度平均气温来源于全球气温系统中的中国地级市数据。其余企业层面的财务数据均来自 Wind 数据库和国泰安数据库，地级行政区层面的数据主要来源于历年《中国城市统计年鉴》《中国区域经济统计年鉴》。

（二）核心变量定义

创新产出：本文采用企业年度专利申请数来衡量企业每年的创新产出，并将发明型专利认定为高质量创新产出，将外观及实用新型专利认定为策略性创新产出。

金融科技发展水平：本文运用 Python 语言的主题网络爬虫技术，根据所选定的关键词与地级市在百度新闻中共同出现的次数来构建金融科技发展程度指标。

（三）控制变量选取

为使回归模型更为准确，在模型中添加了如下控制变量：公司规模（*SIZE*），由公司年度总资产的对数值表示；盈利能力（*ABLE*），使用企业年度利润总额和资产总计的比值进行衡量；企业成长机会（*TBQ*），由上市公司托宾 Q 值来表示；企业负债率（*DEBT*），使用企业的总负债与总资产的比值表示；独立董事比例（*INDEP*），采用独立董事人数与董事会总人数的比值表示；企业年龄（*AGE*），即公司成立起至今的年数。地区层面的控制变量方面，本文采用了以下控制变量：区域经济发展水平（*GDP*），选用各地区人均生产总值，并以 2011 年为基期进行平减处理；金融市场化环境（*ENVIR*），采用地区金融机构新增贷款与地区新增固定资产投资的比例来进行衡量；地区人口数量（*POP*），选用地级行政区常住人口来表示。此外，由于金融科技指标属于地级市层面的数据，因而还加入年份虚拟变量（*YEAR*）和城市虚拟变量（*CITY*），用以控制时间和城市固定效应。具体定义如表 1 所示。

表 1　变量定义

变量类型	变量名称	变量简称	变量含义
被解释变量	创新产出总量	*LNPA*	企业年度专利申请总数加 1 的对数值
	高质量创新	*LNIN*	企业年度发明专利申请数加 1 的对数值
	策略性创新	*LNSURF*	企业年度非发明专利申请数加 1 的对数值
解释变量	金融科技发展水平	*FINTECH*	金融科技关键词与地级市在百度新闻中共同出现的次数
控制变量	企业规模	*SIZE*	企业总资产的对数值
	企业年龄	*AGE*	企业自成立起至今的年数
	企业成长机会	*TBQ*	企业托宾 Q 值
	盈利能力	*ABLE*	净利润/总资产
	企业负债率	*DEBT*	总负债/资产总计
	独立董事比例	*INDEP*	独立董事人数/董事会总人数
	金融市场化环境	*ENVIR*	地区金融机构新增贷款/地区新增固定资产投资
	区域经济发展水平	*GDP*	人均地区生产总值
	地区人口数量	*POP*	地级行政区常住人口
	年份虚拟变量	*YEAR*	以 2010 年为参照组，2011—2018 年
	城市虚拟变量	*CITY*	根据战略性新兴产业企业所在城市确定
	行业虚拟变量	*INDUSTRY*	根据战略性新兴产业分类（2018 年）将行业分为 9 个类别，生成 8 个虚拟变量

（四）计量模型设定

为探讨金融科技对我国战略性新兴企业创新产出的影响，构建以下基准回归模型：

$$LNPA_{i,t}(LNIN_{i,t},LNSURF_{i,t}) = \beta_0 + \beta_1 FINTECH_{i,t} + CONTROL_s + \sum YEAR + \sum CITY + \sum INDUSTRY + \varepsilon \quad (1)$$

模型中下标 i 表示战略性新兴产业上市公司，t 表示所在年份；$CONTROL_s$ 表示模型中各控制变量；使用企业申请专利总量即创新总产出（*LNPA*）和发明专利总量即实质性创新产出（*LNIN*）以及非发明专利总量即策略性创新产出（*LNSURF*）作为被解释变量，模型（1）所关注的核心是金融科技（*FINTECH*）的估计系数，预期 $\beta_1 > 0$。

（五）描述性统计

表 2　描述性统计结果

变量名称	观测值个数	平均值	中位数	标准差	最小值	最大值
LNPA	5496	3. 171	3. 178	1. 482	0	7. 038
LNIN	5496	2. 424	2. 397	1. 441	0	6. 326

续表

变量名称	观测值个数	平均值	中位数	标准差	最小值	最大值
LNSURF	5496	2.742	2.772	1.429	0	6.569
FINTECH	5496	16.141	18	4.408	0	20.094
SIZE	5496	21.816	21.699	1.139	19.468	25.585
FIX	5496	0.1912	0.1696	0.1245	0.00069	0.8001
AGE	5496	21.517	21	5.178	11	64
TBQ	5496	2.563	2.056	1.668	0.744	10.303
ABLE	5496	0.048	0.043	0.049	-0.118	0.208
DEBT	5496	0.375	0.364	0.202	0.008	2.024
INDEP	5496	0.371	0.333	0.053	0	0.667
GDP	5496	10460.395	7770.23	8469.046	579.41	33106
ENVIR	5496	2109.611	2.889	23260.2	-19463.57	737000
POP	5496	1036.811	858	696.458	7	3101.79

表2在一定程度上反映了战略性新兴产业在中国工业体系中自主创新方面的引领特征。根据表3可以推断，区域金融科技发展水平与地区所拥有的经济、人才及科技资源禀赋密不可分。

表3　2011—2018年排名前二十的金融科技发展地区

城市	2011年	2012年	2013年	2014年	2015年	2016年	2017年	2018年
北京市	14506	14981	29210	32499	41923	39691	46880	53325
上海市	14583	14970	22229	26191	33051	33499	40763	44933
天津市	9774	10134	10273	14077	18831	19382	23336	25791
深圳市	6569	6969	10335	14043	19616	19580	24713	28804
重庆市	9763	10202	10278	13341	19076	19045	22039	25146
南京市	9929	10444	10542	14056	19131	18430	21411	24596
成都市	9969	10434	10424	14397	18928	18060	21471	24286
武汉市	9901	10318	10318	13237	18554	18167	21341	24635
广州市	6218	6639	10129	13578	18864	19015	23042	26267
杭州市	6405	6773	10206	14766	19132	18386	22130	25015
沈阳市	9994	10310	10406	13531	16590	16566	19697	21600
郑州市	9576	10092	10120	13319	16641	16574	19563	21723
东莞市	9537	9857	9898	13024	16599	16746	18524	20250
苏州市	9518	9896	9924	10613	12521	12875	14675	16095
济南市	9530	10010	10102	10883	12006	12544	14049	15046
青岛市	9671	10025	10092	10733	11761	12593	13571	14606
西安市	9604	9923	9957	10617	11622	12524	13602	14591

续表

城市	2011 年	2012 年	2013 年	2014 年	2015 年	2016 年	2017 年	2018 年
佛山市	6160	6495	9938	11003	11436	12298	13227	14175
哈尔滨市	3580	7547	3917	4523	5432	6451	7483	8363
厦门市	3491	3841	3897	4642	5480	6335	7591	8696

注：数据为“金融科技关键词 + 地级行政区”年度百度新闻出现频次，单位为万次。

三、实证结果与讨论

（一）基准回归结果

本文首先检验了地区金融科技发展水平对战略性新兴企业创新产出的影响，估计结果如表 4 所示。

表 4　基准回归结果

变量	(1)	(2)	(3)	(4)	(5)	(6)
	INPA	*INPA*	*LNIN*	*LNIN*	*LNSURF*	*LNSURF*
FINTECH	0.0272***	0.0184**	0.0197**	0.0108**	0.0172*	0.00283
	(2.87)	(2.28)	(2.26)	(2.17)	(1.82)	(0.25)
FIX		0.256		0.229		0.110
		(0.71)		(0.66)		(0.31)
AGE		−0.00185		0.000897		0.00134
		(−0.23)		(0.10)		(0.19)
TBQ		0.0816***		0.0946***		0.0640***
		(3.94)		(5.05)		(3.20)
ABLE		−1.346*		−1.298*		−0.866
		(−1.72)		(−1.73)		(−1.08)
DEBT		0.404		0.242		0.179
		(0.60)		(0.39)		(0.26)
SIZE		0.258***		0.267***		0.231**
		(2.64)		(2.92)		(2.26)
POP		5.19e−05		2.44e−05		4.94e−05
		(0.42)		(0.21)		(0.38)
GDP		0.0107		−0.00679		0.0463
		(0.12)		(−0.08)		(0.50)
ENVIR		9.17e−09		1.21e−09*		1.34e−09
		(0.86)		(1.75)		(0.20)

续表

变量	(1)	(2)	(3)	(4)	(5)	(6)
	INPA	*INPA*	*LNIN*	*LNIN*	*LNSURF*	*LNSURF*
YEAR	N	Y	N	Y	N	Y
CITY	N	Y	N	Y	N	Y
INDUSTRY	N	Y	N	Y	N	Y
_ CONS	2.733 ***	−3.806 ***	2.105 ***	−4.255 ***	2.463 ***	−3.255 **
	(16.78)	(−2.95)	(14.21)	(−3.52)	(15.22)	(−2.48)
N	5496	5496	5496	5496	5496	5496
R^2	0.016	0.361	0.014	0.358	0.023	0.241
adj. R^2	0.016	0.359	0.013	0.356	0.022	0.238

注：括号内为t值，*、**、***分别表示在10%、5%、1%的水平上显著。

表4显示，地区金融科技发展水平越高越有助于战略性新兴企业创新总产出的增加。进一步地，地区金融科技发展水平可以在5%的水平上显著促进战略性新兴企业实质性创新产出的增加。在控制了地区及企业层面的影响因素后，地区金融科技发展水平对企业策略性创新产出并无显著的促进作用，由此可以推测，金融科技发展程度对战略性新兴企业创新总产出的显著促进作用大概率来源于对企业实质性创新产出的激励效应。控制变量的回归结果显示，企业成长机会（*TBQ*）、企业规模（*SIZE*）均与企业创新产出呈现显著的正相关关系，表明发展前景好、总资产占优势的企业在创新产出方面更加具备优势，在企业自主创新能力提升的过程中能够发挥显著的促进作用。

（二）内生性问题处理

本文进一步使用工具变量的方法对内生性问题进行处理，选取上市公司所在地级市的年平均气温作为工具变量。

表5 工具变量回归结果

变量	(1)	(2)	(3)
	INPA	*LNIN*	*LNSURF*
FINTECH	0.848 **	0.426 *	0.462
	(2.08)	(1.66)	(1.50)
FIX	1.427 **	0.808 *	0.654 *
	(2.21)	(1.79)	(1.67)
AGE	−0.00732	−0.00107	−0.00189
	(−1.07)	(−0.22)	(−0.39)
TBQ	−0.0981	−0.00340	−0.0322
	(−1.07)	(−0.05)	(−0.53)

续表

变量	(1)	(2)	(3)
	INPA	*LNIN*	*LNSURF*
ABLE	4.376 (1.49)	1.680 (0.79)	2.086 (1.11)
INDEBT	0.304** (2.09)	0.169* (1.68)	0.167 (1.64)
SIZE	-0.410 (-1.20)	-0.100 (-0.39)	-0.127 (-0.56)
POP	0.000512* (1.74)	0.000282 (1.28)	0.000255 (1.28)
GDP	-2.932** (-2.02)	-1.595 (-1.47)	-1.426 (-1.59)
ENIVIR	0.00000112 (0.43)	0.000000150 (0.10)	-8.19e-08 (-0.06)
YEAR	Y	Y	Y
INDUSTRY	Y	Y	Y
_CONS	7.46* (1.66)	7.250 (0.92)	7.397 (1.13)
N	5352	5352	5352

注：括号内为z值，*、**、***分别表示在10%、5%、1%的水平上显著。

工具变量回归结果如表5所示。与基准回归结果相比，主要解释变量符号相同的情况下，金融科技系数在统计性显著的情况下绝对值增大。表明在考虑内生性情况下，金融科技对企业创新总产出和实质性创新产出的促进作用更为明显，与前文假设一致。

（三）稳健性检验

（1）使用城市级总指数作为核心解释变量。结果如表6所示，以普惠金融指数度量的金融科技发展水平与企业创新产出呈现显著的正相关关系，进一步证明了基准回归结果的可靠性。

表6 将城市级普惠金融指数作为解释变量的稳健性检验

变量	(1)	(2)	(3)	(4)	(5)	(6)
	INPA	*INPA*	*LNIN*	*LNIN*	*LNSURF*	*LNSURF*
INCLUSIVE	0.00509*** (14.97)	0.00419*** (7.53)	0.00457*** (13.08)	0.00386*** (7.25)	0.00406*** (11.30)	0.00329*** (5.67)

续表

变量	(1)	(2)	(3)	(4)	(5)	(6)
	INPA	*INPA*	*LNIN*	*LNIN*	*LNSURF*	*LNSURF*
FIX		0. 238 (0. 67)		0. 256 (0. 75)		0. 101 (0. 29)
AGE		0. 00190 (0. 24)		0. 00397 (0. 46)		0. 00457 (0. 66)
TBQ		0. 0420 ** (2. 08)		0. 0545 *** (2. 99)		0. 0340 * (1. 72)
ABLE		-0. 475 (-0. 60)		-0. 387 (-0. 51)		-0. 147 (-0. 18)
INDEBT		0. 0612 (0. 94)		0. 0457 (0. 75)		0. 0459 (0. 68)
SIZE		0. 170 * (1. 74)		0. 180 * (1. 93)		0. 145 (1. 42)
POP		0. 000110 (0. 87)		0. 000132 (1. 12)		0. 0000892 (0. 68)
GDP		-0. 112 (-1. 25)		-0. 145 * (-1. 76)		-0. 0856 (-0. 93)
ENVIR		8. 78e -08 (0. 95)		1. 5e -08 (-1. 56)		1. 47 (-0. 12)
YEAR	N	Y	N	Y	N	Y
CITY	N	Y	N	Y	N	Y
INDUSTRY	N	Y	N	Y	N	Y
_ CONS	2. 219 *** (27. 92)	-1. 884 (-1. 35)	1. 559 *** (19. 66)	-2. 296 * (-1. 73)	1. 972 *** (23. 94)	-1. 531 (-1. 08)
N	5496	5496	5496	5496	5496	5496
R^2	0. 048	0. 083	0. 040	0. 077	0. 032	0. 057
adj. R^2	0. 048	0. 082	0. 040	0. 075	0. 032	0. 055

（2）使用不同的回归方法。将企业专利申请书原始数据作为被解释变量，使用泊松回归的方法对金融科技与企业创新产出的关系进行检验，结果如表 7 所示。可以看出，地区金融科技发展可以有效促进企业创新产出的增加，对实质性创新产出的促进作用更明显，进一步证明了前文回归结果的稳健性。

表 7　利用泊松回归方法进行的稳健性检验

变量	(1)	(2)	(3)
	APPLY	*INAPPLY*	*SURFAPP*
INDEX	0. 0017 **	0. 00301 ***	0. 000358
	(2. 01)	(2. 73)	(0. 52)
FIX	-0. 169	0. 373	-0. 733 *
	(-0. 49)	(1. 15)	(-1. 90)
AGE	0. 00816	0. 0202 ***	-0. 00446
	(1. 49)	(3. 09)	(-0. 87)
TBQ	0. 0281	0. 0129	0. 0432 **
	(1. 42)	(0. 58)	(1. 96)
ABLE	-0. 742	-1. 627 *	0. 0475
	(-0. 98)	(-1. 95)	(0. 06)
INDEBT	-0. 0570	-0. 139	0. 0211
	(-0. 79)	(-1. 51)	(0. 31)
SIZE	0. 524 ***	0. 640 ***	0. 413 ***
	(4. 96)	(4. 54)	(4. 77)
POP	0. 000225 ***	0. 0000691	0. 000362 ***
	(2. 91)	(0. 79)	(4. 67)
GDP	-0. 172 ***	-0. 182 **	-0. 156 **
	(-2. 71)	(-2. 49)	(-2. 29)
ENVIR	0. 000000202	-0. 000000159	0. 000000459
	(0. 25)	(-0. 15)	(0. 54)
INDUSTRY	控制	控制	控制
CITY	控制	控制	控制
YEAR	控制	控制	控制
_ CONS	-5. 884 ***	-7. 566 ***	-5. 653 ***
	(-5. 23)	(-5. 00)	(-6. 16)
N	5496	5496	5496

四、影响机制分析

（一）融资约束角度的机制检验

为检验金融科技发展对企业融资约束的影响，以及金融科技通过缓解融资约束促进企业创新的影响机制，本文还建立了如下模型：

$$FC_{i,t} = \alpha_0 + \alpha_1 FINTECH_{i,t} + CONTROL_s + YEAR + CITY + \varepsilon \qquad (2)$$

$$LNPA_{i,t} = \beta_0 + \beta_1 FINTECH_{i,t} + \beta_2 FC_{i,t} + \beta_3 FINTECH_{i,t} \times FC_{i,t} + CONTROL_s + YEAR + CITY + \varepsilon \quad (3)$$

$$LNIN_{i,t} = \gamma_0 + \gamma_1 FINTECH_{i,t} + \gamma_2 FC_{i,t} + \gamma_3 FINTECH_{i,t} \times FC_{i,t} + CONTROL_s + YEAR + CITY + \varepsilon \quad (4)$$

其中，*FC* 表示企业受到的融资约束，本文运用综合指标打分法衡量企业面临的融资约束（*FC*）。表 8 显示金融科技的发展可以有效缓解企业融资约束，金融科技可以起到显著正向促进作用。进一步地，在融资约束阻碍企业创新产出的同时，金融科技可以通过缓解信息不对称、拓宽企业融资渠道缓解企业融资约束，也一定程度抵消了融资约束对企业创新的抑制作用。

表 8　影响机制分析：缓解融资约束

变量	(1)	(2)	(3)
	FC	*LNPA*	*LNIN*
FINTECH	-0.00439***	0.0676***	0.0470***
	(-3.22)	(4.02)	(2.78)
FC		-0.0203**	-0.0117
		(-2.08)	(-1.20)
FC×FINTECH		0.0146**	0.0920***
		(2.53)	(2.61)
CONTROL	控制	控制	控制
YEAR	控制	控制	控制
CITY	控制	控制	控制
CONS	7.530***	-5.116***	-4.892***
	(19.43)	(-8.75)	(-8.33)
N	5473	5473	5473
R^2	0.458	0.092	0.077
adj. R^2	0.457	0.090	0.075

（二）信贷约束角度的机制检验

为检验金融科技发展对企业信贷寻租的影响，以及金融科技通过缓解信贷寻租促进企业创新的影响机制，本文还建立了如下模型：

$$RENT_{i,t} = \beta_0 + \beta_1 FINTECH_{i,t} + CONTROL_s + YEAR + CITY + \varepsilon \quad (5)$$

$$LNPA_{i,t} = \beta_0 + \beta_1 FINTECH_{i,t} + \beta_2 RENT_{i,t} + \beta_3 FINTECH_{i,t} \times RENT_{i,t} + CONTROL_s + YEAR + CITY + \varepsilon \quad (6)$$

$$LNIN_{i,t} = \beta_0 + \beta_1 FINTECH_{i,t} + \beta_2 RENT_{i,t} + \beta_3 FINTECH_{i,t} \times RENT_{i,t} + CONTROL_s +$$

$$YEAR + CITY + \varepsilon \tag{7}$$

本文将企业年度管理费用取对数作为信贷寻租的替代变量，如表9所示，金融科技能够有效抑制企业的信贷寻租。此外，信贷寻租的系数显著为负，信贷寻租与金融科技的交互项在1%的统计水平下显著为正，表明金融科技的发展可以有效调节信贷寻租对企业创新的抑制作用。

表9 影响机制分析：减少企业信贷寻租

变量	(1)	(2)	(3)
	RENT	*LNPA*	*LNIN*
FINTECH	-0.00688* (-1.86)	0.0328*** (2.91)	0.0316*** (2.72)
RENT		-0.245* (-1.81)	-0.309* (-1.96)
RENT×FINTECH		0.531*** (3.27)	0.555*** (3.42)
CONTROL	控制	控制	控制
YEAR	控制	控制	控制
CITY	控制	控制	控制
_CONS	-0.199 (-0.45)	-4.343*** (-4.01)	-4.167*** (-3.74)
N	5473	5473	5473
R^2	0.794	0.117	0.097
adj. R^2	0.794	0.116	0.096

(三) 政府补贴的激励作用视角

为检验金融科技发展对政府补贴对企业创新激励作用的影响，本文建立了如下模型：

$$LNPA_{i,t} = \beta_0 + \beta_1 FINTECH_{i,t} + \beta_2 SUB_{i,t} + \beta_3 FINTECH_{i,t} \times SUB_{i,t} + CONTROL_s + YEAR + CITY + \varepsilon \tag{8}$$

$$LNIN_{i,t} = \beta_0 + \beta_1 FINTECH_{i,t} + \beta_2 SUB_{i,t} + \beta_3 FINTECH_{i,t} \times SUB_{i,t} + CONTROL_s + YEAR + CITY + \varepsilon \tag{9}$$

本文采用政府补贴与当年营业收入的比值这一指标来作为政府补贴的代理变量。回归结果如表10所示，在被解释变量为实质性创新产出时，单独的政府补贴系数并不显著，但与金融科技交互项系数却在1%的水平下显著为正，表明金融科技可以有效增强政府补贴对企业实质性创新产出的激励作用。

表 10　影响机制分析：增强政府补贴激励作用

变量	(1)	(2)
	LNPA	*LNIN*
SUB	0.525 *	0.479
	(1.83)	(1.59)
FINTECH	0.0226 **	0.0176 **
	(2.57)	(2.07)
SUB × FINTECH	0.0992 **	0.0750 ***
	(2.19)	(3.49)
CONTROL	控制	控制
YEAR	控制	控制
CITY	控制	控制
_ CONS	-4.725 ***	-4.714 ***
	(-4.32)	(-4.26)
N	5496	5496
R^2	0.105	0.085
adj. R^2	0.103	0.083

五、结论与启示

（一）主要结论

地区金融科技发展水平与战略性新兴企业创新产出存在显著的正相关关系，并且这一正向关系在企业实质性创新产出方面表现得更为明显。在考虑内生性情况及替换变量并改变回归方法进行稳健性检验后，上述结论仍然成立。进一步研究发现，金融科技能够通过缓解企业融资约束、减少企业信贷寻租、增强政府补贴对企业创新的激励作用三个方面有效促进企业创新产出，为企业营造了良好的创新环境。

（二）政策启示

第一，政府应加强能够支持金融科技迅速发展的基础设施和人才建设。一方面，应构建适应区域层面金融科技创新差异化监管要求的监管政策体系和法律法规。另一方面，进一步推进新一代信息技术系统级通信网络的建设，避免金融科技在应用层面受到基础设施不健全的阻碍。应加强金融科技创新人才的培育，为金融科技发展注入源源不断的活力。

第二，战略性新兴产业中的上市公司应当充分利用好金融科技带来的利好融资环境以及便捷融资方式，充分利用好政府补贴等外部资金，提高企业研发经费投入强度，加强对技术复杂度高、竞争优势强的实质性创新项目的研发强度，充分提升企业自主创新能力，助推我国产业优化转型升级。

第三，传统金融机构应加强利用新型信息技术手段的意识，进一步促进金融与新型技术的融合，为金融服务对象提供更便捷的融资渠道。充分利用金融科技，将金融服务与商业运作模式相结合，针对企业在创新活动中面临的融资难、融资慢等问题，有的放矢地提供解决渠道，为企业研发创新活动提供多元化优质的数字融资方式。

营商环境、国内价值链和资源错配①

邹　薇　雷　浩

（武汉大学）

一、国内价值链：指标测度与基本分析

（一）国内价值链分工核算方法和指标测度

借助对地区增加值的具体划分，构建国内价值链定位统计指标 NPO（NVCPosition），测度各部门在国内价值链上的嵌入程度和方式，表示为：

$$NPO_{it} = \ln\left(1 + \frac{iv_{it}}{H_{it}}\right) - \ln\left(1 + \frac{fv_{it}}{H_{it}}\right)$$

其中，iv_{it}、fv_{it}和 H_{it}分别表示区域 i 的部门 t 在国内价值链上实现的间接流出增加值、其他地区的增加值以及向其他地区流出的总额。$IV_{it} = \ln\left(1 + \frac{iv_{it}}{H_{it}}\right)$表示前向嵌入度，$FV_{it} = \ln\left(1 + \frac{fv_{it}}{H_{it}}\right)$表示后向嵌入度。整体上看，$NPO$ 的值越大，该行业处于国内价值链的上游；而 NPO 的值越小，则说明该行业更靠近国内价值链的下游。

（二）国内价值链分工水平

如图 1 所示，2010 年、2012 年各行业国内价值链定位略有提升，但不同省份同一部门国内价值链定位存在较大差异。如图 2 所示，八大区域国内价值链定位在 2010 年到 2012 年整体呈上升趋势，NPO 指标的变化说明我国积极调整产业布局，促进了行业在国

① 本项研究得到国家社会科学基金重大招标项目（20&ZD168）和国家自然科学基金项目（71973102）的资助，特此致谢！作者简介：邹薇，经济学博士，武汉大学经济与管理学院教授、博士生导师；雷浩，武汉大学经济与管理学院博士研究生。

内价值链向上游攀升。

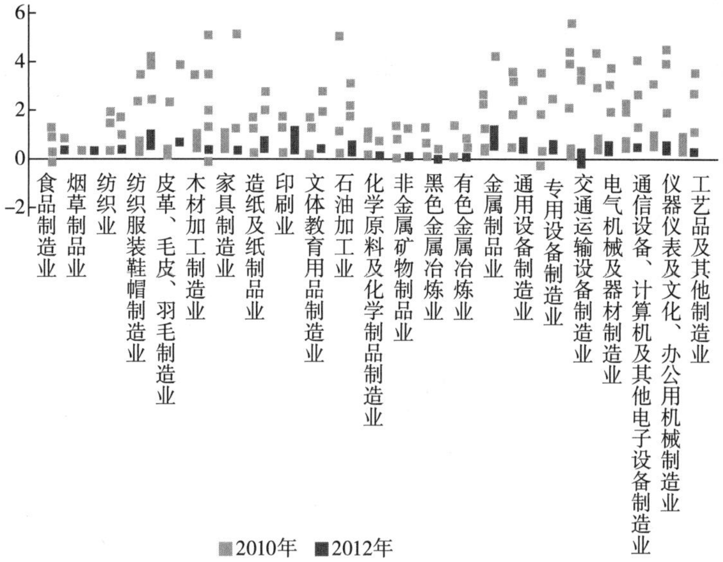

图 1　全国各行业国内价值链定位

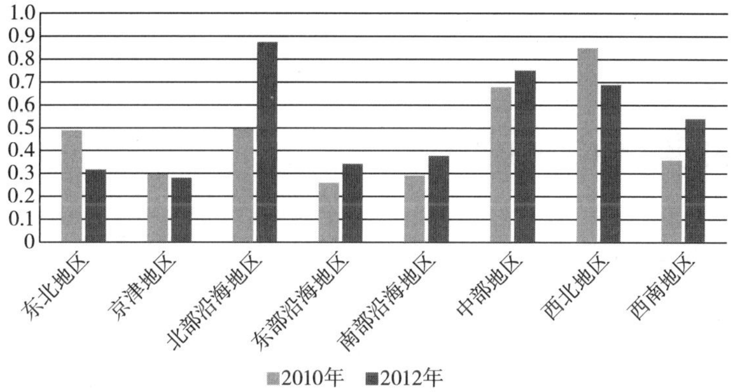

图 2　我国八大区域国内价值链定位

二、资源错配指数计算

（一）总生产函数

地区生产总值为各个行业产值的加总，总生产函数为：

$$Y = \sum_{i=1}^{N} p_i Y_i$$

其中，Y 是经济的总产量，作为社会最终产品，计价为 1。$\partial Y/\partial Y_i = p_i$，表明总生产函数满足规模报酬不变。

（二）资源约束条件

假设区域资本生产要素和劳动力生产要素均是外生给定的，有如下约束条件：

$$\sum_{i=1}^{N} K_i = K, \sum_{i=1}^{N} L_i = L$$

（三）竞争均衡

竞争均衡条件下的 K_i 和 L_i 分别为：

$$K_i = \frac{\frac{p_i \beta K_i Y_i}{(1+\tau K_i)P_K}}{\sum_{j=1}^{N}\frac{p_j \beta K_j Y_j}{(1+\tau K_j)P_K}}K, L_i = \frac{\frac{p_i \beta L_i Y_i}{(1+\tau L_i)P_L}}{\sum_{j=1}^{N}\frac{p_j \beta L_j Y_j}{(1+\tau L_j)P_L}}L$$

（四）资源扭曲指数和资源错配指数

通过对指数取绝对值的方式测度偏离平均水平的程度，最后再对两错配指数的绝对值求和表示行业资源错配程度，即：

$$\hat{\tau} = |\hat{\tau}_K| + |\tau_L|$$

三、特征化事实与模型设定

（一）特征化事实

图 3 汇总了不同地区市场化指数与行业资源错配的关系。可以看出，在全国整体、东部地区和中部地区，市场化指数与行业资源错配存在较为明显的负相关关系，在西部地区，拟合直线比较平坦，负相关关系不显著，有待进一步验证。

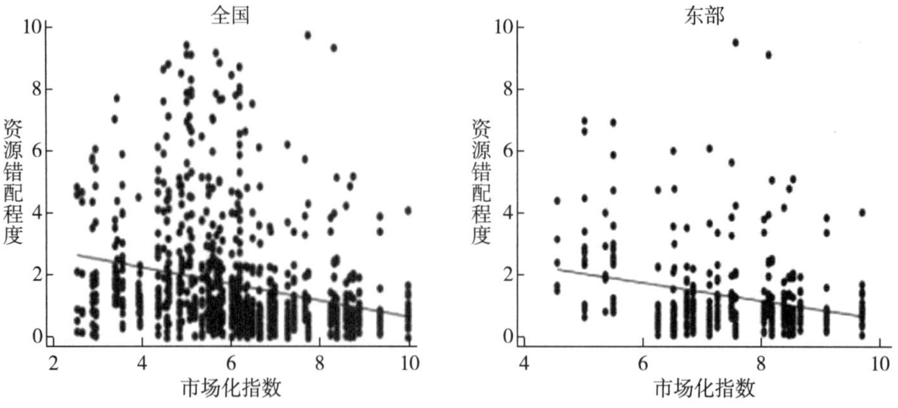

图 3　中国分省份市场化指数与不同区域的资源错配

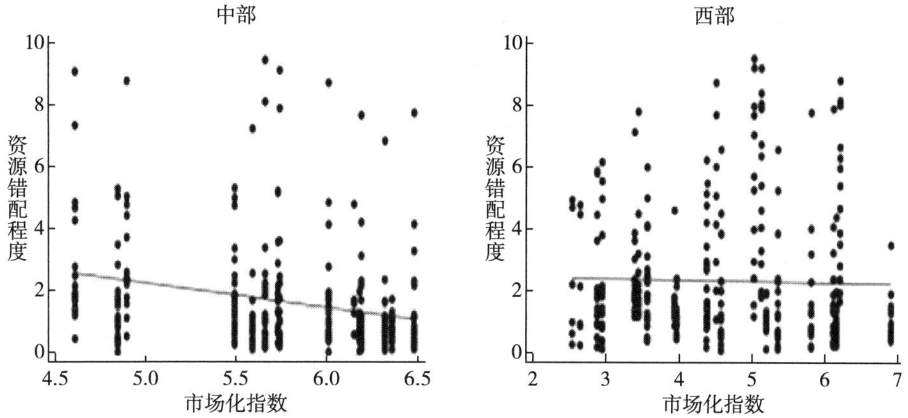

图 3　中国分省份市场化指数与不同区域的资源错配（续图）

（二）模型设定与变量选择

为了检验国内价值链分工视角下营商环境对行业资源错配的影响，本文使用的基准回归方程设定为：

$$\tau_{it} = \alpha_0 + \alpha_1 ENV_{it} + \alpha_2 ENV_{it} \times NVC_{it} + \alpha_3 \ln EX_{it} + \alpha_4 \ln HHI_{it} + \alpha_5 \ln YR_{it} + \alpha_6 \ln SAL_{it} + \alpha_7 \ln GDP_{st} + \alpha_8 \ln UE_{st} + \varepsilon_{it}$$

其中，i、s、t 分别表示观测到的行业、企业所在的省份、时间。被解释变量 τ_{it} 表示资源错配的程度，核心解释变量 ENV_{it} 是企业所在省份的营商环境指标。测度国内价值链水平的变量 NVC_{it} 包括三种指标，国内价值链定位指标 NPO_{it}，前向嵌入度 IV_{it} 和后向嵌入度 FV_{it}。利用营商环境与国内价值链水平的交乘项 $ENV_{it} \times NVC_{it}$，捕获营商环境和国内价值链对资源错配的互动效应。采用赫芬达尔指数（HHI_{it}）反映行业集聚程度。此外，对企业所在行业的控制变量还包括 EX_{it}、YR_{it} 和 SAL_{it}，分别衡量行业中企业出口平均水平、行业中企业成立时间的平均值、行业中企业的销售额的平均值，以上变量原始数据均来自中国工业企业数据库。企业所处地域的控制变量包括 GDP_{st} 和 UE_{st}，分别表示企业所在省份的 GDP 和城镇登记失业率，数据均来自《中国统计年鉴》对应年份。ε_{it} 为其他所有的随机误差。主要变量的描述性统计见表 1。

表 1　主要变量的描述性统计

项目	观测值	均值	标准差	最小值	中位数	最大值
资源错配指数	1020	3.12	9.73	0.06	1.21	218.37
资本错配指数	1020	0.66	4.41	−52.45	0.13	54.77
劳动力错配指数	1020	0.17	8.84	−217.89	−0.13	48.21
国内价值链定位	1020	0.54	0.79	−1.14	0.29	5.6

续表

项目	观测值	均值	标准差	最小值	中位数	最大值
前向嵌入度	1020	0.72	0.87	-0.13	0.47	7.75
后向嵌入度	1020	0.18	0.32	0	0.07	2.56
市场化指数	1020	6.03	1.65	2.53	6.01	9.95
ln 赫芬达尔指数	1020	-2.8	1.32	-6.4	-2.7	-0.07
ln（1+出口货值/工业总产值）	1020	0.08	0.1	0	0.04	0.57
ln 企业成立时间	1020	2.36	0.23	1.23	2.36	3.24
ln 企业销售额	1020	11.51	1.04	9.36	11.29	15.46
lnGDP	1020	9.55	0.74	7.21	9.58	10.95
ln 失业率	1020	1.23	0.22	0.24	1.28	1.47

四、实证分析及稳健性检验

（一）国内价值链与资源错配的关系

行业越是位于国内价值链上游，其资源错配程度越大。前向嵌入度与资源错配显著正相关，后向嵌入度与资源错配的关系不显著。企业销售额与行业资源错配正相关，表明规模较大的行业，可能为追求利润而忽视资源利用效率，造成了资源错配。反映企业所在地的经济总体规模的 GDP 与行业资源错配也存在正相关关系，说明经济发达地区行业资源错配程度相对较低。

（二）国内价值链视角下营商环境对资源错配的影响

营商环境提升能降低资源错配，对国内价值链分工上游行业资源错配的改善效果要低于国内价值链分工下游行业。营商环境与国内价值链分工位置指标的交乘项能够解释营商环境对资源错配边际效应的 7.3%。行业的前向嵌入度越大，营商环境对相应行业资源配置的改善效应变弱甚至恶化①。

（三）稳健性检验

开埠通商历史通过影响营商环境间接对资源错配产生影响，而资源错配不能够对开埠通商历史产生影响，将开埠通商历史作为工具变量是可行的。工具变量与内生变量之间存

① 营商环境与行业资源错配的非对称关系可以表示为：$\delta = a_1 + a_2 IV_{it}$，前向嵌入度的均值为 0.72，此时若 δ 为负值，说明整体上看行业的前向嵌入度越大，营商环境对相应行业资源配置的改善效应变弱；同时存在少数前向嵌入度较大行业，使得 δ 为正值，这种情况下会加剧资源错配。

在较强的相关性。营商环境提升能有效优化资源配置，对国内价值链下游行业的效应要强于上游行业。在需求侧，营商环境与资源错配仍存在逆向关系。

五、异质性分析

营商环境对东中部地区行业资源错配有显著的逆向效应，东中部地区上游市场中行业的错配程度较高，通过营商环境提升促进其他企业进入以及自身行业优化改善资源配置的效应较小。营商环境与后向嵌入度的交乘项系数不显著，表明价值链相对上游的行业向下游转移不会造成错配，从侧面证明下游市场是充分竞争的。值得注意的是，城镇登记失业率的系数均为负且显著，反映了东中部地区整体表现为劳动力过剩。对西部地区，营商环境改善资源错配的作用不显著。不过出口会加剧西部地区行业资源错配，这可能是我国出口企业特殊性所造成的。

营商环境提升能改善资本密集型行业和劳动密集型行业资源错配，资本密集型行业上游市场的准入门槛相对劳动密集型行业上游市场要更高，阻碍了企业进入以及自身行业内企业优化资源配置、降低资源错配。营商环境提升对资本错配和劳动力错配均有改善效果，对劳动力错配的作用效果略高于资本错配。营商环境对国内价值链分工上游行业资本错配的改善效应小于下游行业，对劳动力错配的改善作用不受国内价值链分工的影响。

六、进一步分析

（一）国内价值链分工视角下 FDI 对资源错配的影响

通过参与国际大循环同样能缓解我国行业资源错配。国内价值链分工上游行业对外资同样存在进入门槛，上游行业错配程度较高，受外资影响较小。

（二）国内价值链分工视角下高新区对资源错配的影响

国家高新技术产业开发区的建立改善了我国行业资源配置。在不加入控制变量条件下，高新区对国内价值链上游行业和前向嵌入度大的行业改善资源错配的效应较弱。但当加入控制变量后，高新区对行业资源配置的效应不受国内价值链相关指标的影响，一定程度表明高新区建立对克服行业壁垒、整体提升地区行业资源配置效率具有积极作用。

（三）西部地区再检验

针对西部地区，加入出口与国内价值链分工指标交乘项，另外考虑企业负担的地方税率。出口会显著加剧西部地区行业资源错配，且该效应不受行业所处国内价值链分工位置的影响，企业负担的地方税率提高会显著加剧资源错配。

七、结论

本文研究发现：其一，营商环境水平提升一个标准差，行业资源错配将改善 17.89%。按地区划分，东部和中部地区效应明显，西部不显著。其二，国内价值链下游行业的效应高于上游行业。按错配类型区分，对资本错配的改善效应，下游行业高于上游行业，而对劳动力错配的改善效应，上下游基本一致。按不同行业类型比较，较之劳动密集型行业，资本密集型行业受国内价值链分工的影响更大，上游行业的效应较弱。其三，地区参与国际大循环能提升资源配置效率，高新区成立对地区价值链上下游行业均能产生辐射效应，改善资源错配。针对西部地区，出口会加剧行业资源错配，企业负担的地方税率提高会加剧资源错配。

基于本文实证研究，有如下建议：首先，以营商环境为着力点促进国内国际双循环。提高营商环境，逐步解决企业遭遇的融资难、融资贵等难题，推进企业提质增效，降低运营成本，促进内循环的运行。而外循环强调稳外资、稳外贸与扩大对外开放，通过进一步优化营商环境，才能更有效吸引跨国企业，深度融入全球产业链的国际分工。其次，坚持高新区、自由贸易区（港）引领制度创新。通过深化改革政府与市场关系，逐渐形成开放型经济新体制，构建国际化、市场化、法治化、便利化的营商环境，突出区域协同、产业联动的功能，对区域经济发展形成辐射带动作用。最后，突破上下游非对称竞争格局，提升国内价值链水平。政府应致力于进一步深化国有企业改革，打破国内价值链上游环节的行业垄断，提升竞争性与开放度，进而通过市场竞争实现资源的优化配置。针对区域市场分割严重的结构性矛盾，需要进行合理的产业布局，引导产业在区域间有序转移，塑造有助于国内价值链提升的经济地理格局。

数字平台经济垄断的基本特征、内在逻辑与规制思路

王爱华①

（南京财经大学）

一、数字平台经济的天然垄断倾向

数字经济平台型产业的发展天然具有某种从竞争到垄断的发展趋势。竞争初期，资本家意识到平台经济领域有利可图，在逐利本性的驱逐下，大量资本投入平台经济领域，市场上涌现数量众多的平台型企业，市场处于自由竞争状态。由于平台经济具有成本次可加性、网络效应和双边（或多边）市场效应等基本特征，平台拥有的活跃用户规模成为平台型企业在竞争中取得优势地位、得以存活下来的关键。为了获取持续增加并达到生存的最低“临界数量”的用户规模，众多企业采取基础服务免费、补贴双边用户等策略将双边用户引导到各自平台上。经过激烈的引流竞争后，用户规模达不到“临界数量”以及资本量不足的企业将会退出市场竞争。最终结果是，平台经济市场上大部分处于竞争劣势的中小企业退出市场，少数大型企业得以存活，形成寡头垄断局面。

从本质上讲，平台经济的垄断倾向是由平台经济的内在特性所决定的。由于平台型企业经营的是“市场”，而不是传统的商品和服务，它具有许多不同于传统企业的特点。其中，网络效应、多边市场效应和基础设施效应在很大程度上引致了平台经济的垄断现象。

二、从初级垄断到双轮垄断：数字平台经济的垄断特征

（一）数字平台经济的初级垄断：数据垄断

数字平台的垄断首先表现为初级垄断，其最重要的表征是数据垄断。最初某个企业在用户规模、流量和数据上只占有微弱优势，经过平台经济的网络效应和双边或多边市场效

① 作者简介：王爱华，南京财经大学经济学院副教授、硕士生导师，研究方向：政治经济学、中外马克思主义经济理论。

应的“滚雪球般”的放大效应后，便成了其他企业难以望其项背的巨大优势，形成平台经济领域的垄断，即初级垄断。

平台寡头采用多种竞争策略，不局限于价格竞争。第一，倾斜式定价、捆绑搭售、排他性合约等滥用市场支配力行为。平台垄断企业采取掠夺式定价，对一边用户低于成本定价，将更多用户吸引到平台上来，提高潜在进入者的进入门槛。同时，在位垄断企业对其他边用户收取垄断高价。搭售和捆绑是平台型企业常用的竞争策略，平台强迫用户使用搭售服务，排斥竞争对手，并能够将其垄断势力延伸到搭售产品市场，从而进入多个市场。此外，平台利用排他性合约强迫一边用户进行“二选一”，以吸引其他边的用户。第二，数字化卡特尔行为。平台型企业不仅可以利用大数据和算法进行价格合谋，还能利用实时数据监控卡特尔的实施。此外，企业可能利用人工智能、机器深度学习等改进算法，间接促成默示合谋①。第三，“杀手并购”行为。平台寡头对小平台进行收购或并购，尤其是对具有创新潜力的初创平台进行并购，以消除新进入者或潜在进入者的威胁，防止其市场地位遭受蚕食。

（二）数字平台经济的双轮垄断：跨界垄断

数字平台的垄断更多地表现为双轮垄断。双轮垄断是基于平台型企业的基础垄断地位，通过一定的手段将垄断地位延伸到新领域的垄断②，是一种跨界垄断。跨界垄断可分为两种类型：纵向跨界和横向跨界。纵向跨界是指同时拥有平台和平台内经营者双重身份的平台，利用平台的支配地位与其他平台经营者竞争。横向跨界是指平台以现有的用户规模为基础，通过向用户提供新产品快速进入新市场、新领域。横向跨界本身并不是一种垄断行为，而是利用自己的基础垄断地位向其他领域的渗透。在交叉网络外部性的作用下，平台跨市场的进入行为会进一步扩张用户规模，增强用户黏性，强化平台的垄断地位，实现在不同领域的垄断。

双轮垄断行为一般具有以下基本特征：第一，对平台内竞争对手产品与自营产品实行差别待遇。第二，通过集成、应用相关数据遏制、排斥竞争。第三，削弱或排除数据或服务之间的互操作性，并抑制数据的可移植性。为了追求海量数据带来的垄断利益，平台可能弱化甚至排除自有数据和服务与竞争对手的数据以及服务之间的互操作性，使自身掌握的数据不可移植，形成数据孤岛。第四，利用横跨多元市场的宏观数字生态系统限制竞争。

---

① 王先林．我国反垄断法修订完善的三个维度[J]．华东政法大学学报，2020，23(2)：17－28.

② 李勇坚，夏杰长．数字经济背景下超级平台双轮垄断的潜在风险与防范策略[J]．改革，2020，318(8)：58－67.

三、从劳动垄断到数据垄断：数字平台经济垄断形成的内在逻辑

（一）通过无偿占有“数字劳动”形成“数据垄断”

首先，数字平台经济垄断始于对用户注意力的垄断，或者说流量垄断。平台的注意力和流量优势从用户或者受众的“数字劳动”中来。数字劳动主要是指用户在数字社交平台、移动终端和互联网上的日常网络信息活动。可以说，数字经济平台垄断的基础在于无偿占有用户的数字劳动，并在此基础上形成数据，进一步建立起垄断优势。互联网时代，数字劳动凝结了新的价值，并物化在物质生产过程中，实现价值增值。为了获取垄断利润，在数据商品化过程中，资本通过知识产权数字劳动进行垄断。数字劳动并没有改变劳资关系的矛盾，反而在互联网技术条件下，模糊了工作日界限，极化了劳动技能，提高了劳动力商品化程度和劳动剥削程度。

其次，在无偿占有数字劳动的基础上，进一步形成数据垄断。数据是平台最重要的生产资料之一，是平台形成竞争优势的重要资源，随着互联网平台的兴起，数据的用途愈加广泛，成为平台型企业谋取和维持自身垄断地位最重要的资源之一。

（二）通过“算法”强化“数据垄断优势”

在初级垄断中，一方面，平台通过不断地调整算法以最大限度地提高用户黏性，强化数据垄断能力，维持自身的统治地位。另一方面，通过算法支持横向垄断协议，维护横向垄断行为，助长横向垄断蔓延。在双轮垄断中，一方面，平台通过一定的算法对自己的业务给予特殊照顾，对竞争对手的业务加以歧视，实现自我优惠待遇，从而抑制竞争。对于许多既是中介又是基础设施的平台来说尤为如此。另一方面，通过算法控制，结合大数据和人工智能，平台型企业可以更快进入新的领域和市场并形成新的垄断态势。

（三）通过“数据垄断优势”进入新领域新市场形成双轮垄断

大多数具有初始垄断地位的平台型企业进入新市场新领域，通常是利用其在原有市场的数据、流量等基础优势。一般而言，要想在数据驱动的市场中获得垄断地位，就必须依靠数据驱动的间接网络效应。间接网络效应表明，在产品开发或使用过程中产生的数据可以用来改进其他看似无关的产品。换言之，一旦企业收集到可用于其他产品的数据，就可以利用这些数据降低进入该产品市场的投资成本和创新成本并获得更高收益。这个新市场通常与原市场相互联系，两市场的用户数据双向互补，原市场的用户数据信息可以应用到新市场，反过来新市场的数据信息也可以应用到原市场，两个市场相互补充、相互促进。

这种互补性形成了积极的正反馈循环，增强了平台双轮垄断的动力。

四、超级平台垄断问题的表现与影响

（一）基于数据垄断，增加用户转换成本、过度集中数据

数据垄断可能带来用户转换成本增加和数据过度集中的问题。平台型企业通过向用户提供基础服务，吸引了大量用户，并收集了这些用户的数据，而通过产业延伸、双轮垄断，企业又能汇聚更多用户并收集更多、更全面的用户数据，从而产生数据集中。利用这些数据，平台几乎可以对社会上的每个个体进行精准刻画，进而对整个社会的偏好、安全等方面进行分析。数据集中带来的不仅是数据杀熟、精准广告投放等行为对消费者权益的损害，还会带来金融账户安全、“深度伪装”等社会隐忧，影响社会治安与稳定。

（二）基于流量垄断，对流量进行限制和歧视

超级平台在数据垄断的基础上，逐渐形成了流量垄断，从而可能带来流量限制和流量歧视的问题。超级平台的流量垄断将会提高平台行业的流量门槛，导致新进入者在前期需要投入更多资本来获取更高流量，从而达到企业生存所需的最低流量限制。超级平台还可以利用“算法＋大数据”精准识别不同的用户类型并对其进行差别定价，这意味着平台会对一部分用户进行价格补贴，而对另一部分用户收取超高的流量价格。通常而言，消费者是被补贴的一方，而运营商、广告商则是被收取高价的一方。

（三）基于市场垄断，损害用户福利、集中财富

平台利用与用户之间信息不对称，对用户实施更加隐蔽的价格歧视，侵害用户权益。凭借其垄断优势，平台寡头成了不从事生产却能获得最大利益的中间商。第一，平台寡头不仅掠夺消费者的福利，还掠夺生产者的福利。在数字经济时代，科技便利与社会福利本应为生产者和消费者共享。但消费者却被“大数据杀熟”，商家被强制“二选一”，新创造的社会剩余中本应为消费者和生产者享有的那一部分却被平台企业强势掠夺走了，最终导致科技创新、技术进步带来的社会福利增长被平台企业独享。第二，与平台垄断企业快速集中社会财富相对的是广大人民群众的低收入与长期停滞不前。收入分配不平等导致的社会财富的过度集中必然导致贫富两极分化的加剧，社会经济活力减弱，不利于经济健康可持续发展。

（四）基于不正当竞争，扰乱市场竞争秩序、抑制社会创新

平台巨头不仅凭借其垄断地位扰乱了与同领域平台的竞争秩序，还凭借其支配地位与

平台内商家竞争，甚至与看似不相关的其他行业企业进行竞争，限制其他企业的生存与发展。平台寡头为了维护自身的垄断地位、强化垄断优势，对创新型企业采用多种多样的竞争手段遏制其发展。

通常而言，平台寡头在行业内占据很大的市场份额，有着强大的市场势力以及压倒性的竞争优势，可以轻易地操纵市场、破坏市场有序秩序、打破效率与公平的平衡。它们可以轻易快速地进入新的行业领域，使得中小型企业被频繁吞并或被迫退出市场，严重压缩了中小企业的发展空间，中小企业越来越难以成长为大企业，企业纵向流动性大大减弱，对行业良性生态、多元化发展极为不利。

五、数字平台经济垄断的规制思路

（一）规范数据建设，建立防止数据垄断的机制

平台型企业获取、维护和加强垄断地位的最大依仗是“数据垄断优势”，对数字经济平台垄断规制首先就要打破数据垄断孤岛，打破数据壁垒。数据垄断产生的原因主要包括数据收集的隐蔽性、数据产权的不明晰和数据使用的黑箱化。在数据收集方面，可以通过行政命令、法制法规强制要求平台就所需要收集的数据和信息对用户明示，并且用户只需要提供自己享有的服务所必要的数据或信息，非服务所需的数据或信息提供与否应由用户决定。在数据产权方面，要明确用户数据的所有权归属，防范平台将用户数据作为私有财产。用户不仅要拥有数据的控制权、知情权，还要有私人数据的所有权。用户应当享有使用数据的权力，可以自由地上传、下载、转让、删除私人数据。在数据使用方面，平台应当对用户数据的用途给予明示，使用户在平台如何使用自己的数据问题上享有知情权。此外，要避免企业以保护用户数据的名义拒绝数据共享、建立垄断优势，形成实质上的数据垄断。

（二）建立流量分配机制，加强对“算法＋大数据”双重垄断的监管

平台对流量控制及分配引致流量限制和流量歧视等问题。在流量限制问题上，一方面应当建立流量分配机制，防止平台对流量的过度垄断，使新进入者或中小平台也能利用大型平台进行引流，以达到最低流量限制；另一方面要完善投融资体系建设，使具有创新潜力与发展潜力的小微企业也能顺利融资，以达到获取最低流量限额的资本量。在流量歧视治理上，首先，可以建立一套由一系列可观测的指标构成的指标集，用以评判平台型企业是否利用平台流量对平台内经营者实施歧视策略，保证平台流量公平分配。其次，应加强对“算法＋大数据”的双重垄断的监管，加强平台定价算法备案审查，引入人工智能技术

监测平台价格波动，并对定价算法的行为规范性进行界定研究。

（三）树立行为监管理念，制定科学、灵活的反垄断目标

由于平台市场具有不同于传统市场的特点，因而对平台市场垄断的规制不能按照传统行业的反垄断标准，即市场占有率来进行。反垄断规制的目的是保护公平竞争，而不是惩罚赢家、保护输家①。反垄断规制不是规制平台的垄断地位，而是规制其垄断行为。当大型平台企业没有明显的垄断行为，只是获得了垄断地位时，不应盲目地对大型企业进行“一刀切”，换言之，制定反垄断政策或法律时，应综合考虑效率、公平、福利、创新等因素，并以提高效率、维护公平竞争、提高社会福利、激励创新作为反垄断的出发点，制定科学、灵活的反垄断目标。

（四）建设平台中立制度，加强对大平台并购和跨市场集成的监管

平台中立制度要求平台平等地对待所有使用其基础设施的企业，不歧视在平台内运营的企业。从本质上讲，平台中立制度将数字平台视为一种核心基础设施，对其用户应该是同等开放的。可以考虑将企业的平台身份与经营者身份相剥离，以阻止平台自营业务利用平台这种基础设施获得高于其他经营者的优势及超额利益；建立解决交叉网络外部性的结构性分离和预防性禁令措施，对平台寡头进入某些行业进行必要的规制；对平台寡头的并购及跨市场集成等行为进行必要的规制，防止大资本的无序扩张，保证社会公平正义。

① ［美］卡尔·夏皮罗，哈尔·瓦里安．信息规则［M］．张帆，译．北京：中国人民大学出版社，2000.

数字化的新生产要素与收入分配①

韩文龙　陈　航

（西南财经大学；中国人民大学）

一、数字化的新生产要素参与收入分配

新科技革命背景下，以人工智能、区块链、云计算、大数据、边缘计算、智慧家庭、物联网和5G技术（即“ABCDEHI5G”）为代表的数字科技飞速发展，成为现阶段人类社会生产活动的核心生产力与竞争力。社会生产力得到极大发展，伴随着数字化信息和知识这一新型生产要素广泛参与到物质资料生产总过程的各个环节，世界各国经济增长的动力不断释放，随着数字经济新业态新模式新行业的大规模出现，产业结构发生了新变化，同时使现有的生产条件及其分配都发生了变化。

一方面，社会经济结构出现新的特征。数字经济正在改造传统产业，实现产业的转型升级，同时数字经济也在创造新产业、新业态和新模式，为各国经济创造新的增长空间。统计显示，2019年有47个国家数字经济增加值规模达到31.8万亿美元，② 全球数字经济在国民经济中的地位持续提升，融合发展趋势更加深入。当前，数字产业化、产业数字化、治理数字化和数据价值化已经成为各国数字经济发展的新动力来源，数字经济在释放消费潜力、拉动投资、创造就业和实现经济结构转型升级等方面发挥着越来越重要的作用。

另一方面，数字经济下的收入分配出现了新变化。作为数字时代的“石油”，③ 甚至“货币”，在数字生产力发展同旧生产关系矛盾运动的过程中，数字化信息和知识会通过一

① 基金项目：国家社科基金后期资助项目“数字经济的政治经济研究”（20FJLB006）和西南财经大学“中央高校基本科研业务费专项资金”年度培育项目“平台经济中的数据产权与数据安全问题研究”（JBK2102055）阶段性成果。作者简介：韩文龙，西南财经大学经济学院副教授；陈航，中国人民大学经济学院博士生。

② 中国信息通信研究院. 全球数字经济新图景（2020年）——大变局下的可持续发展新动能[EB/OL]. http://www.caict.ac.cn/kxyj/qwfb/bps/202010/t20201014_359826.htm.

③ The Economist. The world's Most Valuable Resource[J]. The Economist, 2017, 423(9039): 7.

定渠道和机制配置到不同的部门或成员。谁占有这些足够的数字资源，谁就能在生产中取得话语权，在分配中取得索取权。

在这样的背景下，占有相关的数字化信息和知识成为数字经济时代人们获取收益的源泉和保障，它能促使传统劳动过程向更高质量的数字劳动过程转变，在价值生产、实现和分配的过程中都具有鲜明作用。

（一）数字化信息和知识与劳动过程

根据劳动价值论，在生产过程中，劳动是价值创造的唯一源泉，其他各类物质生产要素仅是价值创造所依托的手段和条件。尽管数字化信息和知识正逐渐成为占据重要地位的生产条件，但它仍必须同劳动者的劳动力相结合，才能参与到价值创造的有关过程。在这一过程中，部分传统劳动者逐渐成为利用数字技术的数字劳动工人，传统劳动逐渐转变为更高质量的数字劳动。本文主要涉及有偿的数字劳动，与传统劳动过程相比，数字劳动过程运用数字化信息和知识作为关键生产要素，使得劳动主体、劳动对象、劳动工具、劳动产品都发生不同程度的异化。①

（二）数字化信息和知识与价值生产

在数字劳动过程中，数字化信息和知识同劳动、资本、土地一样参与价值生产过程。作为一种新型生产要素，它不仅具有一般生产要素的共性，还存在一些特性。

从生产力角度来看，数字化信息和知识可以视为一种实体性要素，在实际生产中或者作为劳动对象存在，成为劳动者劳动直接作用的对象；或者作为劳动资料存在，改变劳动手段并提高劳动效率。同时，数字化信息和知识还可以视为渗透性要素，能促使其他实体性要素实现数字化，使劳动对象、劳动资料和劳动者本身都得到相应的发展。

从生产关系角度来看，数字化信息和知识的参与，会通过影响劳动力和生产资料的结合方式，引起生产条件所有制的相关变化。在生产资料所有制方面，新的生产要素参与生产且对生产结果产生重要影响，足够引起人们的重视。人们会利用已有的资源和条件，尽可能地占有更多的数字化信息和知识，并对其相关权利进行确认和保护，以维护自己在生产和分配中应有的权益。在劳动力所有制方面，由于数字化信息和知识能够渗透到劳动力并人化在劳动者身上，掌握着大量数字资源和数字科技的核心劳动力将成为资本追逐的对象，其归属问题也成为数字经济时代需要讨论的重要问题。

---

① Christian Fuchs. Digital Labour and Karl Marx[M]. New York:Routledge Press,2014.

（三）数值化信息和知识与价值实现

在价值实现的过程中，数字化信息和知识同样发挥着重要的作用。在资本主义生产方式下价值的实现具有不确定性，一旦市场广泛加速信息化、数字化和数据化进程，数字化信息和知识得到有效运用，这种不确定性就会降低。

拥有庞大数字资源和数字技术的数字平台，能尽可能利用所有可得的数据信息，通过科学的算法和大量的统计，精确定位到人群的真实需求，向目标消费者发送有价值的信息，使得交易的成功率大大上升，缩短产品从生产者到达消费者的距离。在这一过程中，营运、仓储、运输等环节都能通过利用数字平台得到便利，所以流通时间和流通费用都有一定程度的压缩，从而加快预付资金的周转速度，促进价值的实现，完成“商品的惊险的跳跃”。在这一过程中，掌握数字化信息和知识的所有者可以凭借其为价值实现提供的“便利”收取一定的租金。

（四）数字化信息和知识与价值分配

只有明确了数字化信息和知识在劳动过程、价值生产和价值实现中的作用，才能顺理成章地讨论数字化信息和知识凭借所有权参与收入分配的情形。根据按生产条件分配产品规律，数字化信息和知识在生产过程和流通过程中发挥了特别作用，使相关价值得到顺利实现，其所有者或使用者都有权参与分配过程，根据提供的数字化信息和知识以及相应的数字劳动过程对于生产和流通的重要程度、稀缺程度和使用数量决定。由于“产品一经完成，生产者对产品的关系就是一种外在的关系，产品回到主体，取决于主体对其他个人的关系”，[①] 数字化新生产要素参与分配的结果也是起决定作用的生产关系的反面，并受到历史、道德、文化等因素的影响，体现出人与人之间所缔结的、与之相关的全部生产关系。

而生产条件在不同区域、不同阶级、不同群体之间的分配通常会有差异，“数字鸿沟”的存在不可避免。一方面，占有在数量和质量上有相对优势的数字化信息和知识能够带来明显的“数字红利”；另一方面，数字劳动者之间根据提供数字劳动进行生产所创造的价值大小也会产生不同的分配结果。同时，人们不仅可以直接利用自己拥有的数字化信息和知识进行生产经营，不同所有者最终凭借所提供的数字化信息和知识的质量优劣和数量多少来取得收益和报酬；还可以将所拥有的数字化信息和知识转租给他人，使得所有权和使用权发生分离，所有者和使用者分割生产经营成果。

---

① 马克思恩格斯选集(第2卷)[M]. 北京:人民出版社,1995:12.

二、数字化新生产要素的占有与收入分配

由前文的分析，根据所有权和使用权是否分离、所有权本身是否归属于同一所有者，可以将数字化信息和知识这一生产要素的占有和归属关系区分为以下几种情形，从而进一步讨论数字经济时代的收入分配问题。

（一）数字化信息和知识的所有权被劳动者占有

一般在公有制经济中，所有或部分劳动者共同占有生产资料。作为一种生产条件，数字化信息和知识也是被劳动者们所共有。在这种情况下，劳动者运用所有生产条件进行生产，生产成果由拥有所有权的劳动者共同享有。此时，按劳分配方式是分配过程中占据主导地位的分配方式，劳动者以提供的数字劳动为唯一尺度参与分配产品。数字化信息和知识会通过教育和学习等途径影响劳动者的劳动力，在劳动过程中提供更高质量的生产性数字劳动，以更高的生产效率和更多的劳动产品表现出来，最终联系到个人可以获得的劳动报酬。由于分配过程中，劳动者内部存在个人能力的差异，运用数字化信息和知识所带来的劳动产品的数量和质量存在区别，因此能更好利用数字化信息和知识的劳动者，在收入分配中能取得更多份额。

另一种情况下，在一些个体经济中，生产条件也归劳动者个人所有。个体劳动者本身直接参与劳动，利用所持有的数字化信息和知识进行生产，能在一定程度上提高劳动生产率，获得更多的劳动成果。但由于个体经济的生产经营规模较小，技术层次较低，且社会化程度受到限制，个人能获取的相关数字资源和数字技术就较为有限。因此，数字化信息和知识本身积累到一定规模才能带来的规模经济和范围经济不能完全显现，对劳动者个人和家庭的收入影响通常较小。

（二）数字化信息和知识的所有权被资本家占有

在非公有制经济中，关键生产条件通常掌握在私人资本家手中。在数字经济时代，数字化信息和知识正广泛与社会经济各个领域深度融合，并不断延伸下沉到产业链的各个环节。天性逐利的资本家们在巨大“数字红利”的吸引下，纷纷投身于万物互联的“互联网+”浪潮，加速信息化和数字化，促进科技创新，搭建数据平台，试图在这场革新中占据有利的生产条件。

数字化信息和知识及其收益在资本家之间的分配和再分配是通过部门内部的竞争和部门之间的竞争实现的。首先是在数字部门内部争夺市场的竞争。当供过于求时，数字部门的相关生产者竞争加剧，生产条件较次的企业被淘汰，生产条件较好的企业才能在竞争中

取胜，其生产的数字产品逐渐占据市场的更多份额；当供小于求时，数字部门的有相关购买者竞争会加剧，价格的上涨使得生产条件较次的企业也能获利，其生产的数字产品进入市场流通。因此，通过供求关系的变化调节社会全部拥有的数字化信息和知识在不同生产者之间的分配比例，生产的数字产品只有符合社会需要才能得以实现，实现的部分也就是能够分配的总额。

其次是在不同部门之间争夺投资场所的竞争。数字经济下各部门利用数字化信息和知识所带来的生产力水平不同，资本家逐利本性促使资本朝着回报率更高的企业流动，随之数字化信息和知识会通过市场机制分配到生产最具效率的部门。由此，通过资本家的资本转移调节数字化信息和知识在不同部门之间的分配，各部门掌握关键生产条件的质量和数量出现差别，在参与分配时因对生产的贡献不同而产生差距。

总之，在数字化信息和知识的所有权被资本家单独占有的情形下，资本家之间的竞争行为能影响和改变生产条件在不同成员和不同部门之间的分配和再分配，并通过这些改变影响收入的分配和再分配。

（三）数字化信息和知识的所有权被劳动者和资本家共享

在混合所有制经济中，劳动和资本能够在一定程度上进行合作、实现共赢。此时，经济体中的劳资关系得到缓和，不再是资本主义中建立在生产资料私有制基础上尖锐对立的阶级关系，而是一种包含劳资双方对利益诉求的关系，体现劳动和资本的所有权在实现过程中的相互对立和统一。

在这种情况下，核心劳动者和资本家能共同占有生产条件，共享所拥有的数字化信息和知识。一般而言，资本家的生产行为和生产条件被资本家独占的情况没有差别，积极进行竞争并最大化生产效益。而劳动者具有双重身份，既是直接参与生产的企业职工，又是拥有生产条件所有权的企业股东。由此，在分配环节，劳动者不仅要遵循按劳分配原则，凭借自己付出的劳动数量和质量得到相应的工资；还要遵循按生产条件分配原则，根据劳资双方提供的数字化信息和知识的比例得到相应的利润。这样的分配形式对于劳动者而言，实现了劳动者本身利益和企业利益的一致性，能够极大地调动劳动者进行生产和经营的积极性；对于资本家而言，通过让渡出一部分所有权，可以留住具有较高数字生产力的核心人才，为企业带来更多效益和持久发展。

（四）数字化信息和知识的所有权和使用权相分离

在不同的制度安排中，所有权和使用权可能是同一的，也可能是分离的。资本主义生产条件下，资本和土地的两权分离最终导致相关利润分割；社会主义市场经济条件下，也存在生产条件的所有权和使用权相分离的情况，如股份制企业中，经理人执行实际职能，为所有者管理资产，经理人和所有者通过契约确定各自的收益。在数字化信息和知识广泛渗透物质资料生产总过程的情况下，也有必要讨论两权分离所带来的分配问题。

实际生产中，一旦数字化信息和知识所有者和使用者以租赁等方式联系在一起，就会迫使相关数字技术和数字资源的所有权和使用权相分离。当数字化信息和知识发生两权分离时，其所有权和使用权分别人化为所有者和使用者，成为不同的经济利益主体，对应着各自的经济利益，必须在分配中以具体的收入形式表现出来。具体而言，在生产环节，数字化信息和知识的所有者退出生产过程，其所有权成为单纯的法律意义的所有权，不执行任何实际的生产职能；而数字化信息和知识的使用者开始直接的生产经营，生产出实际的价值和产品并在流通中实现。对应地，在分配环节，尽管所有者被排除在生产过程之外，但却能凭借法律强制性在经济上有所实现，分享使用者出售数字产品的部分所得，剩余部分才是使用者真正能得到的收益。

随着数字经济的发展，这种两权分离的产权结构在实际中更加常见。通常拥有广泛的数据基础和先进的信息技术，才能占有更加优质和庞大的数字化信息和知识，这只有实力雄厚的企业才能做到。其余企业想要进入相关市场，只能与实力雄厚的企业达成契约，承诺支付相应的租金。租金高低由市场环境决定，受到参与生产的数字化信息和知识的重要程度和稀缺程度的影响。

中国区域发展实现碳达峰碳中和：挑战、路径与合作机制

——以粤港澳大湾区为例

黄诗睿[①]

（东北师范大学）

一、粤港澳大湾区实现碳达峰碳中和面临的挑战

实现“双碳”目标不可能一蹴而就，而是广泛而深刻的经济社会系统性变革过程。虽然粤港澳大湾区低碳经济发展基础较好，节能降碳水平处于全国领先水平，但实现碳达峰碳中和还面临着巨大挑战。

（一）碳排放总量基数大

粤港澳大湾区经济长期稳定发展，工业化和城市化快速推进，交通和建筑行业快速发展，人口密度大，居民消费逐步升级，工业生产和居民生活对能源需求增长强劲。2000 年广东省能源消耗总量为 7983 万吨标准煤，2020 年高达 3. 28 亿吨，20 年间翻了两番以上，虽然碳排放强度持续下降，但经济总量快速提升，使得碳排放总量基数大，并且持续增长，是当前对碳达峰形成巨大挑战的根本原因。这方面香港特别行政区和澳门特别行政区表现良好，近年来电力和煤气消耗只有微小上升，甚至下降，基本实现了碳达峰。

（二）能源结构调整难度大

从世界能源结构转型历程看，其显著特征是从以煤炭为主过渡到以石油天然气为主，再逐步过渡到以非化石能源为主，即从以高碳排放为主的能源结构转化为以低碳排放为主的能源结构，进而逐步过渡到零碳排放的能源结构。广东省一次能源消耗中，虽然煤炭消耗占比从 2000 年的 52. 2% 逐步下降到 2020 年的 31. 3% ，但仍然占据较大比重，而且原油消耗比重长期保持在 25% 以上，天然气比重也是快速上升，煤炭石油等高碳能源消费形成

① 作者简介：黄诗睿，东北师范大学经济与管理学院经济类专业学生。

路径依赖，清洁能源还有投资大、成本高、不稳定等特点，成为清洁能源快速替代的制约因素，短期内难以迅速改变能源结构，清洁能源还不能发挥主体作用。

（三）核心技术竞争力提升难度大

随着能源科技实力的快速提升，中国煤炭开发技术处于世界发展水平前列，页岩油气开采技术和装备能力获得大幅提升，天然气水合物实验采集成功，新能源产业居世界前列，这些技术创新为中国实现碳达峰碳中和战略目标奠定了坚实的技术基础。但综合来看，中国低碳发展的创新技术和世界先进水平尚存在一定差距，在一些核心技术上与发达国家水平相去甚远。粤港澳大湾区虽然科技水平较为发达，节能技术处于国内领先水平，创新能力也比较强，但拥有核心知识产权高附加值的节能产品仍然供给不足，在一些清洁能源产品和节能产品的核心零配件方面仍受制于发达国家，核心技术竞争力相对较低。

（四）短期内实现碳达峰碳中和难度大

欧盟虽然整体上在 1979 年就实现了碳达峰，但欧盟各成员国碳达峰的时间节点有较大差异，而且欧盟的碳排放在第二次世界大战后经历了一个较长时期的持续快速增长。碳达峰以后欧盟整体碳排放呈现明显较慢的下降态势并反复震荡，各成员国的碳排放变化态势也具有多样性。表明欧美发达国家实现碳达峰碳中和是经历了一个长期的适应时期，经济发展有充足的调整空间。虽然中国香港已在 2014 年实现碳达峰，中国澳门已经进入碳排放峰值波动区间，但中国内地包括广东各地区要在十年内实现碳达峰、四十年内实现碳中和，与发达国家和地区相比，相当于在较短时间内完成极为艰巨的任务，是难以想象的巨大挑战，若完成，可以说就是世界生态文明史上的奇迹。

当然，“双碳”目标的本质要求就是高质量发展和可持续发展，与我国建成社会主义现代化强国的第二个百年奋斗目标呼应衔接，不管任务多么艰巨，总要有信心和勇气克服各种困难，最终完成世纪大任务，谱写绿色低碳蓝图，实现人与自然和谐共生的伟大愿景。

二、粤港澳大湾区实现碳达峰碳中和的路径

进入新发展阶段，实现“双碳”目标要有新的担当和新的作为，深入贯彻习近平生态文明思想，全面树立绿色低碳发展导向，按照顶层设计和实践探索相结合、有为政府和有效市场相结合、低碳生产和低碳生活相结合的原则，统筹处理好经济发展和节能降碳的关系，科学制定碳达峰碳中和的实施路径和政策保障体系，持续增强绿色发展动能，为全球早日实现“双碳”目标贡献中国方案。

（一）建立现代化产业体系，促进经济绿色低碳转型

香港、澳门、深圳、广州等城市第三产业占比均在58%以上，且现代服务业、高技术制造业的比重较大，单位GDP碳排放量相对较低。加快形成供给侧和需求侧结构性改革双轮驱动格局，淘汰高耗能高排放落后产能，加快产业基础高级化步伐，解除高碳化石能源消耗的路径依赖，形成有利于节约资源和保护环境的产业结构，建立有利于实现“双碳”目标的绿色发展产业体系，在推动高质量发展中促进绿色低碳全面转型。重点支持新能源、新能源汽车、人工智能、集成电路、生物医药、高端装备、新材料等先进制造产业发展，大力发展数字经济、海洋经济和绿色低碳循环经济，推动传统产业的数字化转型升级，提升数字要素优化配置驱动力。鼓励和扶持新业态新产业新模式，打造供应链、价值链、产业链和生态链良性循环圈，提高产业链现代化水平，在“双循环”新发展格局中大力提升数字贸易的规模和质量，大幅度减少“两头在外、中间在内”国际贸易模式形成的隐形碳排放，构建绿色低碳国际贸易体系。

（二）建成绿色低碳能源体系，确立能源降碳主导地位

优化能源结构，建立以清洁能源为主的能源保障体系，是能源产业转型的基本要求，也是未来碳中和的根本出路。发挥各地资源禀赋优势，大力发展风力发电、光伏发电、生物质能等可再生能源，安全高效发展核电，有序发展水电，加快清洁能源对传统化石能源替代，优化新能源产业布局，大幅度提升清洁能源供给和保障水平。强化能源需求侧管理，加强工业、建筑、交通等重点领域节能，推广应用更加严格的产品节能标准，加快终端用能清洁化。大力建设数字化智能电网，实现全社会电力智能配置，积极推进能源价格体系改革，形成有利于清洁能源产业发展和社会应用的能源价格体系。发展第三方能源管理服务业，通过社会化、专业化能源管理，大幅度减少生产领域的能源浪费，切实提高能源利用效率。

（三）建设能源技术创新体系，发挥技术降碳基础作用

应对气候变化的本质是经济发展从资源依赖走向技术依赖，要重点打造节能降碳技术研发团队，加强低碳、零碳、负碳重大科技攻关，在产能、储能、用能、碳汇、碳捕获和封存等领域实现先进技术突破和广泛应用。聚焦光伏材料、氢能生产、电池储能技术，发挥现有龙头企业带动作用，构筑新能源技术研发合作平台，倾力培养和引进创新创业人才，打造新能源创新产业集群。构建和完善城市智慧交通体系，积极推广应用城乡建筑节能技术，大力扶持企事业单位和家庭适用的分布式发电技术研发，推进碳捕获和封存技术

的研发及应用，建立节能降碳技术支撑体系。

（四）完善节能降碳政策体系，激发市场降碳激励效应

节能降碳是全社会系统性工程，需要发挥有为政府和有效市场的协同作用，在科技、环保、产业、财税、金融和人才等方面构建低碳政策体系。鼓励部分地区和部分行业先行先试，探索提前实现“双碳”目标的改革举措，形成有利于向全国复制推广的改革经验。加强能源消费双控工作，积极推动和完善碳排放权、用能权交易，推进碳交易主体全行业、全领域覆盖，完善各地区和各行业碳排放配额分配方案，完善碳排放监测、报告和核查制度，防范区域间的碳转移和碳泄漏，切实维护碳排放交易公平。构建多层次、多渠道碳金融体系，创新和丰富碳金融产品，完善促进绿色低碳投资的激励机制，建立统一的环境权益要素市场。

（五）发展碳汇产业化体系，提升固碳和碳汇能力

固碳减碳是实现“双碳”目标的必要补充，要通过产业化途径提升固碳和碳汇能力。我国森林覆盖率稳步提升，要继续强化造林护林工作，优化森林林分结构，增加森林蓄积量，持续提升林业固碳能力。拓展林业生态产品价值实现途径，在生态公益林、天然林、重点区位商品林等大力发展林业碳汇项目，完善林业碳汇项目交易机制，推广和完善金融支持林业碳汇项目机制，发展林业碳汇第三方服务市场。鼓励和扶持具有固碳能力的近海生态养殖，建设固碳降碳的绿色新型海洋牧场，构建海洋碳汇核算、认证、评估体系，推动海洋碳汇交易。开展碳捕获和存储技术攻关，培育固碳产业，挖掘和提升固碳潜力。

（六）构建人与自然和谐共生体系，践行绿色低碳生活方式

实现“双碳”目标应对气候变化，是人与自然和谐共生的根本要求，也是贯彻新发展理念的必然要求。要通过各种途径广泛教育和宣传，形成绿色低碳的社会共识，推动生产方式和消费方式发生根本性转变，将简约适度、绿色低碳、文明健康的生活理念和生活方式落到实处。全方位推广绿色低碳生活方式，开展创建低碳城市、低碳社区、低碳企业、低碳家庭等行动，充分利用大数据和人工智能技术，积极为居民低碳出行创造便利条件，推广应用家庭用电智能管理系统，挖掘居民生活节能潜力。建立包括碳足迹、碳资产、碳信用的个人低碳账户系统，探索个人碳排放权征信和交易体系，督促个人为节能降碳做出积极贡献，推动建设人与自然和谐发展的现代化社会。

三、粤港澳大湾区实现碳达峰碳中和的区域合作机制思考

要实现碳达峰碳中和的目标，不仅要大力发展科技和经济，也必须加强区域合作，以实现资源优势互补，整体推进我国碳达峰碳中和工作，率先引领形成绿色低碳发展的新范式。

（一）建立碳达峰碳中和政策协调机制

国家明确提出要制定碳达峰碳中和“1＋N”政策体系，即出台一个实现碳达峰目标与碳中和愿景的指导性文件，“N”就是根据不同的领域，出台一系列指导性的政策和方案。粤港澳大湾区要充分认识经济社会发展的阶段性特点和趋势，依据经济基础、产业结构、能源结构和技术储备，做好顶层设计，尽快制定切实可行的碳达峰碳中和行动方案和各项政策举措。广东各地要充分借鉴吸收香港和澳门特别行政区在节能降碳方面的成功经验，在制定各项政策过程中充分考虑与香港特别行政区、澳门特别行政区的政策协调性，建立符合国际惯例的低碳政策协调机制，把香港特别行政区、澳门特别行政区的碳中和战略纳入粤港澳大湾区的整体布局中来。

（二）建立碳达峰碳中和技术创新合作机制

碳达峰碳中和的实现，绿色低碳科技创新至关重要，最终要落实到低排放、零排放和负排放技术在生产生活中的广泛应用。粤港澳大湾区可以发挥一体化的优势，建立碳达峰碳中和技术创新合作机制，发挥各自优势，在联合科研、教育实践、人才培养、学科建设等方面展开全方位合作，重点打造国际一流科技创新平台，加强核心攻关技术的研发。同时搭建区域间政府、企业在绿色低碳技术应用中的供需互动机制，加强绿色低碳技术的实践应用，为减排行动的落地提供可复制、可推广的经验。在发掘和创新零碳技术、负碳技术的同时，还需要加强低碳技术的示范、推广与应用，开展多层次、多领域的低碳试点建设，通过试点示范工程，推动建设零碳的示范体系。

（三）建立碳达峰碳中和新能源产业合作机制

粤港澳大湾区新能源产业发展必须充分挖掘大湾区及周边地区资源禀赋和产业市场空间，把港澳地区的资金科技优势、广东的集聚优势和基础优势转化为整体创新产业优势，需要在体制机制上为新能源产业创新发展提供支撑。加强政府间合作，强化产业合作的规划与布局工作，发挥政府在产业合作中的引导作用，建立大湾区内外部利益协调机制和法律保障机制，推动新能源产业技术创新，提升新能源产业质量和效益，提升满足碳达峰碳

中和战略需求的能源保障安全。在整合现有税收规定的基础上细化实施条例，满足新能源产业各环节、多阶段的发展需要，解决税收支持体系边界模糊的问题。

（四）建立碳达峰碳中和金融合作机制

充分发挥金融在区域碳减排中的积极作用，利用市场机制降低碳排放成本，提高碳减排效率，推动经济社会绿色低碳发展。完善大湾区绿色金融合作平台，在健全规则标准、创新产品服务、强化风险管理、完善监管政策、推进区域合作等诸多方面，共同努力推动绿色金融实现新的突破。进一步把握碳市场发展的机遇，探索构建区域性的气候投融资机制，推动碳市场、碳金融成为助力零碳发展目标实现的重要政策工具。推动形成跨区域碳补偿和碳排放交易机制，打通碳交易市场与绿色权证市场、绿色信贷市场和绿色资本市场的衔接，探索对接全国碳交易市场和国际碳交易市场。

我国住房消费统计方法变革研究

唐永达　杜明月①
（北京工商大学）

一、自有住房核算的主要方法

改革开放以来，我国是全球发展最快的主要经济体之一，经济面貌发生了翻天覆地的变化。21 世纪以来房地产领域的突飞猛进，彻底改变了我国居民的居住条件，房地产业也随之成为国民经济的支柱产业。鉴于房产在供给端和消费端都具有极其重要的地位，以及我国目前采用的核算方法的缺陷，亟须采用科学的方法，进行自有住房的经济统计。

根据相关材料，本文在此总结了目前国际上关于自有住房、抵押贷款费用、重大维修护理费用的几种主流处理方式。以 CPI 为例，全球主要经济体在自有住房统计上采用的主要方法如表 1 所示。

表 1　自有住房统计方法

统计方法	排除法	用户成本法	等值租金法	支出法	购置法
住房属性	纯资本品	资本品 + 耐用消费品			耐用消费品
统计方式	住房的相关费用不计入 CPI	作为一个家庭在单位时间周期内按照固定折旧率所承担的成本	按照同一时间内同一类型住宅的相应市场租金价值对住宅使用所产生的服务进行估价	只衡量与拥有和居住房屋相关的实际现金流出	居民部门从其他部门购买的新住宅但不包括土地
优点	符合西方经济学关于住房的定义	便于计算	体现了机会成本的思想	简单直接、易操作	使用的范围最广
缺点	产出的指标代表性有限	折旧率有待商榷	含有大量插补数据	难以衡量全部用户成本	缺乏国际可比性
使用国家和地区	法国、意大利	加拿大、中国	美国、德国	爱尔兰	澳大利亚、欧盟

① 作者简介：唐永达，北京工商大学硕士研究生；杜明月，北京工商大学博士研究生。

我们注意到，加拿大经济统计专家 Diewert 从理论上提出了机会成本法。按照他的解释，OOH 的有效机会成本不是财务用户成本或租赁机会成本，而是两者的最大值。但这种方法处理 OOH 的方式太新了，鲜有统计机构做尝试。如果这种统计方式被采纳，那么在房地产周期的某些时候，用户成本将取代市场租金，成为自有住房的“正确”定价概念，将极大地影响消费者价格指数和货币政策的实施。

目前，我国使用的统计方法主要是用户成本法，大量的文献研究表明我国现阶段的房屋统计方式是相对滞后的，赵奉军和高波（2014）提出只要一个国家房屋存量在市场中租赁房的比例超过 10%，就可以考虑采用等值租金法来估算自有住房服务的虚拟租金①。尽管我国早已达到了该门槛，改革却没有如期而至。同美国的对比，OOH 的租赁服务是美国国民账户中最大的估算数据，目前每年超过 1.4 万亿美元，占家庭消费的 11.4%。而我国自有住房服务消费仅占家庭消费的 6% 左右，这是不正常的，不少学者也发现了这一问题，经过他们的调整，这个比例回升至与美国相当的 11% ~14%。这充分说明了我国住房核算方法已经不再适应我国经济的发展，该核算方式正在影响 CPI 和 GDP 等核心指标的准确性。同时各类标准的更新速度较慢，比如折旧率。2010 年之前，城市折旧率为 4%，乡镇折旧率为 2%；2010 年之后，城市折旧率改为 2%，乡镇折旧率改为 3%。虽然这样的改动影响很大，但更新的速度是不够的。

二、净购置法的国际经验借鉴

澳大利亚、新西兰在自有住房核算中采取的购置法，是将自有住房价值中的土地价值扣除，将剩余的部分作为耐用消费品来处理。从逻辑上看，土地的稀缺性才是房地产价值增值的根源，而剥离了土地的房屋与房车、居住用的集装箱或者帐篷并无本质区别。我们高度认同这种统计方法。

本文梳理澳大利亚和欧盟对自有住房采用净购置法的统计实践和探索，希望能从中找出一条契合我国未来的变革之路。

1. 澳大利亚的统计经验

在澳大利亚拥有住房被认为是一个关键的文化标志，每个自有住房下都被认为住着一户负责任的公民。据统计，2016 年，澳大利亚约有 990 万套私人住宅，平均每户有 2.6 套。1966 年，大约 70% 的住房是自住的，虽然大约一半的自住住房是按揭购买的，但却是自有住房拥有率最高的国家之一。其余的是租来的住房。澳大利亚各地的自有住房率存在显著的地区差异，反映了平均年龄差异（例如老年人往往比年轻人拥有更多的住房）和

① 赵奉军，高波．重估中国住房消费[J]．现代经济探讨，2014(7)：19－23.

社会经济差异。

澳大利亚将消费者价格指数定义为衡量商品和服务“篮子”价格的季度变化（2018年开始探索每月更新）占消费物价指数人口群体（即大都市家庭）支出的比例。这个“篮子”涵盖广泛的商品和服务，包括食品和非酒精饮料、酒精和烟草、服装和鞋类、住房、家具和家庭设备及服务、健康、运输、通信、娱乐和文化、教育、保险和金融服务等。大城市包括悉尼、墨尔本、布里斯班、阿德莱德、珀斯、霍巴特、达尔文、堪培拉。

澳大利亚被认为是最早确立了净购置法的国家。澳大利亚2018年发布的《居民消费价格指数指南：第17版方法说明》（*A Guide to the Consumer Price Index*：17*th Series methodology*）中的“住房组”如表2所示。

表2 澳大利亚《居民消费价格指数指南：第17版方法说明》中的“住房组”

组	子组	支出类别	项目示例
住房	租金	租金	租金实际上支付给私人或政府，包括住房当局，由租户或子租户占用配置家具或未配置家具的房地作为他们的主要住所
	居民购买新住宅	居民购买新住宅	新建住宅（不包括土地），对现有住宅和固定电器（如制冷和/或供暖系统、洗碗机、热水系统和烤箱）进行重大改进
	其他住房	住宅的维护和修理	购买的产品和材料，如油漆和清漆、渲染、石膏等，用于对住宅进行轻微维护和修理；水管工、电工、木匠、油漆工等从事住宅的小型维修服务
		物业价格与费用	州和地方议会财产的费率和收费，除了水和污水
	公用事业	水和下水道	供水和排污费
		电力	电力供应和使用费
		天然气和其他家用燃料	电源和罐装煤气以及其他家庭燃料（如木柴）的供应和使用费

该指南系列从1948年9月开始编制到2017年12月（2018年1月发布第17版）平均更新年限为4.1年，2000年之后一共更新了4个版本，平均更新年限为4.5年，整体更新速度略有下降，且关于净购置法的问题没有继续加以讨论，而仅仅是对住房在CPI的占比方面进行调整。

在每个系列的新版本正式发布之前，澳大利亚统计局都会发布关于该版本的评估结果。其中包含了对该版本预期的各种变化——人口的覆盖、商品种类的覆盖范围、种类更改的原因以及部分居民和用户的评测和见解，具有很高的代表性。根据1997年发布的第13次澳大利亚消费者价格指数系列评估结果（Outcome of the 13th Series Australian Consumer Price Index Review），明确提出要将抵押贷款利息剔除掉，取而代之的是房屋购置的新支出类别。澳大利亚统计局提出：“在当前的CPI中，消费要素表现为抵押贷款利息、地方政府的利率和收费、房屋维修保养费用和房屋保险费用。在新的系列中，消费要素将表现为购买住房（不包括土地）、地方政府的费率和收费、房屋维修和保养费用以及房屋保险费用。”

通过文件我们还发现，澳大利亚统计局迟迟没有将净购置法引入的主要原因是一些购置住房的变动导致一些金融费用无处安置，这些费用在后续的版本中被纳入了一个新的类别。表 3 为第 12 版（左）和第 13 版（右）住房组的对比。

表 3　第 12 版（左）和第 13 版（右）住房组的对比

组	子组	支出类别	组	子组	支出类别
住宅	租金	私人住宅租金	住宅	租金	私人住宅租金
		政府住宅租金			政府住宅租金
	具有产权的房屋	抵押贷款利息		公共事业	电力
		政府收费			天然气
		房屋修理和维护			其他家用燃料
		房屋保险			水和排污
	—	—		其他住房	房屋购置
					物业费用
					住宅修理维护
					住宅保险

资料来源：Australian Bureau of Statistics. A Guide to the Consumer Price Index：12th/13th Series Methodology1994/1997［Z］.

综上可知，澳大利亚是一个具有自有住房传统的国家，十分重视自有住房的拥有权，这和中国的文化不谋而合。在澳大利亚，土地虽然归私人所有，但不征收土地税；而在中国，所有土地属于国家所有。文化相近导致澳大利亚和中国都是房屋自有率很高的国家，如图 1 所示。

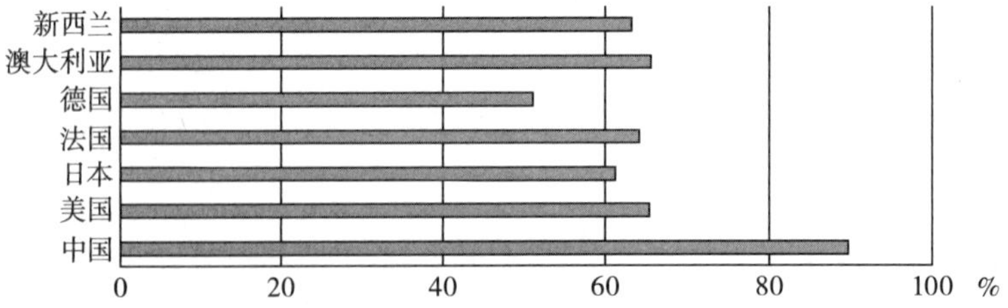

图 1　世界部分经济体的房屋自有率

2. 欧盟的统计探索

20 年来，欧盟始终致力于研究和解决自有住房问题及其相关的指标编制问题。1997 年，欧盟首度使用欧洲统一消费者价格指数（HICP），也叫调和消费物价指数。HICP 是为衡量欧元区和欧盟内消费者价格通胀的可比指标而设计的，是欧洲统计局和成员国在欧洲统计系统（European Statistical System，ESS）内进行大量协调工作的结果。随着价格统计专家不断应对快速变化的经济环境中衡量通胀的新挑战，HICP 也在不断发展。

完整的 HICP 数据集每月根据预先宣布的时间表发布，一般在参考月结束后的 16 ~ 18 天。每月欧盟统计局（Eurostat）还发布整个欧元区的 HICP 闪电（快速）估计值。它及早表明欧元区的通胀可能是多少。闪电估计值通常在参考月的最后一个工作日发布。当 HICP 首次出版（1997 年）时，对于居民自有住房的问题没有达成共识，当时审查了根据“净购置法”建立指数的可能性，发现会员国面临相当大的实际困难，不同国家的自有住房率大相径庭，如德国的自有住房率为 40%，西班牙的自有住房率高达 85%。2000 年，欧盟统计局在与欧洲央行协商后，启动了一个试点项目，鼓励会员国研究如何根据这一方法编制 OOH 指数。

欧盟委员会（European Commission，欧盟的行政部门，负责立法、执行欧盟法律和指导欧盟的行政运作）认为对于 HICP，净购置法被认为是最合适的，因为它是最符合 HICP 目的的方法，即衡量与家庭为消费目的购买商品和服务而进行的所有实际货币交易相关的总支出随时间的变化。所有其他选择或多或少使用了想当然的插补，因此偏离实际的货币交易。这就是欧盟统计局在 2000 年选择采用净购置法计算 OOH 价格指数的主要原因。2013 年欧盟理事会（European Council）出台第 2494/95 号条例（提出建立 OOH 价格指数的文件），文件中明确提出：“OOH 价格指数应基于‘净购置’的方法，衡量消费者为购买家庭部门新增的住宅而支付的实际价格的变化，以及与住宅所有权和所有权转移相关的其他成本的变化。”OOH 价格指数被要求按季度更新。

在 2013 年的报告中还提到，欧盟理事会要求欧盟统计局应在条例生效之日起五年内编制一份报告，其中应当包含对 OOH 指数是否适合纳入 HICP 的覆盖范围的说明和观点。这似乎标志着欧盟开启了一项新的探索工作：将 OOH 纳入 HICP 的探索和研究工作。针对 2013 年的 2494/95 号条例，2018 年的欧盟统计局提交的汇报中提到了以下两种观点：

（1）“家庭最终货币消费支出”，即货币交易中家庭消费支出的国民账户总额部分。国民账户将住房结构视为产生的非金融资产，将土地视为非生产性非金融资产。因此，从国民账户的角度来看，购买住房不属于家庭消费支出。这意味着，包括净购置 OOH 将扩大 HICP 目前的覆盖面。

（2）2000 年确立 OOH 价格指数的试点项目时，在欧盟统计局与欧洲央行和成员国的讨论中，有一种观点表示人们可以将土地成本视为投资（资产），将建筑本身视为消费。这种观点的理由是：虽然建筑（作为一种具有很长使用寿命的消费品）将被消耗，但土地通常保持恒定的质量和数量。这种观点认为，净购置 OOH 在概念上是可行的，可以融入

HICP，但要求为了价格和权重而将建筑和土地分开。这是欧洲央行进行讨论时所持有的主要观点。但欧洲央行同时也注意到，由于土地和建筑是作为一个整体进行出售的，而通过模型得出价格，分离意味着 HICP 不再局限于实际货币交易。此外，学术文献表明，由此产生的价格估计可能有很大的差异，取决于基本假设，也背离了初衷。这也是欧洲央行犹豫的原因。

总的来说，OOH 本身是由欧洲统计局领导了多年的项目，但是作为指标主要使用者的欧洲央行在发挥着越来越大的作用，这说明改变指标的编制和统计不仅要在指标“供给端”提质，还要让指标“需求端”充分地参与。在编制和操作层面，统计和计算 CPI 要比欧盟的 HICP 更简单（但数据采集的工作量更大），我们可以更好更及时地监测和获取房价和地价的数据，对于原始数据需要加工和处理的更少，我们需要估算的部分就更少，数据就更加准确和及时。同时我们可以采用政策手段来确立自有住房数据的覆盖范围和更新频率。

三、如何用新方法进行处理

目前，国际上更流行等值租金法，其原因可能在于：一方面，主流经济体包括美国、德国等均使用等值租金法，其他国家为了提高国际可比性也采用此法；另一方面，转变统计方式的国家转移成本较大。但对于我国来说，自有住房统计变革是非常迫切的。

让住房回归消费属性是近几年我国对楼市的基本政策定位。自 2016 年年底的中央经济工作会议首次提出“房子是用来住的，不是用来炒的”（简称“房住不炒”）以后，在党的十九大报告、十九届四中五中全会报告、“十四五”规划和 2035 年远景目标、近年来政府工作报告等重要文件中都继续强调了“房住不炒”政策。在“房住不炒”的政策语境中，房子是消费品，更准确地讲是一种耐用消费品。在上述所阐述的方法中，符合耐用消费品特征的统计方法只有净购置法。

由于自有住房的核心争论点是其双重属性问题，那么如果有合适的方法剥离其双重属性，我们应当优先选择。与此同时，我国的房屋租赁市场虽然很庞大，但却并不一定成熟，所以使用净购置法可以统一城乡的统计方式。本文建议使用净购置法进行处理：居民自有住房消费 = 购置新房的费用 + 房屋大修费用 + 房产税 − 房屋地价。

/第四部分/

国际经济问题研究

国际货币权力与美国对外货币金融制裁：理论及例证

陶士贵①
（南京师范大学）

一、国际货币权力结构

国外学者研究货币权力问题较早。1971 年 Strange 提出了金融的结构性权力。Kirshner（1995）、Cohen（2008）、Andrews 等（2006）分别从行为偏好视角、自主性及影响力两个层面，通过社会权力理论的方法对货币权力的概念进行分析论证。国内研究货币权力问题相比国外较晚。王湘穗（2008）开创性地提出了币缘政治理论的研究框架。综合这些论述，可以概括货币权力是主要国际货币的发行国所拥有的影响力与控制力。

当官方机构与私人部门将某种货币的流通使用扩展到发行国之外，此种货币便成为国际性货币。本文借鉴乔纳森·科什纳的部分观点，概括总结出国际货币权力的五种类型，见表 1。

表 1　货币权力类型及相关理论基础

序号	货币权力类型	相关理论	备注
1	自主型货币权力	贝蕾妮丝·卡罗尔（Berenice A. Carroll）提出自主权力并进行探讨	Berenice A. Carroll. Peace Research: The Cult of Power [J]. Journal of Conflict Resolution, 1972 (4): 585 – 616
2	联系型货币权力	苏珊·斯特兰奇将权力分为联系型权力和结构型权力	苏珊·斯特兰奇. 国家与市场：国际政治经济学导论 [M]. 北京：经济科学出版社，1990
3	结构型货币权力	苏珊·斯特兰奇将权力分为联系型权力和结构型权力	苏珊·斯特兰奇. 国家与市场：国际政治经济学导论 [M]. 北京：经济科学出版社，1990

① 作者简介：陶士贵，南京师范大学商学院教授、博士生导师。

续表

序号	货币权力类型	相关理论	备注
4	建构型货币权力	约瑟夫·奈提出软实力对他人偏好的塑造能力	Joseph Nye. The Powers to Leader ［M］. Oxford University Press，2008
5	威慑型货币权力	这种权力形态是笔者提出的，但也有理论提供支撑。①查尔斯·P. 金德尔伯格1973年首次提出稳定论；②1980年罗伯特·基欧汉进一步概括为“霸权稳定论”	（1）Charles P. Kindleberger. The World in Depression，1929－1939，Harmondsworth ［M］. Middlesex：PenguinBooks，1973 （2）Robert Keohane. The Theory of Hegemonic Stability and Change in International Economic Regimes，1967－1977 ［M］//Ole R. Holsti，Randolph M. Siverson，Alexander George，eds. Change in the International System. Boulder：Westview Press，1980：131－162

二、自主型货币权力与美国的对外货币金融制裁

自主型货币权力主要表现为国际货币发行国具有充分的货币自主权。蒙代尔的“不可能三角”理论表明，国际货币发行国可以在实行自由浮动汇率制的条件下，同时实现资本完全自由流动和货币政策的独立性和自主性；而非国际货币发行国若要同时实现汇率稳定或固定、资本自由流动，要以丧失部分货币自主权为代价。这也是国际货币发行国拥有自主型货币权力的理论基础。

“广场会议”是美国充分运用自主型货币权力发挥其影响力最终达到其目的的典型案例。1985年9月22日，当时的“五国集团”就美元汇率问题召开“广场会议”，达成协议对外汇市场进行联合干预，以促使美元贬值。与此同时，日元逐步升值，再加上日本实行的极度宽松的货币政策，使日本走向经济低迷的十年甚至二十年。

利用汇率打压他国是美国对外货币金融制裁的常用手法。从历史上看，美国曾将日本、韩国、中国台湾等多次列入“汇率操纵国（地区）”，产生的冲击和影响均很大。

三、联系型货币权力与美国的对外货币金融制裁

联系型货币权力又称为关系型货币权力，表示A为了自身利益，有能力通过鼓励或强制让B做某事。理查德·库珀在其著作中系统地阐述了国际经济学中的相互依存关系[①]。1977年罗伯特·基欧汉与约瑟夫·奈合作提出了复合相互依存理论，认为国与国之间相互依存因付出代价不同而分为三大类型，绝大多数是不对称相互依存。桑德拉·希普认为，

① International Monetary Fund. Quoys and Voting Shares Before and After Implementation of Reforms Agreed in 2008 and 2010. Washington. DC：IMF，2012［EB/OL］. http://www.imf.org/external/np/sec/pr/2011/pdfs/quota_tbl.pdf.

联系（关系）型货币权力的行使主要依赖于金融激励方式的提供。乔纳森·科什纳将联系（关系）型货币权力归纳为两个方面：一是货币操纵，二是货币依赖。

1956 年苏伊士运河危机中，美国充分运用联系型货币权力，通过对英国的货币金融制裁，迫使英国退兵埃及，并将英国势力排挤出中东，这是一大典型案例。在这一经典案例中，美国集中抛售英镑，被市场认为是一种正常的金融市场业务操作行为，对美国而言，外汇市场的买卖行为本身没有什么成本，而阻断英国获取国际货币基金组织帮助也是无本买卖。正是运用这种非对称的货币权力，低成本而且非常隐蔽地达到了目的，确实显示了货币金融制裁的威力。

在 2020 年疫情全球蔓延期间，为了缓解全球“美元荒”，美联储在与原有的五大央行安排常备货币互换支持的基础上，又与澳大利亚、巴西、韩国、墨西哥、新加坡和瑞典的央行各自达成不超过 600 亿美元的货币互换，与丹麦、挪威和新西兰各自达成 300 亿美元的货币互换①。而中国等其他国家被排除在美国的货币互换安排之外。

从美国对外货币金融制裁实践中可以看到，美国运用联系型货币权力，冻结或取消制裁目标国预期应得的双边援助款项，或者是世界银行和国际货币基金组织的信贷、商业融资。1984 年起美国将伊朗列为制裁对象，规定禁止所有与伊朗的商业和金融交易，禁止伊朗从中国进出口银行获得融资、出口信贷、信贷保证和出口保险等，这一限制措施不但削弱了伊朗的金融能力，而且迫使伊朗以更高的成本从其他国家商业银行寻找替代的融资。

四、结构型货币权力与美国的对外货币金融制裁

结构型货币权力，主要体现为国际货币发行国有能力塑造国际货币体系的博弈规则。结构型权力是苏珊·斯特兰奇提出的概念。科恩认为货币具有结构型权力与过程型权力双重性质，科什纳也认同国际货币权力具有双重性质，但他与科恩的观点有所区别，认为国际货币具有结构型权力和显性权力的双重性质。在国际货币权力体系中，大多数学者认同结构型权力。

结构型货币权力构成美国最重要的货币权力，也是美国对外实施货币金融制裁的根基。萨缪尔·亨廷顿在其著作中明确列举了西方文明控制世界的 14 个战略要点，将“控制国际银行体系”列在首位，可见其极端重要性。由于国际货币体系中的国际组织机构基本上由国际本位货币发行国主导，构成金融基础设施的机构也大多来自国际本位货币发行国，使其完全可以根据自己的利益和偏好，随时变更国际规则或掌控国际机构，退出或加

---

① 为缓解美元荒美联储与 9 国央行达成货币互换协议［EB/OL］. https://finance.china.com/global/11173292/20200320/37234636.html,2020-03-20.

入现有体系，不会受到较大的冲击和影响。

在国际社会中，遵守国际法和各种国际条约是每个国家应该坚持的基本准则。但自1982年以来，美国破坏承诺、出尔反尔退出的国际组织或公约已高达19个。美国曾威胁退出WTO，若成为现实，将对世界贸易组织的“金融服务贸易协定”是个沉重的打击。更为恶劣的是，2020年9月2日，美国竟然宣布制裁国际刑事法院的2名高级调查人员，冻结2人在美国的资产，并不再获准美国的签证，遭到国际社会的多方谴责。

美国充分运用其结构型货币权力主要体现在将美元作为对外制裁的“核武器”级别的手段和工具：①长期以来，美元作为主权国际性货币，享受“世界货币”的职能和作用，构建了稳固的美元霸权体系。②美国将被制裁对象剔除出美元清算渠道作为制裁他国的“撒手锏”和“夺命索”。随着美国将中国列入最重要的战略竞争对手，不排除将中国剔除出美元清算渠道的可能。③通过会计审计机构的严格审查，加强对非美国企业特别是中概股的制裁和打压。④在联合国安理会对主权国家实施经济金融制裁并无明确约束的情况下，美国有关经济金融制裁的法律甚至凌驾于国际法之上，对全球具有一定的约束力。

从上述美国构建的结构型货币霸权体系看，美国在寻求“贸易脱钩”“科技脱钩”“信息脱钩”的同时，也在寻求“金融脱钩”，进而打造一个不包括中国在内的另外一个经贸金融区域性体系，让更多的国家选边站，从而将整个金融体系分成美国金融体系和非美国金融体系，打造“美元利益共同体”，以充分发挥其结构型货币权力，获取更多的霸权利益。

五、建构型货币权力与美国的对外货币金融制裁

建构型货币权力，可以理解为货币发行国在意识层面塑造他国的认知，即一种通过无形中塑造他人偏好进而达到自身目标的能力。

美元作为国际本位币，实际上行使“世界货币”的职能和作用，极大增强了美国的“软实力”。货币主权若得到国际社会的认同，会使其币权的合法性和威权地位更加增强和固化。货币国际化同样会促使语言国际化和文化及价值观国际化。美国从20世纪70年代起就倡导的所谓新自由主义理念，随着金融全球化、经济一体化的发展而逐渐成为一种国际共识。一些拉美国家、东南亚国家受此理念的影响，在一段时期内大幅度降低外资进入门槛，大量吸引国际短期投机资本，在条件未成熟时全面开放资本市场，推进外贸自由化、利率市场化等改革，从而短期内创造了“拉美经济奇迹”、亚洲“四小龙”“四小虎”的亚洲经济奇迹。但由于产业结构没有及时升级，出口竞争加剧，出现外债偿付能力不足，加上国际投机资本的攻击，发生了拉美金融危机和东南亚金融危机。

美国利用建构型货币权力达到登峰造极的地步，是在苏联发生巨变的前后。总结起

来，美国主要通过这样几个步骤达到其最终目的：第一步，夺取财政经济主权。第二步，1989 年推动苏联进行国有企业私有化改革。第三步，全面开放苏联金融市场，通过借贷卢布逐步套购苏联国有企业的证券。第四步，推行汇率改革，将原来的固定汇率制改为卢布和美元的自由浮动汇率制。第五步，做空卢布，使外汇市场崩溃。美国的投机者通过大量发布唱衰卢布的研究报告，影响人们的预期，苏联国有企业证券的价格大幅快速下跌，人们低价恐慌性抛售，美国投机者借机低价大量收购。第六步，“剪羊毛”。在卢布汇率市场崩溃后，美国投机资本低价买入了苏联的大部分国有资产，并用少量的美元结清了其巨额卢布债务。

六、威慑型货币权力与美国的对外货币金融制裁

威慑型货币权力指通过冻结或没收对方资产等威慑、胁迫行为使对方感到恐惧、屈服的货币权力，目的在于迫使对方改变原有的做法；即便未能达到预期目标，制裁本身的“信号表达”功能无论对目标国、第三方，还是发起国内部，都具有强烈的宣示意义。具体释放为三种信号，分别是决心性、象征性以及讨价还价。

冻结或冻结并没收被制裁对象的资产，是由威慑型货币权力引发的货币金融制裁的最常用手段之一。

特朗普执政后，美国政府充分利用威慑型货币权力对中国极限施压，并在多个领域进行全方位、多领域制裁。以中美贸易摩擦为起始，2018 年至 2020 年 8 月共有 10 个批次 296 家中国企业受到美国制裁。列入制裁名单中的大多是中国的高科技企业，除了难以购买美国的科技和含有美国科技的产品外，还难以得到金融机构的金融服务，受到的影响和冲击很大。

七、结论与启示

美国利用其自主型货币权力、联系型货币权力、结构型货币权力、建构型货币权力和威慑型货币权力，对他国实施货币金融制裁，以打压威胁美国经济金融地位的其他经济体，维护美国各方面在国际上的霸权地位。可以看出，美国的货币权力体系有力支撑了美国的货币金融制裁体系，同时，美国货币金融制裁的常态化和泛化对其货币权力的固化同样起到促进作用。在短期内难有另一种货币替代美元行使“世界货币”各项职能和权力外，“去美元化”可能是一场“持久战”。

（一）加强对美国货币权力体系及货币金融制裁架构、运行机理的研究，探寻破解之道

美国已将货币金融制裁作为对外金融外交的最重要手段，这种无形的威慑力已在各个领域产生巨大的影响，甚至已严重影响到正常的国际经济金融运行。按照美国对外制裁的逻辑轨迹，未来很可能会出现中美经济金融的部分脱钩。美国的对外制裁之所以有如此大的威慑力，是与美国货币权力息息相关的，须对其权力结构和运行机理作全面、深入的剖析和研究，从根本上破解美国的货币金融制裁。

（二）逐步完善金融基础设施和推进人民币国际化，大力提升中国的货币权力与地位

应充分认识到币权是一国最重要的主权，同样神圣不可侵犯。面对巨额的海外权益，必须采取严厉的反制措施，同时尽快出台《中国海外资产安全保护法》，填补法律上的空白。

尽管中国作为世界第二大经济体，货币国际化程度在提升，但人民币地位与位居第一的美元相比差距仍很大，与中国的国际经济地位仍不吻合，币权仍有相当大的提升空间。应充分利用有利时机，进一步完善人民币跨境交易系统（CIPS），推进人民币的“国际普遍可接受性”，促使人民币在国际计价结算、投资交易、国际储备中被广泛接受和认可，实现人民币国际化的主动性、可控性和渐进性。

（三）建立中国特色的货币金融制裁与反制裁体系，着力强化反制裁措施和效果

实际上，中国将损害香港特别行政区的美国基金会、11 位美国个人及对台军售的美国军工企业都列入了制裁名单。但在金融领域，制裁措施尚未开展。未来随着人民币国际化的稳步推进，人民币在国际结算、投资、金融交易和国际储备中的市场占用率将逐步提升，中国贸易和投资的机会和盈利空间巨大，加之人民币大宗商品市场的进一步扩容，未来中国的消费市场会更大，中国可以利用这些优势，对损害中国经济金融利益、破坏金融市场秩序、违反相关法律法规的外国机构和个人实施相应的货币金融制裁措施，甚至责令违规者退出中国的金融市场。

同时，建立反制裁体系。可以建立中国的阻断法令，被美国制裁的中国企业无须遵守相关制裁法案，并索赔损失及冲销外国法院基于制裁法案所做判决的影响。另外，若美国冻结或没收中国的在美资产，中国要有相应的预案和反制裁措施。

（四）健全国际组织体系，联合更多的经济体抵制美国的货币金融霸权和“制裁外交”

美国利用货币金融霸权，受到国际上很多国家的谴责。中俄应联合欧盟等经济体，充分发挥在国际组织中的职能和作用，健全相关规则和体系，通过国际规则和国际公约来保证国际组织的正常运转，让更多的经济体受益于全球化。在推进“去美元化”的过程中，利用各国发展法定数字货币的有利时机，积极探索和尝试双边或多边的支付清算形式，扩大货币互换的范围，根据双边的贸易投资份额有效规避美元制裁体系。另外，美国目前已成为最大的国际债务国，基于此，国际社会应建立国际债权人共同体，对美国的财政支出用途提出相应的建议，同时约束其滥用货币霸权，真正保护国际债权人的合法权益。

20世纪70年代滞胀到金融海啸资本主义经济波动特征的分析

徐则荣　刘　金[①]

（首都经济贸易大学）

一、1966—2009年资本主义经济周期性波动的特征分析

范·杜因在他的著作《创新随时间波动》中认为第四次经济长波形成的主要动力是汽车与电子计算机技术创新，并将1948—1973年划分成第四次经济长波的前两个阶段，即1948—1966年的繁荣阶段、1966—1973年的衰退阶段。陈漓高等延续了范·杜因对世界经济长波阶段的划分思路，对1973—1982年和1982—1991年分别是第四次经济长波的萧条阶段和复苏阶段进行了划分，1991—2009年则是第五次经济长波的繁荣阶段[②]。由于20世纪70年代的经济滞胀受到1966—1973年的政策等因素影响，为了更合理地对20世纪70年代滞胀到金融海啸期间的资本主义经济波动特征进行分析，这里根据范·杜因、陈漓高等对经济长波阶段的划分标准，并参考周金涛对经济长波拐点的选取和长波运行的趋势特征，对1966—2009年资本主义经济长波的波动趋势、资本主义经济的产出缺口等指标的变化趋势运用图1进行了描绘。[③][④]

---

① 作者简介：徐则荣，首都经济贸易大学经济学院教授、博士生导师；刘金，首都经济贸易大学经济学院博士研究生。

② 陈漓高，齐俊妍，韦军亮．第五轮世界经济长波进入衰退期的趋势、原因和特点分析[J]．世界经济研究，2009(5)：3－11＋87.

③ 周金涛．涛动周期录：周期波动尽平生（上册）[M]．北京：机械工业出版社，2019：279.

④ 周金涛对1790—2012年的康德拉季耶夫周期和熊彼特创新周期的趋势进行了绘制，借鉴周金涛选取的时间拐点与标志性事件，文章绘制了1966—2012年的经济长波趋势图，其中1973年的第一次石油危机，是衰退走向萧条阶段的拐点；1982年的里根改革，是萧条走向复苏阶段的拐点；1991年信息技术创新和信息产业兴起，是复苏走向繁荣阶段的拐点；2009年的金融海啸爆发，是繁荣走向衰退的拐点。

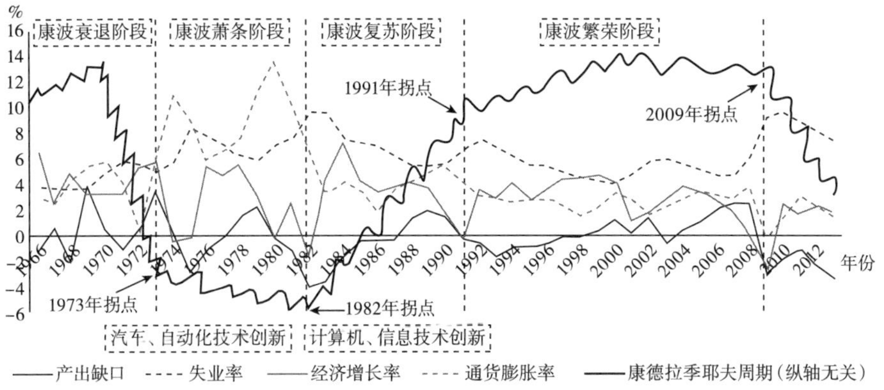

图1　1966—2012 年资本主义经济波动情况①

（一）长波的四个阶段是资本主义经济波动的普遍规律

1. 衰退期的多重因素促使滞胀危机形成

造成经济停滞的因素很多，在产业技术层面，石油、汽车、钢铁工业等传统技术产业对经济增长的带动力量变弱，以计算机、控制仪器与宇航为主的高新技术产业还未形成明显拉力，这就使拉动经济增长的新旧动能的衔接出现了割裂。在国际环境层面，美国对外贸易差额（净出口）持续下降，从 1966 年的 29.39 亿美元下降到了 1972 年的 -54.43亿美元，进而导致依靠出口拉动美国经济增长的动力减弱。美元超发引起的国际信用危机一定程度上影响了美元在国际上的流通性，进而限制了美国通过美元霸权掠取世界财富来维持国内经济增长。在劳动力就业层面，从图 1 可以看出，20 世纪 60 年代末到 70 年代初的失业率持续上升，而失业率的上升反过来遏制了产出增加与经济增长。造成通货膨胀的因素主要集中在政府层面，财政赤字与持续累积的国债是产生通货膨胀的直接原因。如美国约翰逊政府在 1965 年推行的减税与反贫困救济激励政策，客观上推动了通货膨胀。

2. 萧条期的经济改革带来复苏机遇

1973 年是资本主义经济由衰退阶段转向萧条阶段的拐点，而这个萧条阶段一直持续到 1982 年，其间经济增长停滞、物价飙升与失业率增加成为滞胀危机的基本特征。1971 年尼克松政府推行的削减开支和减少干预等政策，一定程度上遏制了经济增长与稳定就业。1975 年福特政府采取了紧缩货币与信贷的政策，但是通货膨胀依旧严重。为了应对经济衰退，福特政府又推行了削减所得税、加大税收补贴等措施来刺激投资和生产。1978 年卡特

① 资料来源：Wind 数据库、CEI 数据库。

政府实行了自愿限制工资和物价上涨的政策，并推行了减税方案以解决通货膨胀问题。虽然成效不太显著，但是这些政策为后来的里根政府改革积累了经验。1981 年里根政府接受了供给学派的主张，推行了“经济复苏计划”，分别采取了紧缩的货币政策、对企业进行减税，并同时减少国家对企业的干预、削减财政开支、对外借入国债等重要措施，以刺激经济复苏。1982 年里根政府的改革措施对经济转入复苏起到了直接作用。

3. 复苏期的金融自由化加速了泡沫形成

1982—1991 年处于长波复苏阶段，这是由多种因素共同推动形成的。直接因素就是里根政府运用供给学派的政策主张进行了自由化改革，这客观上加速了资本主义经济的金融资本自由化进程。由于利润率的高低是影响金融资本流向的直接因素，从税后利润率与资本积累率之间的关系来看，1982—1991 年美国的金融类公司利润率维持在 10% 左右，而非金融类企业的利润率只有 6% 左右①。虽然非金融部门的利润率在持续上升，但是资本积累率却有下降趋势，两者的“剪刀差”持续扩大，这说明非金融部门有大量的资本流向了金融部门。金融自由化与信息技术创新使股票和证券等金融市场的全球化运行更加高效，并在短时间内形成了很多跨国金融巨头。自由化的金融资本快速流入盈利行业并形成泡沫，这对 1982—1991 年的经济复苏起到了重要作用。这次经济长波复苏期形成的表层原因是里根自由化改革、金融化与信息技术的推广与扩散等，而深层原因则是资本主义生产关系与生产力在调整后短期相适应的结果。

4. 繁荣期信贷泡沫破裂导致金融海啸爆发

当信息技术革命使个人电脑、互联网行业的利润丰厚时，金融资本就迅速进入这些领域并形成互联网股市泡沫。随着互联网企业的成本快速增加，每年承受的成本亏损不能支撑起持续扩张的股市泡沫，便导致 2001 年互联网泡沫的破灭。2001 年美国的小布什政府采取了减税政策并支持自由贸易，这使 2002—2004 年的国债利率持续下降。金融机构加快房地产的金融化并刺激居民住房消费，导致居民储蓄快速下降与债务迅速增长。其中家庭债务占个人支配收入的比重由 2001 年的 95% 持续攀升至 2007 年的 125. 6% 。与之相对应的是房价也在急速上涨，2001—2009 年平均住房价格指数为 140% ，最高值甚至达到 157. 1% 。房价的上涨反而激发了房地产的投机热潮，为了充分挖掘金融资本在房地产领域攫取利润的潜力，金融机构向还款能力较弱的贫困居民发放“次级房屋抵押贷款”，这将房地产金融泡沫推向了高峰。信贷违约的增多使泡沫逐渐破裂，最终导致危机爆发并引发席卷全球的金融海啸。

① BAKIR, E. Neoliberalism, The Rate of Profit and the Rate of Accumulation [J]. Science and Society, 2010(7):323 - 342.

（二）不同资本主义经济体的经济波动存在特殊性

历史经验表明，不同经济体可以通过重大技术创新主导经济长波，并在不同时间段表现出各自的特殊性。表 1 是重大技术创新与主导世界五次经济长波变迁的经济体的情况。①

表 1 重大技术创新与主导世界五次经济长波变迁的经济体

	重大技术创新	跨越时间段	主导经济体
第一次长波	蒸汽机技术与纺织业	1782—1845 年	英国
第二次长波	钢铁冶炼与铁路技术	1845—1892 年	英国
第三次长波	电气技术与重工业技术	1892—1948 年	美国
第四次长波	汽车与电子计算机技术	1948—1991 年	美国、日本与欧洲
第五次长波	信息技术与人工智能	1991 年至今	美国等

资料来源：由笔者搜集整理。

从表 1 可知，前两次经济长波都由英国主导，而第三次长波的主导国则由英国转移到了美国，第四次长波虽然出现了多个经济体主导的局面，但是美国仍然是主导经济长波的核心。在 1966—2009 年，美国是发达资本主义经济的中心，拥有最发达的技术水平和最完善的金融体系，然而资本主义的根本矛盾也表现得最为尖锐，这样美国就必然多次成为经济危机的输出源地。由于经济危机的传导依赖于全球发达的金融体系，资本主义经济一旦发生剧烈波动，欧盟、日本和韩国等发达资本主义经济体很快就会遭受冲击。而那些欠发达的资本主义国家，由于危机传导机制较弱，受冲击的时间也会滞后。这就使经济波动在不同资本主义国家之间的表现产生较大差异。

1. 美国是 1966—2009 年经济长波的主导者

1966—2009 年，全球处于电子计算机和信息通信两次技术创新的交叠期。美国的技术创新在经济长波运行中快速传播，推动了欧盟、日韩等发达资本主义经济体的技术引进、运用与再创新，这加速了发达资本主义经济体的复苏和繁荣。而美国形成的 1973—1975 年的滞胀危机、20 世纪 90 年代互联网泡沫危机和 2008 年的金融危机，都对欧盟、日本、韩国等资本主义经济体造成了不同程度的冲击与破坏。美国不仅控制着世界顶尖的核心技术，还控制着全球金融体系与市场资源，所以美国既主导着资本主义经济复苏和繁荣的速度与程度，同时又决定着经济危机对它们的冲击时长与破坏程度。

2. 其他发达资本主义经济体首先承接美国经济波动

1966—2009 年，欧洲、日本、韩国等发达资本主义经济体在汽车技术、计算机技术、

---

① 范・杜因．创新随时间波动[M]//现代国外经济学论文选：第十辑．北京：商务印书馆，1986.

信息技术与金融自由化的推动下，实现了经济的快速增长，形成了比较发达的金融体系与市场机制，但是金融资本的过度自由化和全球化也加深了美国的经济危机对发达资本主义经济体的危害。比如1980—1982年的滞胀危机虽然率先爆发于英国，然后波及比利时、日本等多个发达资本主义经济体，而实质上这次危机仍是1973—1975年美国经济滞胀危机的延续。签署《广场协议》后的日本经济深受美国金融自由化与美元贬值的影响，1986—1990年形成房地产领域的泡沫，不久后泡沫破灭，日本经济陷入了停滞。从20世纪70年代的滞胀危机到2008年前后的金融海啸，由美国引发的历次经济危机都率先对发达资本主义经济体造成了严重的破坏。美国是经济波动危机的主导者，其他发达资本主义经济体只能被动地承接了历次波动危机。由于其他发达资本主义经济体既要承受美国经济波动危机带来的外部冲击，还要承受内部矛盾引发的经济波动，所以发达资本主义经济波动呈现出了波动周期短、波动强度大、波动影响深远等特点。

二、资本主义经济波动形成的原因分析

（一）重大技术创新是长波形成的根本原因

在1966—2009年的长波周期中，美国、日本与欧洲等发达资本主义经济体先后经历了1966—1991年的汽车、电子计算机技术革命和1991—2009年的信息技术革命。虽然金融市场、政策变动等因素与资本主义经济波动紧密关联，但是重大技术创新才是带动生产力飞跃、促进长期经济增长、形成经济波动的动力源泉。信息技术极大地提升了股票、证券的交易效率，推动了金融资本扩张，短期便出现了互联网与房地产泡沫，进而形成资本主义经济的繁荣局面。但是由于技术创新带来的生产力进步不能支撑起快速膨胀的泡沫经济，经济由繁荣阶段很快进入了衰退阶段。前四次重大技术创新的变化与形成的四次长波周期的更迭，便说明了技术创新是主导长波形成的根本原因。

（二）政策与市场等因素是推动资本主义经济波动的特殊原因

熊彼特的技术创新理论对康德拉季耶夫长波周期形成的根本原因进行了合理的解释。但是仅仅通过技术创新来解释资本主义经济波动是不够的，经济波动的形成还会受到各方面特殊因素影响。这些特殊原因包括市场扰动、政策变动、自然灾害、社会意外事件的发生等。市场扰动因素方面，包括市场主体的债务危机、投机交易等。市场主体还会通过投机手段获取利益，金融市场尤其明显。政策变动方面，包括政府的增税降税、货币利率变动等政策。如尼克松通过削减财政开支缓解通货膨胀反而加速了失业率的上涨，进而引发经济波动。社会意外因素方面，包括流行疾病、恐怖事件、区域战争等，如非典型肺炎造

成2003年的东南亚经济增速降低了1%，美国的产出缺口降到了-1%，同时期的通货膨胀率也持续上升。自然灾害方面，地震、飓风、旱涝等也会影响经济波动，如1995年日本阪神大地震使日本股市下跌了近25%，并造成投资活动减少、经济波动加剧与经济增速减缓的后果。

（三）资本主义制度问题是造成经济波动危机的本质原因

马克思认为资本主义经济存在不可调解的基本矛盾，① 这些矛盾随着资本主义的不断发展而更加凸显，最终造成资本主义经济剧烈波动并走向经济危机，它们是资本主义经济波动的本质原因。资本的贪婪与逐利驱使资本主义经济对劳动的剥削更加严重，剥削的方式更加多样、更加隐蔽，导致劳动收入分配更加极化，资本主义内部矛盾也被激化。1966—2009年，资本主义经济的生产力虽然得到了发展，但是剩余价值率也在逐年攀升。以美国为例，1966年的剩余价值率为1.9%，到2007年就持续攀升到了3.5%。资本对劳动剥削加剧的同时，对利润的嗅觉也更加灵敏。当信息技术革命给互联网行业带来利润时，资本很快就涌入互联网行业并形成互联网泡沫；当房地产行业能够带来利润时，资本很快就涌入房地产行业形成房地产泡沫。资本主义制度缺乏对金融资本市场的有效监管体系，导致金融资本追逐剩余价值更加疯狂。当前，金融资本借助股份制与跨国公司等工具手段，使资本主义国家的社会资源与财富更加集中、收入分配更加极化。社会有效需求的不足，使资本主义产能过剩等结构性危机更加明显，资本主义生产力越发达，暴露出的矛盾就越凸显。只要资本主义制度问题未得到根本的解决，资本主义经济波动危机就不会结束。

① 即生产的社会化与生产资料私人占有之间的矛盾。这个基本矛盾有两个表现：一是生产无限扩大的趋势与劳动者有支付能力的需求相对缩小；二是企业生产的有组织性与社会生产的无政府状态共存。

后疫情时代的全球价值链重构研究

——基于马克思主义经济学视角

崔顺伟　王婷婷　朱世婧[①]

（天津外国语大学）

一、全球价值链重构的关键因素

（一）马克思主义经济学视角

从单个资本价值链循环来看，企业是追求剩余价值的，资本在追求剩余价值最大化的驱动下，不断进行创新，以求得技术的改进，缩短劳动时间，获得超额剩余价值。此外，需求和同行竞争也是影响单个资本循环的购买、生产、销售三个阶段的因素。从社会价值链来看，社会需求，即对生产资料和消费资料的需求，推动着社会价值链正常循环。同样，与单个资本价值链循环一样，技术进步也是社会价值链的根本驱动力。全社会的技术进步使得单个企业的超额剩余价值转化为社会相对剩余价值，整个社会的效率在不断提升，社会再生产也得以顺利进行。

按照马克思主义经济学的观点，影响全球价值链重构的关键因素如图 1 所示。

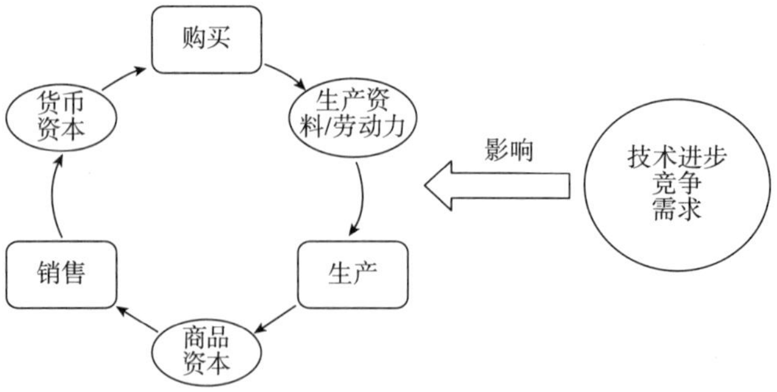

图 1　影响全球价值链重构的关键因素

① 作者简介：崔顺伟，天津外国语大学国际商学院副院长、教授，长期从事马克思主义政治经济学理论研究；王婷婷（通讯作者），天津外国语大学国际商学院研究生；朱世婧，天津外国语大学国际商学院研究生。

（二）西方经济学视角

全球价值链的思想是在价值链的基础上提出的：关于价值链的思想首先在管理学中提出，Michael Porter 认为企业价值链就是在设计、生产、销售、配送以及辅助活动中形成了能够创造价值的生产链。而后，Bruce Kogut（1985）认为价值链是技术、劳动力、原材料投入等的有效组合，企业全球战略即是关于价值链各个功能环节的配置问题。Krugman（1995）探讨了企业将价值链各环节在全球进行空间布局的能力，突出了价值链治理模式与产业空间转移两者关联性问题的研究。此后，Arndt 和 Kierzkowski（2001）使用“片段化”（Fragment）来描述生产过程的分割现象，生产可以由全球不同的企业分工合作完成。Gary Gereffi（2001）在全球商品链的基础上提出全球价值链的概念，跨国公司进行跨地域生产，价值链包含着设计、生产、组装、营销、售后服务等一系列环节，但每个环节的利润程度各不相同。联合国工业发展组织（UNIDO，2002）也对全球价值链的概念做出了定义：全球价值链是一种全球范围的生产活动，该生产链涵盖商品生产与服务环节，企业参与不同的环节获得不同的利润。本文引入价值链“微笑曲线”去看不同环节的附加值（见图 2）。在企业的各个环节中，研发设计和品牌运作属于高附加值的生产活动，而中间的加工制作则处于低附加值区域。和马克思主义经济学视角一样，都涉及了生产、销售等环节，全球价值链重构的关键因素，就是和这些环节息息相关的劳动力、生产资料、技术、需求、运输等。因此，接下来我们将重点关注疫情的冲击影响全球价值链关键因素的变化。

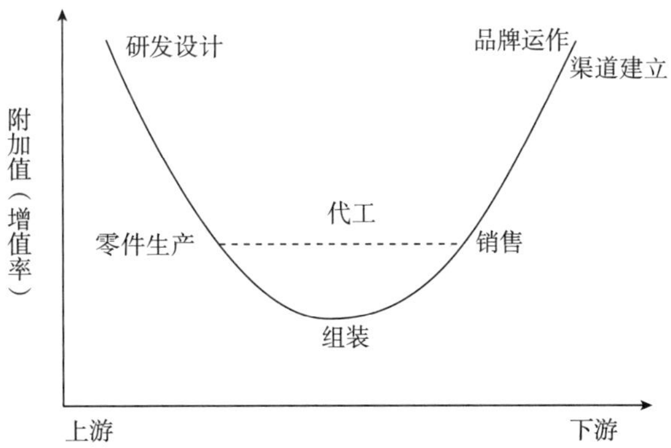

图 2 微笑曲线

二、疫情冲击后全球价值链中关键要素的变化

（一）劳动力变化

低收入群体就业受疫情影响最大①。提供给低技能劳动力的劳动岗位进入门槛低，所以低技能劳动力具有易被替代的特点。疫情冲击后，有两个矛盾逐渐凸显。一是低技能劳动力容易被替代与劳动力需要满足必需的物质生活资料的矛盾，二是劳动力的职业选择中稳定性高的职业与不稳定岗位之间的矛盾。在疫情冲击下，一部分失业者在停工期间开始准备考研、考博或者考公务员，劳动力素质普遍提高对实现产业结构升级、经济高质量发展都有利。另外，一些易受外部冲击的岗位，可能在相当长的时间内不会是劳动力的第一职业选择，职业的稳定性将会是劳动者在选择职业时的重要考量因素。

（二）交通运输

交通运输是使得各个环节联系起来的纽带，在价值循环的过程中，交通运输使得购买、生产、销售连接起来，使得各个环节得以顺利进行。随着全球化不断发展，购买、生产、销售的三个阶段已经不单单是在一个国家进行。疫情以后，各国都有不同程度的封国，交通运输不能正常进行就阻碍了生产资料的跨国自由流动，第二部类不能及时得到生产资料，第一部类不能及时得到消费资料，社会价值链就不能正常地循环，社会再生产就不可以顺利进行。

（三）产业结构

产业结构是国民经济中各产业之间的比例，产业结构升级就是要各个产业的比例更加协调。近年来，中国已经进行了产业结构升级，具有知识和技术密集型的高附加值的产业在国民经济中的比重越来越大。疫情冲击前后，产业间也出现了新的变化，主要是低附加值企业受到冲击，高附加值企业不断发展。传统的制造业在疫情期间受到了重创，表现在以下三个方面：一是物质生产资料由于运输等受阻，不能及时获得；二是劳动者由于疫情停工，不能及时到岗；三是销售环节也受制于库存和交通运输。而相对应地，依托于大数据的企业顺应趋势快速发展起来，在线教育、在线办公、电子商务等蓬勃发展。疫情冲击后，淘汰或者阻碍了一批低效率的低附加值企业，使得高附加值企业有了更大的市场空间，也使得企业逐步转型。上述产业结构的变化，会导致生产资料不足，消费资料较多，

---

① 《新冠疫情对劳动力市场、中国及全球产业链的影响——基于招聘大数据的分析和预测(上)》。

两大部类之间的比例出现一定的失衡。

（四）需求的变化

疫情期间，人们被迫居家隔离，线下消费受到了冲击，线上消费、娱乐成为主流趋势。例如，一家高端时装零售商在2020年3月线下销售额下降了约50%，线上销售额却增长了60%。目前，疫情控制较稳定，线下消费虽然缓慢增长，但消费者需求也在不知不觉中发生了变化。疫情让“健康”的重要性凸显出来，消费者也越来越考虑到绿色消费、健康消费等。消费者需求的变化，影响着企业的战略决策。

（五）贸易保护主义

受疫情冲击，产业链紊乱，一些国家已经意识到需要增加本国产业的抗风险能力，开始注重本国工业的发展，以提高本国工业的独立性，从而更好地应对外部冲击，这一举措也助长了贸易保护主义的思想。近年来，逆全球化思潮愈演愈烈，据WTO统计，20世纪90年代以来，关税壁垒事件平均每年都达到260件左右。疫情冲击以后，各国进出口均有减少，为保证本国生产，美国、日本等国家在新冠疫情流行期间都采取了贸易保护主义。疫情冲击以后，贸易保护主义也会在相当的一段时间内存在。

三、全球价值链重构的动因分析

全球价值链的重构本质上是资本增值的需求。资本逐利性像是一双无形的大手，推动着发达国家和发展中国家打破旧格局，试图占据全球价值链最有利的位置，让资本源源不断地流入本国。全球价值链的重构，是发展中国家和发达国家共同推动的结果。

（一）发达国家维护地位的需要

20世纪80年代，冷战结束，以欧美为首的西方国家凭借自己的技术和资本优势在发展中遥遥领先。近年来，发展中国家如中国也在不断崛起，发达国家在国际分工体系中的地位受到了威胁。现阶段，诸如美国、法国等发达国家疫情还在不断蔓延，疫情激化了国内本有的社会矛盾，尤其是资本主义国家巨大的贫富差距问题。发达国家外部有着被先进的发展中国家赶超的压力，内部有着疫情激化的社会矛盾，实现经济发展、维护其领先地位成为发达国家重构全球价值链的动因。

（二）发展中国家产业升级的需要

西方经济学家生命周期理论描述企业从开始进入到被市场淘汰的整个过程，用“微笑曲线”描述产业链每个阶段附加值的高低。发达国家由于掌握着先进的技术，在产业竞争中处于先行者地位，处于“微笑曲线”的两端；在生产全球化的过程中大部分发展中国家从事加工贸易，处于“微笑曲线”的中间区域，也是附加值最低的地方。西方经济学认为这是经济全球化和分工的结果。但马克思主义经济学的观点认为，发展中国家现在所处的中间位置，是发达国家的先进企业对发展中国家企业的剥削。疫情之前，发达国家的企业利用先进的技术，具有成本和规模优势，使得行业进入门槛增加，存在进入壁垒，致使发展中国家企业发展缓慢。现在由于疫情的影响，生产资料流通环节受阻，这对国内企业来说，是一个良好的机遇。抓住时机，进行产业结构升级，向“微笑曲线”的两端迈进，在国际分工体系中获得领先地位，成为发展中国家重构全球价值链的动因。

四、疫情冲击下全球价值链重构的方向

（一）价值链逐渐向新经济体和链条的更高层次延伸

疫情期间，以 AI、5G、智慧物流、线上支付为代表的高技术产业蓬勃发展，为全球价值链增添了新的要素，产业价值链的附加值也在不断地增多。在疫情这样特殊的背景下，新兴产业的作用凸显，并具有广泛的影响力，民众开始注意到新技术的重要性，企业要想生存下去，就必须进行产业的升级和新技术的研发。所以未来，产业价值链会向高层次、高附加值的方向延伸。

（二）全球价值链涵盖的范围更小

以往的购买、生产、销售的各个环节都是在全球的各个国家进行，力图利用各国资源禀赋的优势以实现利润最大化。从国家间的分工到产业内的分工，到产品内的分工甚至到生产工艺内的分工，分工不断细化。疫情后，各国政策不稳定性程度高，全球价值链易因各个国家政策不一致而中断，相对于涵盖多国的跨国生产，与邻近国家进行产业内的分工合作要更具有稳定性。一般周边国家与该国都有着相同的政治制度、文化背景、历史渊源，这都是国家合作的基础。疫情后，全球价值链上各个国家的地理空间分布可能更加集中，呈现出以多区域为中心的特点。

（三）FDI 流向具有“韧性”的国家

资本家在追求剩余价值的驱动下，进行技术创新，缩小成本，效率优先，并在全球范围内进行投资建厂。现在，外部不确定性不断增加，考虑到外部冲击，企业在进行对外直接投资时考量的因素不单单是人才、技术和生产资料成本等，还需要考虑资本流入国家的

抗风险能力，也就是国际学术界所讨论的“韧性”，比如一国政策的稳定性和应对外部冲击的能力。疫情让企业意识到，进行海外投资时，至少要把“韧性”放在与效率同等的地位上。举个例子，比如同为大国的美国和中国，疫情期间特朗普政府对外政策不断变化，打击了跨国企业投资的信心，相比较而言，中国表现出了高水平的应对冲击的能力，并且一党执政的优势就在于政策的稳定性。华南美国商会 2021 年的报告显示，在 399 家受访会员企业中，超过 93% 的企业认为中国政府机构可为企业提供有效帮助①。中国的“韧性”提高了企业投资的信心。

五、疫情冲击后中国如何参与到价值链重构中

（一）本民族工业进行产业结构升级

中国拥有当今世界最为完整的产业结构，这说明我国工业的抗风险能力还是很强劲的。但是，这并不代表我们在所有产业上都具有先进的技术和领先的地位。对关键核心技术的掌握，与发达国家仍然有着一定的差距。所以，新科技的掌握是关键。在全球价值链重构的过程中，中国处于何种位置，取决于中国在多大程度上掌握新科技。疫情对境内产业的冲击，淘汰了一部分落后企业，也倒逼着剩下的工业进行结构升级。中国抓住这次机遇，创新产业链，研发关键核心技术，推动信息技术和制造技术融合发展。

（二）发展与沿边国家的贸易

与部分发达国家兴起的逆全球化思潮不同，中国要继续扩大对外开放。全球价值链重构中，要加强与周边国家的合作，形成区域价值链。为了顺应这个趋势，我国要继续实施“一带一路”倡议，形成以中国为核心的亚洲区域价值链。不仅如此，中国还要坚定不移地践行“人类命运共同体”的先进理念，在公共卫生安全领域进行合作，加强与亚太地区、欧洲、非洲、拉丁美洲地区的战略合作，带头进行对外开放，提升共同应对外部风险冲击的能力。

（三）利用国内环境

一个国家的治理水平越高，对微观经济活动的吸引能力就越强。中国在疫情期间的表现以及近几年的国家治理上都做出了巨大努力，得到了国际社会的广泛关注和赞誉。中国

---

① 华南美国商会．特别报告：新型冠状病毒疫情的影响[EB/OL]. http://amcham-southchina.org/amcham/static/publications/specialreport.jsp. 2020-03.

应抓住这个机遇，利用国内稳定的政治环境，增加跨国公司进入国内市场的信心，并给予外资企业一定政策优惠，使得先进的生产要素不断地流入中国。此外，中国本来就是一个巨大的消费市场，人口众多，有巨大的消费潜力。现阶段，中国在不断推进扶贫工作，让低收入者受到更少的资金约束，有一定的消费能力。对于其他的消费者，中国继续推进供给侧改革，不断提高供给端的供给能力，满足不断增长的消费需求。如果双循环体系可以建立起来的话，中国将成为全球增速最快的最终消费市场。巨大的市场潜力也在吸引着外资的不断进入，不断推动经济高质量发展。

中国应聚力于后疫情时代的全球价值链重构

景玉琴[①]

（吉林财经大学）

一、发展的理论与发展的实践

（一）中国把发展的绝对劣势转变为比较优势

习近平总书记指出："经济发展不仅仅是一个经济问题，而且也是政治、文化和历史问题，经济发展的成功与否既取决于经济因素，同时也取决于政治、文化、历史传统等其他方面的因素。"[②] 毛泽东同志也曾强调："没有独立、自由、民主和统一，不可能建设真正大规模的工业。没有工业，便没有巩固的国防，便没有人民的福利，便没有国家的富强。"[③] 中国没有照搬照抄哪个发展理论，而是在中国共产党的领导下，凝聚全国人民的共识，走出了一条中国自己的发展道路。

（二）中国推进比较优势的实践

20 世纪 70 年代末期，随着毛泽东、朱德、周恩来等开国领导人相继逝世，中国遇到了较大的经济发展困难，原有模式难以为继，需要调整生产关系以适应生产力的发展。改革开放就是这样的战略调整，改革开放是为了解放生产力、发展生产力。孙尚清、周叔莲、刘明夫等几位经济学家于 1979 年进行的联合调查表明，计划经济运行到后期已经严重僵化，国营体制对吸纳就业帮助不大，而几千万知青回城骤增了就业压力；农村的人民

---

① 作者简介：景玉琴，吉林财经大学全国中国特色社会主义政治经济学研究中心教授，东北师范大学经济学与管理学院兼职教授、博士生导师。

② 习近平．发展经济学与发展中国家的经济发展——兼论发展社会主义市场经济对发展经济学的理论借鉴[J]．福建论坛，2001(9)：4－9.

③ 毛泽东选集（第 3 卷）[M]．北京：人民出版社，1991：1080.

公社也出现了严重的压抑劳动积极性问题。在理论界讨论要不要改、怎么改的时候，农民们已经行动起来了，安徽凤阳小岗村 18 户农民在包干合同书上按下了鲜红的血手印，以极为悲壮的方式拉开了农村改革的序幕。后来的事实证明，大包干是有效的，于是农村改革走出了一条先自下而上摸索经验再自上而下获得制度肯定的道路。农村全面实施了家庭联产承包责任制，探索出土地公有制基础上从两权分离到“三权分置”的新模式，凸显了人民群众的主体地位。在城市，所有制改革从增量开始，先是允许个人摆摊，承认个体经济；之后允许雇工超过 8 个人，承认私营经济；再后来，引进国外资本，设立经济特区，开办中外合资、合作企业，允许股权多元化，国有企业大规模收缩战线，不同所有制经济成分互相融合，开放力度越来越大。回看改革开放的历程，就是一个政府不断把经济活动空间、经济活力空间和经济获利空间让渡给非政府主体的过程，就是发挥比较优势这一市场原则的逐步展开过程。在这个过程中，我们逐步打破地区壁垒，建立起全国统一的市场体系和要素流通体系；纠正地方政府对非本地企业的限制性准入做法，使跨地区经营与合作成为现实。2018 年出台的《关于建立更加有效的区域协调发展新机制的意见》在推动形成区域市场一体化、建设全国统一大市场方面做出了非常详细的规定，要求各地不得对域外企业提出高于本地企业的技术和资质要求，不得设置排他性门槛，不得以检查、认证和许可等借口限制竞争。并在推进社保制度衔接、方便医保异地就医方面做出指导性规定。在不同所有制企业竞争方面，明确支持非公有制经济“非禁即入”，平等参与竞争，从根本上改善了不同所有制市场主体平等使用生产要素的条件。为持续深化“放管服”改革，激发市场活力，国务院发布了《关于进一步优化营商环境更好服务市场主体的实施意见》，各地纷纷出台改善营商环境的具体实施办法，在程序要求、用水用电、资料获取、纳税服务等方面给予企业更大的便利。世界银行《营商环境报告》显示，中国的营商环境大幅度改善，营商便利度排名升至全球第 31 位。在“执行合同”指标项下，中国居全球第 5 位（前 4 位依次为新加坡、韩国、挪威、哈萨克斯坦），是世界大国中最为守信践诺的国家。①

对于改革开放以来的经济发展，新古典发展经济学具有一定的解释力，但这是在改革开放以前打下的基础上取得的成绩，没有那段艰苦卓绝的工业化的技术积累，就不可能有改革开放巨大的成功。

二、重构价值链赢得发展利益

中国目前又到了一个发展的关键期，我们要在产业链供应链重构上提前谋篇布局，突

① 孙杰光．中国营商环境文件汇编[M]．长春：吉林大学出版社，2019.

破“卡脖子”的关键核心技术，要在价值链跃升上突出重围，筑牢发展的根基，赢得属于我们的发展利益。

（一）中国需要关照发展利益的新时代发展经济学

习近平总书记提出维护发展中国家“发展利益”的思想。① 党的十九大报告明确提出，要“自觉地维护我国主权、安全、发展利益”。② 党的十九届四中全会再次提出要坚定不移维护我国“发展利益”。③ 在马克思主义经济学界，丁为民教授率先全面阐释了“发展利益”的深刻内涵和实现途径：“我国新时代的发展利益，首先表现为由于技术进步、产业升级和资源合理配置所形成的劳动生产率普遍提高，以及迅速增加并用以满足人民不断增长需要的物质财富。但是，这只是发展利益的物质形态。除此之外，我们还应从价值形态角度考察……（价值形态的）发展利益，就是发展中国家，通过制度和技术创新，推动劳动生产率的增长速度（the growth rate of labour productivity in developing countries，DR），快于世界平均的劳动生产率的增长速度（the growth rate of the world's average labour productivity，WR），即 DR > WR，从而减少劳动‘虚费’，多得到的价值……通过制度和技术创新，更快提高劳动生产率，在此基础上，逐步消除各种形式的流通领域中的不等价交换，不断获得发展利益，是发展中国家摆脱不平等发展困境的根本途径。”④

发展利益来源于劳动生产率的提高。根据马克思的劳动价值论，在物质生产领域，商品的价格是价值的货币表现，价值是凝结在商品中的一般人类劳动，但并非所有的劳动都形成价值，只有社会必要劳动时间才形成价值；社会必要劳动时间就是在正常的生产条件下、在平均的劳动熟练程度和劳动强度下，生产某种使用价值所耗费的劳动时间。正常的生产条件主要是指社会通行的技术条件，这种技术条件对劳动生产率具有决定性作用。如果一个企业率先进行技术创新，从而提高劳动生产率，那么生产同类商品，其个别劳动时间将低于社会必要劳动时间，它就可以获得超额剩余价值；在一国之内，生产要素的流动和重新配置，会导致技术扩散，进而形成新的社会必要劳动时间。随着利润率趋于平均化，超额剩余价值将消失，而社会劳动生产率将获得提高。但是在国际市场上，并不存在要素自由流动的机制，要获得先进技术，要么是向技术领先国购买，要么自主研发。如果“买不来”也“讨不来”，还不能自己研发出来，这种由劳动生产率的差异所导致的社会

---

① 习近平在主持中共中央政治局第二十八次集体学习上的讲话[N]. 光明日报,2015-11-25(001).

② 习近平. 决胜全面建设小康社会夺取新时代中国特色社会主义伟大胜利——在中国共产党第十九次全国代表大会上的报告[M]. 北京:人民出版社,2017:15.

③ 中国共产党第十九届中央委员会第四次全体会议公报[N]. 光明日报,2019-11-01(001).

④ 丁为民,张晓宇. 发展利益、比较收益与两条道路的较量[J]. 当代经济研究,2021(4):54-63.

必要劳动时间差异将长期存在，进而发展中国家与发达国家的“不平等交换”也将长期化，发展中国家因“发展利益”持续损失，将长期被锁定在产业链低端；其国民也将付出承受低工资和高强度劳动的代价，并承担资本主义世界一切经济波动的灾难。正如维塞尔（Friedrich F. V. Wieser）评论李嘉图（David Ricardo）的比较优势理论时所指出的：“受到英国历史领先进展的阻碍。在自由竞争中工业领先者不可能被超越，势力更大资格更老资金实力更强的工业的成本不可避免地相对更低。”① 即便是买来了技术，也往往不是最先进的，而是已经有更先进的技术替代了它。换言之，只有当出现了能够获得超额剩余价值的更先进技术时，一项技术才可能被转移。如果技术落后国家依靠自主研发取得了技术突破，在国际贸易中将获得发展利益。20 世纪末，中国华为在程控交换机的核心技术上取得突破，交换机进口价格立刻“腰斩”，就是我们获得发展利益的典型案例。如今，我们遭遇包括高端芯片在内的高技术产品全面“断供”威胁，说明不仅关键核心技术“买不来也讨不来”，倘若不能在技术上自立自强、持续创新，不能在创新能力上站起来，连损失“发展利益”嵌入国际产业链的机会都将被截断。

对于中国来说，依附型发展，即便是我们接受，也无可能。中国需要创建关照发展中国家“发展利益”、提升创新能力的经济学理论，并以此指导新发展格局的构建。

（二）以自主创新重构价值链

在市场分工高度发达的经济中，产业链供应链是任何企业都绕不开的话题。一个企业处于产业链供应链的什么位置，决定了它的获利空间和发展空间。一般来说，处于加工装配环节的企业大多只能拿到微薄的加工费，因为它们位于价值链的低端；处于研发和核心部件制造环节的企业则拥有绝对的竞争优势，处于价值链的高端。中国近年来屡屡被“卡脖子”的事件说明，我们还没有上升到价值链的高端。

诚然，不是每一个企业都要做价值链高端，但是一个国家如果不能在关键领域掌握核心技术，其在全球价值链布局中就只能做发达国家的棋子。

一个国家的创新发展，道阻且长，但紧要处就几步。目前就是这样的紧要时期，我们正处于科技大变革时期，各国都加紧了布局重大新技术和重构产业链的步伐，美欧已经围绕战略性原材料展开新一轮产业链布局。2020 年，欧盟通过 1.1 万亿欧元的中期预算提案和 7500 亿欧元的欧洲复苏计划，聚焦绿色发展和数字转型，许多关键原材料位于清洁交通、可再生能源和电池等领域的上游端；美国则由能源部牵头，投资实施一系列项目，主要攻关稀土供应链上技术门槛相对较高的稀土提取、分离与处理环节，希望摆脱对中国的

---

① 冯·维塞尔．社会经济学[M]．张旭昆，等，译．杭州：浙江大学出版社，2012：559.

材料产业链依赖；2021 年 3 月，英国发布《综合评估报告》，把对来自中国的稀土等重要原材料的依赖认定为安全隐患，对包含稀土在内的关键原材料展开新一轮布局。美国提出，与非盟友国进行技术共享可能会带来一定的战略风险，其将在人工智能（AI）、通信和网络、生物技术、深海技术、太空技术、量子信息科学等关键领域，加强与盟友的合作，以保持在全球科技领域的领先地位。2021 年 6 月，美国参议院通过了《2021 美国创新和竞争法》（*US Innovation and Competition Act* 2021），总金额约 2500 亿美元。法案主要内容包括，授权拨款 1900 亿美元用于加强技术研究，并单独批准支出 540 亿美元用于加强美国对半导体和电信设备的生产和研发，其中约 20 亿美元专门用于汽车芯片。历年来，美国政府投资在基础研究中占最大份额，私营部门投资则在应用研究和开发中占最大份额。最近，私营部门在人工智能、量子技术、数字基础设施以及医疗健康等关键基础领域的研发投入正逐年上升。

对于中国这样的发展中国家来说，超大规模的国内市场和丰富的人力资源储备为我们准备了跨越式发展的条件，如果激发起科研人员和各类市场主体的创新意愿，形成创新合力，有望实现创新驱动发展，实现高水平科技自立。2021 年 5 月 28 日，习近平总书记在出席中国科学院第二十次院士大会、中国工程院第十五次院士大会和中国科学技术协会第十次全国代表大会时发表重要讲话强调，坚持把科技自立自强作为国家发展的战略支撑，面向世界科技前沿、面向经济主战场、面向国家重大需求、面向人民生命健康，深入实施科教兴国战略、人才强国战略、创新驱动发展战略，把握大势、抢占先机，直面问题、迎难而上，完善国家创新体系，加快建设科技强国，实现高水平科技自立自强。

（三）重视关键技术的自主可控与前瞻布局

芯片作为关键部件，广泛应用在制造业、军工、航天等各个领域。我国是世界第一大芯片市场，但芯片自给率不足 10%，尤其是高端芯片。国外芯片巨头通过技术优势一直占据着全球集成电路的战略要地，特别是高端芯片生产环节中的制造技术、设计能力和编码技术等，常常会作为谈判筹码，成为发达国家对发展中国家“卡脖子”的撒手锏。2010 年脱胎于中科院计算所的中国龙芯很早就意识到，采用授权指令系统可以研制产品，但不可能形成自主产业生态，就像中国人可以用英文写文章，但不可能基于英文形成民族文化。中国龙芯决心自主开发一套指令集架构。在坚持自主研发基础上，龙芯一方面高度重视知识产权保护，委托第三方知识产权机构对龙芯基础架构进行了深入细致的知识产权评估，将 LoongArch 与 ALPHA、ARM、MIPS、POWER、RISC－V、X86 等国际上主要指令系统有关资料和几万件专利进行深入对比分析，确保不产生侵权风险；另一方面进行有组织的开放，建立产业生态，吸引针对特定应用做 SoC 的公司、整机以及解决方案公司加盟。2021 年 4 月 15 日，龙芯公司正式推出龙芯自主指令系统架构 LoongArch，目前，首款支持 LoongArch 的龙芯 CPU 3A5000 处理器芯片已经流片成功，14nm 的 LoongArch CPU 比 ARM 7nm 的 CPU 性能更强，已经接近市场主流产品水平。中国一汽是新中国的第一家汽车制造企业，其创造过无数个“中国第一”。2020 年，中国一汽发布了阩旗（R. Flag）技术发展战略，聚焦新能源汽车技术、智能网联技术、轻量化材料技术等，构建全球化研发布局，组建研发总院、造型设计院、新能源开发院、智能网联开发院，建立德国慕尼黑前瞻设计中心、一汽解放奥地利研发公司等海外研发机构；与互联网头部企业合作，强强联合打造智能汽车产业链，建立虚拟仿真平台，打造汽车敏捷开发模式；同时，多措并举鼓励创新，2017 年到 2020 年，累计申请专利 10127 件，其中发明专利 3882 件。

RCEP 和 CPTPP 框架下的中日韩自贸区研究

刘　文　董　燚　杨宜晨[①]
（山东大学）

一、中日韩 FTA 的提出和发展

（一）从民间研究到官产学共同研究

中日韩自贸区最开始在 2002 年提出。2003—2009 年，三国研究机构对建立中日韩自贸区的可行性进行了全面和深入的分析研究，并得出积极结论。从 2010 年 5 月 3 日开始，一直到 2011 年 12 月 16 日结束，中日韩一共进行了六轮官产学联合研究会议，最终通过了联合研究报告。中日韩自贸区的研究进程见表 1。

表 1　中日韩自贸区的研究进程

时间	地点	主要内容
2009 年 10 月	泰国	提出在 2010 年上半年正式启动中日韩自贸区官产学联合研究
2010 年 5 月 23 日	韩国首尔	三国争取在 2012 年完成 FTA 官产学联合研究，争取尽早达成三方投资协定
2010 年 8 月 3 日	韩国首尔	召开中日韩自贸区官产学联合研究第一次会议，确定了中日韩自贸区联合研究的职责范围
2010 年 9 月 1—3 日	日本东京	召开中日韩自贸区官产学联合研究第二次会议，三方就关税、非关税措施、原产地规则、贸易救济、卫生与植物卫生措施（SPS）、技术性贸易壁垒（TBT）等议题充分交换了意见
2010 年 12 月至 1 月 2 日	山东威海	召开中日韩自贸区官产学联合研究第三次会议，三方讨论了自贸区服务贸易与投资领域有关议题，并确定了 2011—2012 年工作计划及分工

① 作者简介：刘文，山东大学商学院教授、博士生导师；董燚，山东大学商学院硕士研究生；杨宜晨，山东大学商学院硕士研究生。

续表

时间	地点	主要内容
2011 年 3 月 30 日至 4 月 1 日	韩国济州	召开中日韩自贸区官产学联合研究第四次会议，三方表示努力在年内完成自由贸易区的官产学联合研究，争取尽早启动谈判
2011 年 6 月 27—29 日	日本北九州市	召开中日韩自贸区官产学联合研究第五次会议，三方就联合报告草案中服务贸易和投资章节的案文进行了磋商，表示将共同努力落实在年前完成联合研究报告的共识
2011 年 12 月 16 日	韩国平昌	召开中日韩自贸区官产学联合研究第六次会议，三方对联合研究报告的具体细节进行了讨论和最后修订，并最终通过联合研究报告

资料来源：中国商务部中国自由贸易区服务网。

（二）中日韩 FTA 谈判进程

2002 年召开的中日韩三国领导人峰会提出设立中日韩自贸区；2012 年的东亚领导人系列会议期间，三国经贸部部长终于宣布启动中日韩自贸区的谈判。从 2013 年 3 月 26 日开始，一直到 2019 年 11 月 29 日，中日韩一共进行了十六轮谈判。三方谈判进程如表 2 所示。

表 2　中日韩自贸区谈判进程

时间	地点	谈判	主要内容
2012 年 11 月 20 日	柬埔寨金边	东亚领导人系列会议	宣布启动中日韩自贸区谈判
2013 年 3 月 26 日至 28 日	韩国首尔	第一轮谈判	三方讨论了自贸区的机制安排、谈判领域及谈判方式等议题。三方商定将在 2013 年举行三轮谈判
2013 年 7 月 30 日至 8 月 2 日	中国上海	第二轮谈判	三方就货物贸易、服务贸易、原产地规则、TBT/SPS、竞争政策、知识产权、电子商务等议题举行了磋商和交流
2013 年 11 月 26 日至 29 日	日本东京	第三轮谈判	三方就商品、服务、投资、竞争、知识产权、电子商务领域的工作小组会议和有关环境、政府采购、食品领域等议题进行了磋商和交流
2014 年 3 月 4 日至 7 日	韩国首尔	第四轮谈判	三方就货物贸易的降税模式、服务贸易和投资的开放方式、协定的范围和领域等议题展开了磋商
2014 年 9 月 1 日至 5 日	中国北京	第五轮谈判	
2015 年 1 月 16 日至 17 日	日本东京	第六轮谈判	
2015 年 5 月 12 日	韩国首尔	第七轮谈判	三方就货物贸易、服务贸易、投资、协定范围领域等议题深入交换了意见
2015 年 9 月 24 日至 25 日	中国北京	第八轮谈判	
2016 年 1 月 18 日	日本东京	第九轮谈判	
2016 年 6 月 27 日至 28 日	韩国首尔	第十轮谈判	
2017 年 1 月 11 日	中国北京	第十一轮谈判	三方就货物贸易、服务贸易、投资等重要议题深入交换了意见

续表

时间	地点	谈判	主要内容
2017 年 4 月 10 日至 13 日	日本 东京	第十二轮谈判	三方就服务贸易、电信、金融服务、自然人移动、投资、竞争政策、知识产权、电子商务等进行了协商
2018 年 3 月 23 日	韩国 首尔	第十三轮谈判	三方就如何推动货物贸易、服务贸易、投资等重要议题取得更大进展深入交换了意见
2018 年 12 月 7 日至 10 日	中国 北京	第十四轮谈判	三方将在 RCEP 已取得的成果基础上探讨通过中日韩自贸区进一步提高贸易投资自由化水平
2019 年 4 月 12 日	日本	第十五轮谈判	三方就货物贸易、服务贸易、投资、规则等重要议题深入交换意见，取得积极进展。三方一致同意，打造 RCEP + 的自贸协定
2019 年 11 月 28 日至 29 日	韩国 首尔	第十六轮谈判	三方围绕货物贸易、服务贸易、投资和规则等重要议题深入交换了意见，取得积极进展

资料来源：根据中国商务部中国自由贸易区服务网资料整理。

（三）中日韩自贸区未达成原因分析

1. 各国优劣行业不同①

对于中国，农业是优势行业，汽车是劣势行业。对于日韩，农业又恰巧是劣势行业。因此，对于农产品、汽车等领域的关税协定，是阻碍中日韩自贸区达成的一个重要原因。

2. 三国产业链的不同分布

三个国家在世界经济中处于产业链的不同方位，这也是影响中日韩自贸区建立的重要原因。在经济全球化的格局下，中日韩经济合作的可替代性较高，三国对于降低中日韩贸易壁垒积极性较低。

3. 政治、历史和地缘政治等因素的影响

由于三国之间，尤其是中日、日韩之间的历史遗留问题、岛屿之争和政治上的争端，中日韩自贸区的推动进程缓慢。此外，日韩两国不同党派对中日韩自贸区也持有不同看法，这也是中日韩自贸区至今未落地的重要原因之一。

二、“RCEP +”的中日韩自贸区

区域全面经济伙伴关系协定（RCEP）对深化中日韩经济一体化、稳定全球经济具有标志性意义。以 RCEP 为基础，可以从多个领域促成“RCEP +”的中日韩自贸区建设。

① 李大伟，崔琳. 推进中日韩自贸区建设的具体思路[J]. 中国经贸导刊，2019(20)：12 – 15.

（一）货物贸易规则

在货物贸易方面，最核心的问题是农业和工业。中国相对于日韩来说，在农产品的生产、加工等方面具有优势；而日韩两国的工业化水平相对中国较高，在农产品的技术加工、资金方面有较大优势。

首先，在 RCEP 的框架中，三国在部分领域已经豁免了关税①。在中日韩自贸区的商讨中，三国不仅可以延续 RCEP 农产品相关规定，还可以借鉴欧盟的“共同农业政策”，逐步实现农产品方面的货物贸易自由化。

其次，在技术性贸易壁垒与卫生和植物卫生措施方面，中日韩自贸区也可以在 RCEP 的基础上更进一步。中日韩自贸区可以进一步简化海关程序、降低关税，从而促进三国经济发展。

（二）服务贸易规则

在区域服务贸易协定中，对服务贸易开放的承诺方式主要有两种，“正面清单”和“负面清单”②。在 RCEP 中，日本和韩国采用的是负面清单，中国则采用正面清单。在中日韩自贸区的谈判中，中国应尽可能与日韩达成一致，采用负面清单的方式。在 RCEP 的基础上，中日韩自贸区的服务贸易领域应该继续拓宽。

（三）非服务业投资领域

RCEP 采用负面清单的方式对投资领域进行了限制。目前，RCEP 对制造业、农业、林业、渔业、采矿业五个非服务业领域投资做出较高水平开放承诺，但中日韩三国亦都保留了某些限制。在中日韩自贸区的谈判中，中日韩不仅应深化这五个领域的开放，并且对于其他领域也应该寻求更高水平的开放。

（四）经济技术合作

在 RCEP 基础上，中日韩自贸区在经济技术合作方面继续设立章节。其目的在于三国切实通过有效管理在推动合法政策目标实现的前提下，放宽彼此的贸易条件和降低交易成本。

---

① 刘嘉乐．RCEP 与中日韩自贸区构建[J]．山东纺织经济，2021(4)：16－18.

② 袁立波．中日韩区域服务贸易自由化研究[D]．武汉：武汉大学，2011.

（五）中小企业

RCEP对中小企业规定了鼓励高效且有效地执行涉及便利性和透明度的贸易规章制度。在RCEP的基础上，中日韩自贸区也会对中小企业做出更进一步的说明和规定。

三、CPTPP视角下的中日韩自贸区

（一）CPTPP解读

CPTPP最初来源于美国主导的、包含12个国家的“跨太平洋伙伴关系协定”（TPP）。2017年，特朗普宣布退出TPP，其余11个国家经过协商，签订了全面进步的跨太平洋伙伴关系协定（CPTPP）。CPTPP是一个高目标、高标准、新规则的贸易协定。

1. 货物贸易规则

在CPTPP 30个章节中，货物的国民待遇和市场准入、原产地规则、纺织品和服装、海关管理和贸易自由化、贸易救济、卫生、技术性贸易壁垒这七个章节属于货物贸易规则。

1990年以来，国际分工格局开始转变为全球价值链分工模式，在这种生产模式中生产出来的产品，会因为贸易壁垒的存在而增加成本。CPTPP协定实现了“三零”的模式，极大地降低了货物贸易的成本。

2. 原产地规则

原产地规则由确定原产地所必需的实体性规则和获取优惠待遇所必需的程序性规则两部分组成，其中，实体型规则主要包括原产地认定标准、总体性制度型规则。CPTPP中原产地规则保护了成员国之间的利益，促进了合约国之间的联系，但也有可能减弱合约国与非合约国之间的经济贸易往来。①

3. 卫生和植物卫生措施与技术性贸易壁垒

设立卫生和植物卫生措施的目标是保护缔约方领土内的人类、动物或植物的生命或健康，同时通过使用多种方式处理并寻求解决卫生与植物卫生问题以便利和扩大贸易。

全球价值链分工格局要求各个国家制定统一的标准，以便产品各个生产环节的有效对接。CPTPP针对特定产品做出了诸多规定，这些都有利于便利贸易、增强透明度并促进更多的监管合作和良好规制实践。

---

① 袁波．CPTPP的主要特点、影响及对策建议[J]．国际经济合作，2018(12)：20－23.

4. 服务贸易和投资

CPTPP 中，设计服务贸易和投资的章节共有六章，分别是投资、跨境服务贸易、金融服务、商务人员临时入境、电信、电子商务。

（1）金融服务条款[①]。

CPTPP 中的金融服务条款的组成可以分为两方面：一方面，它继承了《货物贸易总协定》（GATS）中关于定义、范围、市场准入条件、国民待遇等规则；另一方面，它也是对 TPP 的协议框架和文本理念的继承。

首先，CPTPP 中的金融服务条款采取了混合清单的方式。其次，CPTPP 中的金融服务条款对于平衡金融服务贸易自由化和成员国金融政策独立性做出了突出贡献。最后，CPTPP 的规则制定符合全球价值链及其生产分工的要求，可以通过它来推动全球生产和贸易双轮规则的变革。

（2）投资[②]。

CPTPP 有关外国投资的谈判涉及两个问题：一个是关于外国投资者与东道国政府争议的解决机制；另一个是东道国政府是否有权对资本流动实施管制。前者涉及外国投资与投资者之间的非歧视待遇、最低待遇标准、征收原则、外国投资者的支付转移等议题；后者要求，除非以“审慎例外”理由对资本流动实施管制，一般情况下，CPTPP 成员应该允许资本的自由流动。

5. 深度一体化议题与制度性议题

政府采购：在这一章中，规定了各国所承诺的政府采购条款覆盖的范围，并以混合清单形式列出。

竞争政策：竞争政策强调的是各国在竞争法实施过程中要确保程序的公平公正，为 CPTPP 各个成员国建立或维持法律体系。

监管一致性：这个章节的最主要目的是推动合约中的国家建立有效的跨部门磋商和协作机制，以促进监管一致性。

环境：不同的环境要求标准将会影响产品的生产成本，因此，需要指定统一的环境标准，使不同国家的企业成本不受该因素影响。

---

① 张方波．CPTPP 金融服务条款文本与中国金融开放策略［J］．亚太经济，2020（5）：35－42＋150．

② 邓心怡．TPP 金融服务领域的投资规则研究［D］．重庆：西南政法大学，2017．

（二）CPTPP 视角的中日韩自贸区建设

1. 金融服务具体内容

根据 CPTPP 的标准，中日韩自贸区中金融服务领域不仅会覆盖传统议题①，更会将目光着重放在跨境金融服务、审慎监管、跨境数据流动以及国有金融上。

（1）金融监管。

如果不对金融进行合适的监管，首先很容易引起连锁危机，造成巨大损失；其次监管程度不同很容易引起监管套利。因此，制定统一的监管标准不仅有利于防范金融危机的发生，也有利于降低金融服务的成本。

在审慎例外条款方面，中日韩自贸区可以汲取 CPTPP 对于审慎例外条款的优点，让其由“例外属性 + 审慎原因 + 反滥用要求”三部分组成。

首先，中日韩自贸区可以将审慎措施明确列入例外条款，防止与国内监管混淆。

其次，对于审慎例外的抗辩方位也可以相应地扩大。

最后，中日韩自贸区也可以在审慎例外条款中保留“不得规避义务”的反滥用要求，但不再纳入“合理性标准”。

（2）跨境金融服务。

随着信息通信技术的发展，金融服务通过跨境的方式提供的类型越来越多。但是，这些跨境服务一般都在当地金融监管之外，对于国家的金融安全具有很强的不确定性。

在资产管理服务方面，中日韩自贸区可以允许三国之间的资产管理服务进行跨境提供，并且可以借鉴 CPTPP 在这方面的规定。

在电子支付服务方面，中日韩自贸区可以规定在遵守非歧视待遇的前提下，允许电子支付服务的跨境自由化，三国也有权根据公共政策目标采取措施。

2. 电信服务贸易

电信服务规定在 CPTPP 第 13 章，依次明确了定义，适用范围，监管方式，公共电信服务的接入和使用，主要电信服务供应商的待遇，竞争保障，转售，与主要供应商的互联互通，主要供应商拥有或控制的电杆、管线、管网和路权的接入，国际海底电缆系统、稀缺资源的分配和使用、执行，电信争端的解决，透明度，技术选择的灵活性，与国际组织的关系，电信委员会等内容②。

对于中国来说，以 CPTPP 为主要借鉴，可以在以下几方面制定相关措施：

---

① 石静霞，杨幸幸. TPP 金融服务规则评析[J]. 社会科学家，2017(11)：113－120.

② 方瑞安. CPTPP 电信服务贸易规则对中国的挑战[J]. 对外经贸实务，2019(10)：18－20.

（1）增强电信监管。

中国已经确立了电信作为七个重要的“战略性部门”之一，必须保持在国家控制之下。市场竞争充分时，CPTPP 强调监管的独立性和否定监管的必然性。

（2）对电信服务贸易透明度的高要求。

中国的电信法规框架相对不透明，我国电信法律体系的法律位阶较低，这将对外资进入我国电信市场造成不小的阻碍。

（3）市场准入的新标准。

我国新《外商投资法》实行准入前国民待遇加负面清单管理制度，在电信行业市场准入方面有着严格的外资股权比例限制以及国有股份的比例要求。CPTPP 框架下，由于对外资或中资企业都是同一要求，所以规定并未违反国民待遇。CPTPP 13.9 条规定每一缔约方应保证其领土内的主要供应商不对上述服务转售施加不合理或歧视性条件或限制。我国关于转售的规定与基础电信业务许可严格绑定，此种规定因国内外一致或可免于“歧视”的指责。

3. 劳工标准

CPTPP 在提出高标准与广范围的实体劳工权利保护要求外，还提出提高公众意识与保障上述权利执行等程序性要求，并强调了禁止贸易保护主义、不鼓励进口强迫劳动产品等特殊要求。为确保上述权利保护的实施和执行，CPTPP 配以相应的机制保证其规定的可执行性①。对于劳工纠纷，CPTPP 规定了磋商和争端解决两个阶段。目前我国劳工标准仍同美欧等经济体以及国际法律规定存在一定差距。因此，中日韩 FTA 劳工条款应当通过一定的制度安排推进劳工合作的开展。

4. 环境保护

中日韩自贸区中可能会借鉴 CPTPP 中对于环境保护的思想，制定法律打击野生动物买卖、非法伐木，建立公众参与机制来保护中日韩三国环境，并且不寻求通过豁免或取消环境保护的义务来促进贸易发展。

5. 国有企业

中日韩有可能也有必要为国有企业制定规则，以保证三国的国企不歧视其他国家的企业、商品和服务②。针对大型国有企业，中日韩三国可以进行国企名单共享，并在对方提出要求的情况下提供详细信息。

---

① 陈玥. CPTPP 劳工标准及其对中国的启示[D]. 上海：华东政法大学，2020.

② 东艳，苏庆义. 揭开 TPP 的面纱：基于文本的分析[J]. 国际经济评论，2016(1)：37－57＋5.

人工智能与资本主义新变化研究

高淑桂①
（中国社会科学院大学）

一、人工智能引起的资本主义新变化

人工智能使资本主义经济社会进一步繁荣。从生产力发展角度看，人工智能使生产力水平上了一个新台阶。马克思主义认为，“社会发展史首先便是生产发展史”②，生产力的发展“引起生产关系的变革，从而不断推动社会历史的演进”③，而生产力发展的直接标志就是生产工具。从历史进程看，推动资本主义生产方式快速发展的是 19 世纪蒸汽机的发明和广泛使用，由于资本家对剩余价值的无限追逐，改进生产工具、提高劳动效率就成为资本家群体的自觉行为，考察资本主义的生产力发展过程，在机器技术基础上，提高生产率的主要方式是生产过程的改进，比如泰勒制生产、福特制生产和丰田制生产。随着资本主义生产力的日益发展，信息技术在工业生产中发挥着越来越重要的作用，机器学习、计算机视觉以及机器语言处理技术的发展与应用，使机器能够在一定程度上模拟人的意识和思维，这象征着生产力的发展的新高度，进而带来了资本主义社会经济发展方式的新改变。

从社会物质财富角度看，人工智能条件下，资本主义社会的物质财富总量不断增多。来自世界银行的数据显示，就人工智能应用较为广泛的美、英、德、法来看，从 1993 年人工智能技术渗透到社会更多领域开始，到 2018 年为止，社会物质财富呈现稳步上升态势。就国民生产总值看，美国从 1993 年的 69589 亿美元上升到 2018 年的 204940 亿美元，英国从 1993 年的 10614 亿美元上升到 2018 年的 28252 亿美元，法国从 1993 年的 13228 亿美元上升到 2018 年的 27775 亿美元，德国从 1993 年的 20686 亿美元上升到 2018 年的

① 作者简介：高淑桂，中国社会科学院大学政治经济学博士，上海青浦党校副教授。

② 陈珪如．辩证唯物论与历史唯物论[M]．北京：人民出版社，1951：33.

③ 陈永正．马克思的生产工具思想及其当代启示[J]．南京政治学院学报，2015(5).

39967 亿美元，其中，人工智能技术发展居世界首位的美国，国民生产总值增长迅速，人工智能给资本主义社会带来的物质财富的增加是一个无法否认的客观事实。

无论是生产力发展水平的提高，还是社会物质总财富的增加，抑或经济结构上改变，人工智能都使资本主义经济社会进一步繁荣。然而，和资本主义经济繁荣形成鲜明对比的是，资本主义社会广大劳动人民的相对贫困和中产阶级的日渐萎缩。

二、人工智能下资本主义变化的本质剖析

（一）人工智能下资本主义社会的繁荣蕴含着向更高一级社会形态演进的积极因素

以自然经济为基础的社会形态，其基本特征是人与人之间紧密的依赖关系。这种依赖关系主要源于生产力发展相对落后情况下人类的生存需要。自然经济是一种不用于交换的、自给自足的经济形态，原始社会的狩猎、采集和捕鱼，奴隶社会的集体农耕，以及封建社会自给性质的家庭农业和手工业，都是自然经济的形态。这种经济形态采取群体或者家庭为主要组织单位的形式进行经济活动，以满足个人或者群体的生活需要。如果人们所生产的劳动产品继续增多，不仅能够满足自身需要，同时出现了剩余，人们之间就会进行交换。最初交换的主要目的仍然是满足生产生活需要，随着生产资料和生活资料的日益多样化，社会分工也出现了，而这正是使交换在全社会普及并发展的前提。

在自然经济发展过程中，我们可以看出，随着生产力的发展和劳动生产率的提高，个人对群体的依赖关系逐渐减弱——从群居到独立家庭的存在，人类劳动产品越来越多，从原始生产活动到自给自足的农业和手工业。在这一社会形态中出现的社会分工和产品的剩余，是市场经济的萌芽，为市场经济的发展提供了前提条件。

（二）从社会发展的根本目的看，资本主义制度下的人工智能和人的自由全面发展背道而驰

在资本主义制度下，劳动已经失去了其作为满足人的生产生活需要的本真意义，而是异化成了资本家剥削工人的异己力量。社会财富越增长，资本越积累，劳动者就越贫困。“在资产阶级社会里，活的劳动只是增殖已经积累起来的劳动的一种手段”。[①] 资本增值越多，劳动者所受的剥削也就越重。特别是在科技飞速发展并转化为现实生产力的条件下，资本有机构成提高，出现了机器排斥工人的现象，这造成了相对过剩人口的大量存在。失

---

① 马克思恩格斯选集（第 1 卷）[M]. 北京：人民出版社，1995：263.

业人数的增多，对在业工人形成了竞争压力，迫使在业工人不得不拼命劳动，同时，资本家对雇佣工人的工资也压倒了最低限度。

总之，“只要资本主义还是资本主义，过剩的资本就不会用来提高本国民众的生活水平，而会……提高利润”①。这就是人工智能下，资本主义社会的劳动者反而贫困的根本原因所在，也说明，资本主义社会发展到人工智能时代，和人的自由全面发展这一人类社会发展根本目标之间的矛盾越来越尖锐和突出。

三、人工智能下人类社会生产关系的深刻转变

资本主义促进了生产力的极大发展，但到了垄断阶段，这种经济制度不但阻碍了技术进步，而且带来了占人口绝大多数的劳动者的贫困。在马克思的理论体系中，人的自由全面发展乃是社会发展的终极目标。那么，人工智能下人类社会生产关系的深刻转变也必然是朝向这个目标。

（一）从以资本为中心转向以人为中心，这是马克思主义始终如一的价值观

以资本为中心是帝国主义的典型特征，不仅造成一国范围的垄断，在向世界扩张的进程中也带来了发达资本主义国家对发展中国家和落后国家的剥削和掠夺，使资本进一步向少数发达国家集中。这种生产关系是腐朽的，占有生产资料的是食利阶层，创造价值的具有赤贫趋势。马克思主义的根本立场是人民中心立场，在一个具有更先进生产关系的社会中，经济发展的出发点和落脚点始终是增进人民福祉、促进人的全面发展、朝向共同富裕。这正是社会主义生产关系的本质要求。

马克思指出，人的各种需要都是社会性的需要，不仅需要本身由社会引起，需要的性质和内容由社会规定，而且需要的满足和发展水平也取决于一定的社会条件。人的需要的这种社会历史性，随社会生产的发展而不断发展。以中国为例，经过改革开放40年的发展，我国迈进了小康社会，人民对“物质文化生活”的需求从“量”的不足转变为“质”的提高，不仅包括客观性的生活需要，而且将人民获得感、幸福感、安全感等主观性的需求纳入考量范围。迈向新时代，人民不仅在经济需求上由原来的基本生活满足型转向综合发展型和富裕提升型，更是在政治生活上要求民主法治，在文化生活上要求精神文明，在社会生活上要求公平正义，在生态文明上追求美丽中国；迈向新时代，物质生活需要的满足固然是人民幸福的基础，但人民不仅希冀获得更高质量的社会产品，更期盼一个安全、稳定、和谐、绿色的居住环境，一个“人能尽其才，地能尽其利，物能尽其用，货能畅其

---

① 大卫·科茨,黄斐.新自由主义的衰落与社会主义的未来——大卫·科茨访谈[J].当代世界与社会主义,2016(2).

流”的社会环境，一个民主有序、执法公正、海晏河清的政治环境。针对变化了的实践，习近平总书记指出，“以人民为中心的发展思想……要体现在经济社会发展各个环节。要坚持人民主体地位，顺应人民群众对美好生活的向往，不断实现好、维护好、发展好最广大人民根本利益，做到发展为了人民、发展依靠人民、发展成果由人民共享”①，“我们要随时随刻倾听人民呼声、回应人民期待，保证人民平等参与、平等发展权利，维护社会公平正义，在学有所教、劳有所得、病有所医、老有所养、住有所居上持续取得新进展，不断实现好、维护好、发展好最广大人民根本利益，使发展成果更多更公平惠及全体人民，在经济社会不断发展的基础上，朝着共同富裕方向稳步前进”②。习近平总书记在党的十九大报告中再次强调，“必须始终把人民利益摆在至高无上的地位，让改革发展成果更多更公平惠及全体人民”③。这一系列论述，既是对马克思主义的继承和发展，也是在人工智能条件下对先进生产关系的本质论述。

（二）最大程度地克服异化劳动，实现劳动为满足人的生活需要的本真意义

以人民为中心的发展理念，从劳动的目的角度来看，最大程度地克服了异化。在《1844 年经济学哲学手稿》中，马克思深刻论述了劳动异化的问题。他指出，劳动本来的目的是满足人的生产生活需要，但是“在资产阶级社会里，活的劳动只是增殖已经积累起来的劳动的一种手段”④，“一切提高社会劳动生产力的方法都是靠牺牲工人个人来实现的；一切发展生产的手段都变成统治和剥削生产者的手段”⑤，在资本主义制度体系里，劳动已经完全偏离了它本来的意义，发生了异化。以人民为中心的社会主义生产关系里，最大程度地克服了异化问题。

首先，以生产资料公有制为主体的经济制度保证了全体人民共同拥有生产资料。这为协调推进经济社会发展、保障劳动成果为劳动者所享有提供了经济基础。在这一前提下，发挥政府服务导向作用，促进国民经济有序协调发展。这是对资本主义社会化大生产与生产资料资本主义私有的矛盾现象的根本超越。党的十九大明确提出，“使市场在资源配置中起决定性作用，更好发挥政府作用”，科学地界定了政府和市场的作用边界，习近平总书记指出，“更好发挥政府作用，不是要更多发挥政府作用，而是要在保证市场发挥决定性作用的前提下，管好那些市场管不了或管不好的事情”，并强调“发挥政府作用，不

---

① 2016 月 1 月 18 日习近平总书记在省部级主要领导研讨班上的讲话。

② 2013 年 3 月 17 日习近平总书记在十二届全国人大一次会议上的讲话。

③ 习近平．决胜全面建成小康社会　夺取新时代中国特色社会主义伟大胜利——在中国共产党第十九次全国代表大会上的报告[M]．北京：人民出版社，2017：27.

④ 马克思恩格斯选集(第 1 卷)[M]．北京：人民出版社，1995：266.

⑤ 马克思恩格斯全集(第 23 卷)[M]．北京：人民出版社，2006：707 – 708.

是简单下达行政命令，要在尊重市场规律的基础上，用改革激发市场活力，用政策引导市场预期，用规划明确投资方向，用法治规范市场行为”。这一系列的原则和方法，根本上克服了存在于资本主义社会的生产无序和经济危机难题，克服了异化劳动。

其次，从劳动成果的分配来看，社会主义生产关系里，注重劳动者的共同富裕。社会物质财富为广大劳动者所共享，是社会主义生产关系区别于资本主义资本家私人占有的根本标志。劳动成果共同享有，才能最大限度服务民生，增强人民群众的获得感，才能最大程度地激发劳动的积极性和创造性，克服劳动的异化。值得一提的是，在我国现阶段，由于生产力水平还没有达到高度发展的地步，劳动者还未得到全面发展，劳动者存在个体能力的差别，人们还不得不服从劳动分工。社会上的总产品尚未达到极大丰富，受生产力发展水平的制约，现阶段仍要坚持以按劳分配为主，多种分配方式并存，同时兼顾效率和公平。

（三）人类命运共同体理念促进了人类社会生产关系的深刻转变

马克思认为，“人的本质……是一切社会关系的总和”，“只有在共同体中，个人才能获得全面发展其才能的手段”①，遵循历史唯物主义的观点，这种“共同体”，是生产力和生产关系发展到一定阶段的产物，它的存在，“以生产力的普遍发展和与此相联系的世界交往为前提”②。

资本主义的发展，为共同体的形成提供了可能性。因为，资本扩张的本性，“使一切国家的生产和消费都成为世界性的了”，“过去那种地方的和民族的自给自足和闭关自守状态，被各民族的各方面的相互往来和各方面的互相依赖所代替了”③，资本主义促进了生产力的发展和世界市场的形成，但是其对劳动的残酷剥削决定了资本主义社会仅仅是一个“完全虚幻的共同体”④，真正的共同体是“各个人在自己的联合中并通过这种联合获得自己的自由”⑤。

总之，人工智能下，资本主义劳动生产率进一步提高，劳动者创造价值的劳动越来越趋向复杂化，财富的积累和贫困的积累同时出现，显示生产关系出现了不适用生产力发展的因素。秉承马克思主义人的自由全面发展的共同体理念，遵循人类社会发展规律，私有制生产关系被公有制取代无疑是一个历史的必然。而人工智能时代，生产力的高度发展和生产资料与生俱来的公有性质加速了这一进程。

---

① 马克思恩格斯文集（第 1 卷）[M]. 北京：人民出版社，2009：501.
② 马克思恩格斯文集（第 1 卷）[M]. 北京：人民出版社，2009：539.
③ 马克思恩格斯．共产党宣言[M]. 北京：人民出版社，2014：31.
④ 马克思恩格斯文集（第 1 卷）[M]. 北京：人民出版社，2009：538.
⑤ 马克思恩格斯文集（第 1 卷）[M]. 北京：人民出版社，2009：571.

中华外国经济学说研究会第 29 届年会综述

徐则荣

（首都经济贸易大学）

由中华外国经济学说研究会和清华大学共同主办，中国社会科学院马克思主义研究院、清华大学马克思主义学院共同承办的“中华外国经济学说研究会第 29 届年会”以线上和线下相结合的方式于 2021 年 12 月 11 日在清华大学召开。程恩富、王振中、李翀、许建康、曹和平、白暴力、贾根良、余斌等来自全国高校、科研院所的 130 多位专家学者出席了会议。中国社会科学院学部委员、中国社会科学院大学首席教授、中华外国经济学说研究会会长程恩富致开幕词。年会是在我国立足新发展阶段、贯彻新发展理念、构建新发展格局，中共十九届六中全会胜利召开的背景下召开的。现将会议研讨内容综述如下。

一、马克思主义经济理论的新探索

本次年会的一个特点是高度关注马克思主义经济理论，表现了学会雄厚的马克思主义经济理论底蕴和马克思情节。

关于恩格斯对政治经济学的贡献。厦门大学任力教授指出，青年时期的恩格斯，通过对古典经济学著作的研究发表了《政治经济学批判大纲》，提出了马克思政治经济学的基本研究命题，对马克思产生了重要的启示。在马克思逝世以后，恩格斯以极大的精力整理出版了马克思经济学手稿，形成了《资本论》第二卷和第三卷，并在与不同经济学流派的论战中捍卫了马克思经济学的科学地位。晚年恩格斯结合资本主义发展的新现象和新问题进一步发展了马克思主义政治经济学，并对垄断资本主义这一新的历史现象进行了深入研究，极大地丰富了马克思经济学的时代内涵。恩格斯的主要思想包括恩格斯对古典价值理论的批判、对私有制的批判以及对供求关系的研究、恩格斯的工资理论以及收入分配思想、经济危机思想、垄断资本和金融资本发展思想、生态辩证思想以及恩格斯在与杜林、洛贝尔图斯、布伦坦诺和洛里亚的论战中形成的其他经济思想。恩格斯对马克思政治经济学的发展做出了不可磨灭的贡献。

关于生产力和生产关系问题。武汉大学王今朝教授认为，基于生产力和生产关系的本体论可以发现，生产力决定生产关系，生产关系性质决定生产力的发展速度。由生产力性质决定生产关系的命题所引申出的生产关系一定要适应生产力的命题本身就意味着，从政策和策略的角度看，社会主义国家更应该强调的是生产关系决定生产力的命题。只有先进的社会主义生产关系才能促使生产力水平获得最大可能的提高，从而进一步巩固和发展社会主义生产关系。

关于坚持和发展劳动价值论问题。安徽财经大学吴友群副教授分析比较了西方经济学要素分配论与马克思劳动价值论关于"价值源泉是什么"以及马克思劳动价值论者内部关于"价值源泉是什么劳动"的相关论述，认为要素价值论的价值决定是错误的；科技、信息、知识等新兴生产要素不能创造价值，不能作为价值源泉，这些新兴生产要素来源于劳动。坚持马克思劳动价值论与按要素分配并不矛盾。新时代坚持和发展马克思劳动价值论要根据马克思劳动价值论的要求，适当提高收入分配中按劳分配的比重；在再分配过程中要发挥政府职能，做好宏观调控完善社会福利保障体系，大力发展实体经济，限制和管理过高收入，遏制贫富分化趋势；坚持大力发展教育事业，坚持科教兴国战略。

关于巴黎公社的启示问题。2021 年是巴黎公社建立 150 周年，中国社会科学院王振中研究员在深入研究巴黎公社的基础上，认为巴黎公社带给我们的启示有：第一，破除了人们对国家的错觉；第二，防止社会公仆变为社会主人；第三，实现"廉价政府"。

对宇野弘藏现状分析论的评析。北京大学张杨博士后全面、客观评析了宇野弘藏现状分析论的现代发展及局限性。他指出，日本马克思主义经济学的宇野三阶段理论是日本马克思主义经济学思想史上独具特色的方法论，也是当代日本学者对现代资本主义展开批判的重要理论基础。宇野三阶段理论可分为原理论、阶段论和现状分析论三个有机组成部分，其中的现状分析论可以看作是现代资本主义论，三者结合形成独具日本特色的政治经济学理论体系。现代的现状分析论已经超越了宇野派的应用范围，成为日本马克思主义经济学的共性研究成果。对现状分析论的现代探究需要从抽象的经济学说中挖掘、整理、归纳出具体的经济理论，再运用具体的经济理论去批判复杂的、特殊的现代资本主义发展现状。现代宇野派的现状分析论存在对现状批判有余、对未来见识不足的缺陷。

与会学者还探讨了马克思的资本积累理论、新马克思综合学派理论，进行了《资本论》《新资本论》《21 世纪资本论》的比较、马克思的贫困理论与西方经济学贫困理论的比较，等等。

二、中国特色社会主义经济理论的新进展

本次年会的又一个特点是高度关注中国特色社会主义经济理论的发展与创新，表现了

学会的高度时代责任感。

关于中国特色社会主义政治经济学的逻辑起点问题。中国社会科学院程恩富教授、延安大学段学慧教授指出，中国特色社会主义政治经济学逻辑起点的选择和体系构建要以唯物史观为指导，遵循从抽象到具体的叙述方法，坚持逻辑与历史相统一，注意区分研究的出发点和逻辑起点、哲学逻辑起点与经济学逻辑起点的不同。学界把社会主义经济制度、公有制、利益关系、人民主体、人的发展、国家、消费、剩余产品等作为中国特色社会主义政治经济学逻辑起点的观点，不符合马克思政治经济学逻辑起点的方法论，中国特色社会主义政治经济学的逻辑起点是商品。

关于社会主义社会的历史发展阶段定位问题。中国社会科学院许建康研究员认为，如同经典力学与相对论之间存在不同的物理时空参照系，马列的“世界历史时代”不同于日常生活日历钟表的时间计量，二者需有时空参照系的转换。从马恩唯物史观“社会革命的时代”看，社会主义社会不属于自我扩大再生产的独立社会形态，而是从资本主义社会向共产主义社会的历史过渡，是对三大社会形式的第二大社会形式的积极扬弃，进而发生向第三大社会形式的历史转变。从科学社会主义看，旨在完成“三个消灭一个改变”无产阶级专政历史使命的社会主义社会，是始自无产阶级革命的长久阵痛中的妊娠后期，不是带有胎记的新出生婴儿，即不是消灭了阶级的共产主义社会第一阶段。从马经看，社会主义社会是从资本主义的间接社会化生产向共产主义自由人联合体直接社会化生产的历史过渡，是彻底解决资本主义生产方式基本矛盾过程中的历史产物。从列宁主义看，帝国主义时代资本主义基本矛盾的全球扩张及不平衡发展，在其统治薄弱环节和焦点地区的农业社会大国首先爆发新民主主义革命，进而直接转变为不发达的社会主义革命和建设，它们优先发展重工业的工业化进程，长期处于帝国主义的包围遏制中，又要通过世界市场普遍的联系，汲取资本主义工业文明的有益成果。无产阶级专政历史过渡期跨入共产主义社会第一阶段。上述社会革命时代的复杂矛盾运动，受一对根本矛盾、多个基本矛盾及其衍生的不同时期主要矛盾的制约，毛泽东揭示了大系统复杂矛盾运动的规律性。十月革命开创人类历史新纪元，加速世界革命中心随资本主义生产方式由西向东扩张朝同向转移，全世界无产者与被压迫民族及人民联合起来，架起了国际共产主义运动东西方链接的历史桥梁。中苏论战九评揭示了战后四对基本矛盾、一对主要矛盾的世界体系基本结构。据历史经验可预见，社会革命时代根本矛盾、基本矛盾及其衍生的主要矛盾日渐交汇的集中爆发，将再导致帝国主义时代新的世界大战。

关于中国发展道路问题。上海财经大学冯金华教授从劳动价值论出发，比较了以人民为中心和以资本为中心的发展道路。他指出，以人民为中心和以资本为中心是两种完全不同的发展道路，分别体现了社会主义市场经济和资本主义市场经济的本质和要求。无论是当代资本主义，还是现阶段中国特色社会主义，实行的都是市场经济，都要受到价值规律的支配和制约。但是，在不同的社会制度下，由于不同的生产资料所有制，同样的价值规律却会导致完全不同的结果。资本主义的市场经济是以资本为中心，其生产目的是尽可能多地榨取剩余价值，其生产的一个重要特征是剩余价值增长率通常总是大于名义国内生产总值增长率。社会主义的市场经济则是以人民为中心，以人民为中心的生产目的是共同富裕，要求劳动力价值而非剩余价值能够不断地增长。社会主义经济中劳动力价值和劳动者收入按名义国内生产总值的增长而增长的规律为社会主义社会的共同富裕目标提供了依据和保证。

关于共同富裕问题。西南政法大学汪毅霖教授从思想史的角度研究了共同富裕。他指出，共同富裕既是一个发展即求富问题，也是一个分配即共享问题。经济思想史上关于共同富裕的争论围绕着共同富裕在伦理判断上即规范的应然层面是否可欲，共同富裕在经济判断上即实然的实证层面是否可行两个基本问题展开。亚当·斯密认为共同富裕在应然上可欲和实然上可行，而斯密之后的古典和新古典经济学家们对其观点或是加以继承发展或是加以批评质疑。无论是否支持促进共同富裕和认为应如何促进共同富裕，西方经济学家们都承认好的国家治理非常重要。我国国家治理体系和治理能力上的优势将在未来决定着我国迈向共同富裕的实现路径。

复旦大学陈海若博士系统梳理了习近平总书记关于共同富裕的论述。她指出，习近平总书记关于共同富裕的论述主要包括共同富裕的内涵、共同富裕的定位和共同富裕的实现路径三个方面的内容。她认为，习近平总书记关于共同富裕的内涵主要包含四个层次：共同富裕是全体人民的共同富裕；共同富裕不仅意味着物质生活的富裕状态，更包含政治、经济、文化、社会、生态等各个领域的协调发展；共同富裕的实现具有渐进性；共同富裕是以人民为中心发展思想的重要体现。习近平总书记将共同富裕定位为马克思主义的一个基本目标和自古以来中国人民的一个基本理想，共同富裕是社会主义的本质要求，是中国特色社会主义的根本原则和发展方向，朝着共同富裕方向稳步前进是经济发展的出发点和落脚点。习近平总书记从生产力的解放与发展、社会主义基本经济制度与分配制度、社会保障体系等制度保障、公共服务提升、先富带动后富的帮扶机制等方面论述了共同富裕的具体实现举措。陈博士认为，习近平总书记关于共同富裕的重要论述具有重大贡献，实现了对西方经济学理论的反思和突破，是新发展阶段走向共同富裕的重要指南。

中国社会科学院侯为民研究员深入研究了共同富裕取得实质性进展的理论问题。他指出，党的十八大以来，我国在推进共同富裕问题上的认识不断深化，主要表现在提高共同富裕的定位、收入分配向公平维度倾斜和分类发挥初次分配和再分配的作用三个方面。他认为，在如何处理共同富裕与所有制结构的关系上，共同富裕必须与发展壮大公有制经济相结合，而不能建立在私有制经济主体之上。在如何看待橄榄型收入分配格局的构建上，必须明确居民收入相对合理是构建此分配格局的依据，构建该分配格局要考虑生活成本和社会福利的影响，因为此种格局形式具有一定的局限性。在如何发挥好三次分配的协调配套作用上，必须明确初次分配、再分配和三次分配的协调配套是功能配套，区分三种分配方式的调节对象，初次分配公平是三次分配方式协调配套的前提，完善再分配和三次分配的制度设计。

复旦大学高建昆副教授对劳动致富与共同富裕做了政治经济学的分析。他指出，促进与实现共同富裕的关键在于不断推进劳动致富。劳动者财富与收入的不断提高取决于生产资料所有制、初次分配机制与再分配机制等制度性因素。在所有制结构中，公有制的主体地位对促进劳动致富发挥根本性决定作用；在初次分配中，按劳分配方式的主体地位与国家劳动法律制度的保障，对促进劳动致富发挥直接决定作用；在再分配环节，国家对财富与收入的调节对促进劳动致富发挥托底保障作用。

此外，与会学者还探讨了习近平经济思想的时空演化、历史渊源与海外传播，新型扶贫举国体制的内涵与特征，党的百年经济思想和经济实践，等等。

三、当代西方经济学理论研究的新动向

本次年会的又一个特点是不仅高度关注西方经济学流派、西方经济学经典理论、前沿理论，而且高度关注西方主流经济学研究范式存在的问题。

西方经济学流派的划分和西方经济学家的学派归属问题。中国社会科学院程恩富教授在研究西方经济学流派中发现，西方经济学流派的划分存在着不一致性问题。以古典经济学派为例，马克思认为古典政治经济学在英国从威廉·配第开始，到李嘉图结束，在法国从布阿吉尔贝尔开始，到西斯蒙第结束；凯恩斯则把《通论》出版前一切正统的西方经济学统称为古典学派；坦利·布鲁、哈里·兰德雷斯则认为古典学派终止于约翰·穆勒。程教授指出，流派的不同区分表明其间存在重大的理论分歧。还有，随着西方经济学若干新的研究领域的兴起和发展，许多有影响力的经济学家还未被划归到某一个流派之中，如以研究经济增长和经济发展见长的诺奖得主库兹涅茨和刘易斯，以研究微观金融、资产定价、收益与风险、金融衍生品定价见长的诺奖得主马科维茨、夏普和米勒，以研究信息不对称、不完全竞争情况下市场机制配置资源的有效性见长的诺奖得主赫维茨、罗斯、梯诺尔。程教授指出，应当深入研究上述经济学家的思想，根据其理论和政策主张将其科学地划归到某流派之中，对我们全面把握西方经济学流派具有重要的理论意义和现实意义。

对西方经典理论的研究。北京师范大学李翀教授深入研究了西方经典货币理论，并对之提出两点质疑。他认为，所谓经典货币理论，是指被经济学界广泛接受的货币理论，包

括传统的货币数量论、凯恩斯的货币理论和弗里德曼的货币理论。在费雪方程式中，决定货币需求量的是商品交易量，而在剑桥方程式中，决定货币需求量的变成产值。李教授对此提出第一点质疑：决定货币需求量的是产值吗？他研究发现，商品交易量与产值是差异很大的概念，不仅涉及最终产品的交易量远大于产值，而且交易包括最终产品、二手产品和金融资产的交易，所以，决定货币需求量的不是产值，而是各种商品和各种金融资产的交易量。传统货币数量论假定货币流通速度不变，凯恩斯认为货币流通速度是可变的，但他却常把货币流通速度看作是常数，弗里德曼则认为货币流通速度是稳定的量，李教授对此提出第二点质疑：货币流通速度是稳定的吗？他研究发现，货币流通速度保持稳定的看法所以得以维系，与货币理论的第一个缺陷是相联系的。事实是，2001—2015 年美国基于交易额的货币流通速度是易变的。李教授认为有必要从以下两个方面对货币理论进行重构：第一，不排斥货币需求量受各种自变量影响，但主要的自变量是交易量，而不是产值。第二，货币流通速度是易变的，不排斥利率或总支出是货币均衡的调节机制，但是货币流通速度本身也是调节机制。在总支出保持稳定的条件下，货币流通速度会在一定程度上随货币供给增加而下降，随货币供给减少而提高。

北京师范大学白暴力教授、白瑞雪副教授对斯拉法价格体系的学术渊源与学术定位进行了全面、客观、公正的评析。他们指出，斯拉法价格体系由为了维持生产的斯拉法第一价格体系和具有剩余的生产的斯拉法第二价格体系构成。从学术渊源上讲，斯拉法价格体系来自马克思的生产价格理论。实质上，斯拉法价格体系研究的仅仅是完整的价值价格理论中的第三个层次“交换价值或价格直接基础”的特殊形式“生产价格”的精确值计算问题。斯拉法价格体系的学术贡献在于推进了马克思生产价格理论的研究，推进了经济学研究方法的发展，批判了新古典经济理论。其局限性在于没有考察价值范畴上的财富论，没有考察“要素可替代”的情况和市场供求的作用。

对西方前沿理论的研究。2021 年瑞典国家银行纪念诺贝尔经济科学奖授予了加州大学的戴维·卡德（David Card）、麻省理工学院的乔舒亚·D. 安格里斯特（Joshua D. Angrist）和斯坦福大学的吉多·W. 因本斯（Guido W. Imbens），以表彰他们在因果识别方面的贡献。哈尔滨工业大学张嘉昕教授评析了他们的经济思想。他指出，三位经济学家的研究解决了因果识别中涉及的大量技术性难题，还把这种方法推广到劳动、教育、移民、医疗保险、社会政策等诸多领域。对于当代经济学的理论研究和实证应用都产生了深远的影响。但是，用计量方法识别出真实世界中的因果关系，核心是找到实验组的“反事实对照组”，要从一个控制实验当中识别因果关系，就需要保证“干预”选取的随机性，即让“干预组”和“对照组”的表现在事先无差异。但经济现实中干预很难随机，“干预组”和“对照组”的事先表现总有差异。现实经济生活中许多事物间的因果关系未必是确定的，实际上很难用实证方法去检验。

中国社会科学院余斌研究员评析了 1999 年瑞典国家银行纪念诺贝尔经济科学奖得主哥伦比亚大学罗伯特·A. 蒙代尔（Robert A. Mundell）教授的资本流动与稳定政策观点。他指出，蒙代尔的《固定与浮动汇率下的资本流动与稳定政策》一文不仅在假设方面隐含地规定了收入和储蓄的增加不能增加投资等不合理之处，而且他所说的财政政策只限于政府部门借债花钱，既不像凯恩斯那样让政府投资公共设施，也没有供给学派关注的减税政策，又不涉及转移支付等多种财政政策，他至多只能说政府借债花钱会如何，却直接得出关于财政政策效果的一般性结论，存在严重的以偏概全情况。其货币政策分析也是如此。

对现代西方主流经济学研究范式的评析。广州工商学院宋小川教授指出，现代主流经济学在取得进步的同时，贫困特征愈发明显，主要表现在：其一，“模型图腾崇拜”。模型成了经济学部落的“图腾”，谁制作的模型越华丽、越具有仪式性，谁在部落中的地位就越高，即便其模型没有明显的实际用途。许多经济学家玩弄奇妙数学模型的亢奋状态，超过了现实世界那些狂热的街舞者。其二，数学的滥用。过多的经济学研究者因钟情数学而忘记了它的工具性质，热衷于把错综复杂的社会生活简约为几个简单的关系，愿意做明显错误的假设，对数学严谨程度的痴迷超过对现实的痴迷。其三，鲜明的“同业公会”特征。由于经济学家经受了相似的训练，共享同样的研究方法，他们的行为举止如同业公会、行业协会或者高尔夫俱乐部。其四，经济学课程设置与教学的褊狭和误导。过多的数学运算训练和作业使经济内容淹没在导数的海洋中。其五，经济学学术期刊的惨淡和沉闷。文章的实质内容消失在符号和数学的海洋中。

山西财经大学武志博士研究了现代西方经济学研究方法上的形式主义。他指出，现代经济学方法论存在结构性的逻辑缺陷：用数学推导构建并严格证明的数理模型仍是一个有待证明的理论假说；计量实证既不能对理论模型进行严格证明，也无法对现实经济做出准确测量。在反思现代经济学方法论逻辑缺陷、正确运用数学和计量工具的同时，鼓励和支持研究范式多元化，以推动中国经济学的繁荣和发展。

与会学者还探讨了“亚当·斯密问题”、现代货币理论、明斯基金融不稳定性假说，评析了重农学派的经济思想、重商主义的经济思想、庞巴维克的《资本实证论》、米恩斯的经济思想、有效市场假说，等等。

四、现实经济热点问题的新探究

本次年会的另一个特点是高度关注我国现实经济热点问题，并试图给出解决问题的建议和对策。

关于构建以国内大循环为主体、国内国际双循环相互促进的新发展格局问题。华南师范大学方兴起教授以马克思的四环节理论为基础，研究认为习近平总书记提出的构建以国内大循环为主体、国内国际双循环相互促进的新发展格局理论，在理论上传承了马克思的政治经济学，在习近平新时代中国特色社会主义实践中推进了中国化马克思主义政治经济学的新发展。近几年来，处于霸权衰落期的美国力图通过遏制中国的发展，主导第四次工业革命，以维持其“单极霸权”，从而严重弱化了国际大循环。为此，我国基于“四环节”构建新发展格局，一方面围绕产业链部署创新链、围绕创新链布局产业链，前瞻布局战略性新兴产业，培育发展未来产业，从供给侧结构性改革这个战略方向，打造自主可控、安全可靠的产业链和供应链；另一方面则从构成社会主要矛盾的两个方面，即围绕人民日益增长的美好生活需要和不平衡不充分的发展采取有效措施，释放 14 亿人民的内需潜力，形成需求牵引供给、供给创造需求的更高水平动态平衡，从而扩大内需这一战略基点，使生产、分配、交换和消费各环节更多依托国内市场实现良性循环。国内循环越顺畅，越有利于我国在参与国际大循环中形成合作和竞争的新优势。

西北大学何爱平教授基于马克思《资本论》的基本原理和分析框架，从单个资本和社会总资本两个层面揭示数字经济畅通国内大循环的运行机制，指出数字经济赋能新发展格局的内在机理表现为：在单个资本层面，数字平台强化“流通当事人”的职能，加快了资本形态转化；智能物流提升运输专业化能力，节约了流通费用和流通时间；数字技术缩短了自然力的作用期间；数字化劳动资料革新固定资本补偿方式，加快了资本周转速度。在社会总资本层面，数字经济通过推动总资本价值补偿与实物补偿，促进形成强大国内市场，提供高质量的产品与技术供给，并通过增强货币中介作用，为总资本循环提供强大动力。在国际循环层面，数字经济加深世界市场联系，强化国际价值规律，重塑国际分工格局，助力国内国际双循环相互促进，推动“双循环”新发展格局的最终形成。

关于高质量发展问题。福州大学周小亮教授以包容性绿色增长目标导向为研究视角，给出了产业高质量发展的研究框架：运用唯物史观下生产力—生产方式—生产关系的整体分析范式，以有效激励劳动主体为导向的产业生产方式变革为逻辑基础，以供给侧结构性改革为实践主线，依据包容性绿色增长目标约束—产业劳动主体素质提升与潜能激发—产业发展动能转换—产业发展路径选择—产业发展质量提升的现实逻辑传导关系，将宏观经济增长范式转变—微观企业行为变革—中观产业转型发展统一起来，通过对包容性绿色增长目标导向下产业高质量发展的理论阐释、动能转换机制设计、实践路径选择、绩效测评体系构建以及制度治理和政策体系设计的研究，来构建一个具有体现包容性绿色增长目标导向的高质量产业发展分析体系框架，以求解推动产业数字化、智能化、民生绿色化转型，迈向高质量发展的理论与实践难题。

江苏理工学院李济广教授认为，新时代经济高质量发展最有潜力、最需攻关的关键性新动力是国有经济的发展，因为国有经济可以做到以社会需要为经济发展的目的，因而宏观效率高，而国有经济的发展最重要的就是做大做强国有企业。这就需要国家增加国有资本投入，在各项政策支持上与非国有企业享受同等待遇，在融资上与非国有企业一视同仁，消除对国有企业的信贷歧视。

武汉科技大学潘雅茹副教授研究了基础设施投资结构调整与经济高质量发展的内在关系，发现基础设施投资结构变迁不同程度地推动产业结构优化和生产技术进步，促进经济高质量发展，但在不同经济发展阶段，基础设施投资结构产生的经济质量提升效应存在明显差异。

关于创新驱动和创新引领问题。中国人民大学贾根良教授指出，美国发展了一种久经世故的和复杂的创新体系，政府在其中发挥着绝对的核心作用，但是在跨越“死亡之谷”的研究中缺失国有企业，这是美国大型上市公司陷入“企业股东治理模式”困境所致。与美国上市公司相比，我国国有企业内生地具有耐心资本投资、组织学习能力强、内部研发活动占主导的制度和组织优势，作为“使命导向的”企业组织，国有企业理应成为我国创新先锋和国家创新政策的工具，在完成这个新使命中，国有企业可以发挥三方面的主要作用：第一，作为对政府作用的部分替代或补充，成为国家创新体系变革的推动者和协调者；第二，在解决诸如能源转型、气候变化、公共卫生、人口老龄化和收入不平等等带有全球性的重大社会挑战问题上发挥重要作用；第三，在后发国家特别是我国的技术赶超中发挥特殊作用。

吉林大学代栓平教授通过案例分析发现，在政府引导式自主创新中，政府的主要功能是促进企业形成创新网络、构建生态系统，特别在信息收集和交换、资源对接方面起决定性作用。在政府引导式自主创新中要设计避免政府乱为的机制，保护好企业和企业家精神。

国防科技大学鞠晓生教授通过对我国企业基础研究与企业技术进步关系的研究，发现开展基础研究是企业集成创新要素的能力基础，是我国企业增强技术能力、摆脱“技术捕获”的直接原因。由此可见，第一，基础研究不仅仅是公共财政支持的活动，企业开展基础研究对技术进步的作用不可替代；第二，企业开展基础研究是后进国家摆脱“技术锁定”的必要举措；第三，企业开展基础研究对进入高质量发展阶段的中国经济更显重要；第四，基础科学研究是企业科研创新不可或缺的一环；第五，在当前国家创新体系中，企业基础研究的角色可能被低估，需要国家在基础研究政策布局中予以鼓励、扶持和强化。

武汉大学庄子银教授研究了知识产权保护对企业创新的影响，认为知识产权保护对企业总体创新水平具有激励效应，但是针对不同创新能力主体其影响效果存在显著差异。与非国有控股企业和非出口企业相比，知识产权保护对国有控股企业和出口企业的创新激励效应均更强。知识产权保护对不同规模企业的创新水平具有异质性影响：大型企业的创新水平受到知识产权保护的边际促进效应最为明显，中小型企业相对较弱，而对小微型企业创新的激励效应并不显著甚至具有抑制作用。

关于举国体制问题。北京大学曹和平教授认为，举国体制是一种极为稀缺的领导性组织形态的公共品资源。我国经济四十年增长的经验最值得珍视的就是举国体制。对于我国国情来说，举国体制就是我国社会主义制度内置的中国共产党的领导组织比较优势。这一优势的美妙之处在于，我国的举国体制并不排斥市场经济，而新自由主义体制僵化地排斥任何举国体制。

关于乡村振兴问题。西北大学郭俊华教授从产业、人才、文化、生态、组织方面提出了巩固拓展脱贫攻坚成果同乡村振兴的耦合协同的“五大衔接”路径：加快做强做大特色主导产业，实现从产业扶贫到产业振兴的有效衔接；统筹“百姓富”和“生态好”，实现从生态补偿和绿色减贫到生态振兴的有效衔接；加快人力资本建设，实现从人才扶贫到人才振兴的有效衔接；激发内生动力，实现从扶志扶智和乡风建设到文化振兴的有效衔接；创新治理体系，实现从组织建设扶贫到组织振兴的有效衔接。

安徽财经大学郭利京副教授通过与农业现代化发展典型国家美国、日本、法国和英国比较研究发现，我国的农业现代化水平处于工业时代成熟期的中后期，其存在农业机械化的普及范围有限、农业科技化水平偏低、农村人才短缺、农业市场体系不完善和农业生态环境恶化等不足。参考发达国家的农业现代化发展路径，我国应根据自身自然和社会经济条件从政府对农业的扶持和保护、农业科学技术和农业教育的发展与土地制度的适时变更等方面进行改进，探索实现中国农业现代化的路径。

与会学者还探讨了数字平台垄断、数字普惠金融、营商环境优化、人工智能与收入分配等问题。

五、国际经济问题的新探析

本次年会的另一个特点是在世界百年未有之大变局背景下关注国际经济热点问题，以期我国在参与全球治理的过程中不断推动世界经济政治新秩序朝着更加公正、合理的方向发展。

关于中国美债持仓策略调整战略问题。上海财经大学伍山林教授指出，2008 年以前，中国把对美贸易顺差的绝大部分转化成了对美投资，其中最主要的方式是增持美国国债。借此，美国可用金融渠道的获利弥补贸易渠道的损失。2008 年国际金融危机爆发之后不久，大致从 2011 年开始，中国美债持仓策略发生了方向性调整，即几乎不再增持美债。同时，由于美国制度和政策性原因，中国对美其他投资的量也很少。于是，中国将由贸易顺差途径获得的大量美元，在美国之外做了对外投资和贷款等。这既挤出了美国在相关国家和地区的利益，也避开了“美元陷阱”。与此同时，中美之间国际投资头寸表具有强非对称性。美国资本尽管在中国能够获得很高的投资收益率，但并不总是能够自由进入中国市场，使得这种潜在的利益难以转化为实际的利益。也就是说，两国贸易失衡给美国导致经济增长方面的损失不能用金融渠道的获利加以弥补。在这种局面下，美国着手重构两国经济关系，以便再平衡两国的经济利益，进而支撑美元霸权乃至美国霸权。

关于资本主义经济波动问题。首都经济贸易大学徐则荣教授研究了20世纪70年代滞胀到金融海啸期间资本主义经济波动的特征。她指出，1966—2009年资本主义经济周期性波动表现出两个显著特征：第一，长波的四个阶段是资本主义经济波动的普遍规律；第二，不同资本主义经济体的经济波动存在特殊性，美国是1966—2009年经济长波的主导者，其他发达资本主义经济体首先承接美国经济波动，欠发达资本主义经济体是波动冲击的最终承担者。重大技术创新是长波形成的根本原因，政策与市场等因素是推动资本主义经济波动的特殊原因，资本主义制度问题是造成经济波动危机的本质原因。改革开放使我国抓住了经济长波交叠期的发展机遇，我国的制度优势使我国受经济危机的冲击与损害程度降到了最低。加强核心技术创新抢占核心技术战略高地、发挥中国制度优势防范经济危机、正确发挥政府与市场的作用、处理好公平与效率关系是我国避免资本主义经济周期性波动影响的关键。

关于价值链问题。北京理工大学宋宪萍教授研究了全球价值链中风险放大的机制与根源。她指出，全球价值链中的风险包含需求冲击的风险、链条断裂的风险和供给冲击的风险。放大这些风险的机制包括数字化技术放大机制、中间品交易放大机制和订单库存放大机制，而这些风险被放大的根源在于资本逻辑与一般利润率趋向下降、资本的金融化与全球价值链风险的负向螺旋放大和资本的空间化与全球价值链风险的放大。与发达国家采取以邻为壑的宏观经济政策、固化全球利益链的增长模式不同，我国采用以人为本的人类命运共同体思路，从新型国际经济多元平衡观出发，继续扩大改革开放，深化国内改革促进国际开放，强化在“共轭环流”中的枢纽地位，努力打造“全球增长共赢链”，实现中国经济从客场到主场的全球化发展新格局，从而为实现世界经济平稳公正均衡发展提供切实可行的中国方案和中国智慧。

天津外国语大学崔顺伟教授从马克思主义经济学的视角入手，研究了全球价值链重构问题。他指出，马克思并未系统提出价值链理论，但关于价值链的思想散见于《资本论》。归纳起来包括两个层次的价值链：一是关于单个资本的价值链，单个资本经过购买、生产、销售三个阶段实现价值的增值。二是社会价值链，也就是涵盖社会总产品的两大部类生产和交换。影响价值链构成的关键要素有劳动力、交通运输、产业结构变化等，这些关键要素存在于购买、生产、销售的各个环节，并受到技术进步、竞争者和需求的冲击，它们的变化是全球价值链重构的基础。资本逐利性是疫情后全球价值链重构的根本原因，发展中国家要进行产业升级以及发达国家维护其在价值链中的地位的需要是价值链重构的直接原因。疫情后，全球价值链会逐渐向新经济体和链条的更高层次延伸，全球价值链会变成多区域的“区域价值链”。

南京航空航天大学王英教授研究了我国 OFDI 驱动装备制造业全球价值链低碳升级的路径。她指出，在装备制造业整体层面，我国 OFDI 经由逆向技术溢出效应和关联效应两条路径促进全球价值链低碳位势升级；在装备制造业细分行业层面，低碳细分行业的实证结果与装备制造业整体层面一致；而在高碳细分行业，我国 OFDI 对全球价值链低碳升级的直接效应呈负向作用，通过边际产业转移效应和逆向技术溢出效应两条路径可提升全球价值链低碳进程。

关于国际货币权力问题。南京师范大学陶士贵教授探讨了国际货币权力与美国对外货币金融制裁。他指出，主权国际货币一般拥有自主型、联系型、结构型、建构型和威慑型五种货币权力。美元作为全球顶级国际性货币，正是运用上述的货币权力分别实施不同层次、多种形式的对外货币金融制裁，形成了独具特色的制裁式金融外交新形式，严重影响了正常的国际贸易、投资和金融交易，给被制裁国带来了很大的负面冲击，构成了美国巨额的霸权红利。对此，我国应大力提高人民币的权力与地位；建立中国的金融制裁体系，强化反制裁措施和效果；健全国际组织体系，联合更多的经济体共同抵制美国的货币金融霸权和“制裁外交”行为。

关于中日韩自贸区问题。西北大学岳宏志教授指出，RCEP 的签署是对近年来逆全球化和贸易保护主义的有力回应，展现出国际经贸秩序在百年大变局中全面重塑的东亚方案，为区域产业链恢复、融合、繁荣发展，以及全球自由贸易和世界经济的恢复性增长提供新动能。三方合作关系涉及中日、中韩、日韩的双边关系，合作发展进程也很大程度取决于三方双边关系的发展态势。三方双边关系中经济与政治具体互动体现为：中日关系从“政经双热”“政经双冷”到“政暖经温”的互动态势，小泉政府参拜靖国神社、“岛争”事件、历史认识、美国的“助推”都是其发展背后的根本政治原因。中韩在经济和政治层面基本保持良好发展态势，两国缔结了战略合作伙伴关系，同时在维护朝鲜半岛和东亚地区的和平稳定方面存在广泛的共同利益。日本政府对韩国半导体核心原料实行出口管制，使得近年来低迷的韩国经济雪上加霜，背后的政治原因在于日韩在“二战”强征劳工、慰安妇赔偿等历史遗留问题上存在深层次纠纷，在独岛主权问题的争端、历史认识问题上存在巨大分歧。中日、日韩领土争端、历史认识等问题，致使政治发展消极、恶化甚至对立，并不利于各国自身发展，甚至严重阻碍三方的进一步深度合作，亦不符合三方的利益和诉求。

山东大学刘文教授回顾和展望了 RCEP 和 CPTPP 框架下的中日韩自贸区建设，认为 RCEP 从货物贸易、服务贸易、投资、经济技术合作等领域推进中日韩产业合作发展，打造“RCEP +”的中日韩 FTA。CPTPP 作为一个高目标、高标准、新规则的贸易协定，将从金融服务、电信服务贸易、市场准入、劳工标准、环境保护、国有企业等规则影响中日韩 FTA 的构建，推动亚洲区域经济一体化发展。

此外，与会学者还探讨了自贸区发展的时空异质性、功能定位与金融支持、贸易政策的不稳定性与中小企业出口绩效、自贸区高质量发展等。